東海道でしょう!

杉江松恋　藤田香織

幻冬舎文庫

東海道でしょう!

杉江松恋
藤田香織

東海道でしょう!

目次
contents

はじめに

酒の席で話題に困ったら、「もしも」の話で場を盛り上げろ！

今から約20年ほど前に先輩ライターから教えられたことを、素直な私は長らく守ってきました。どこまでプライベートに踏み込むことが許されるのか、まだよく距離がわからない仕事相手と呑むとき、「もしも」話はザ・無難。もしも人生やり直せるならいつに戻りたい？　もしも自分が今と逆の性別だったら、どんな人と付き合いたい？　もしも宝くじで億単位の金が当たったらどうする？　仮定という前提があれば何でも聞けるし、回答からは意外にその人の本質が見えてきたりもするもの。

そんなわけで、約2年前の9月某日、対談仕事を終えた杉江松恋さんと幻冬舎の編集者・ガース&ガッキーを前に、私はビール片手にこう聞いたのです。

「ねぇねぇ、もしも今、お金と時間があったら何がしたい？」

私の答えは決まっていました。「何もしたくない」。仕事もしない、掃除もしない、洗濯もしない、料理もしない。「しない」ことにお金を使って、あえて言うなら「だらだらしたい」。

どうよこの、夢のようなうっとり生活。きっとみんなも同意してくれるに違いない！と、思っていたのですが。そんな私の意見は編集者・ガース&ガッキーに「あー……」と軽く流された。代わりにふたりが食いついたのはスギエさんの「僕、学生時代に能登半島を一周して、凄く楽しかったんですよ。だから、そうだな。東海道を歩いてみたいですね」という回答でした。「あー、いいですね！」「歩くって健康にもいいし！」「今、何気に東海道ブームみたいだし！」「長距離歩いたことないから私もやってみたい！」。盛り上がるふたりを見ながら私は「編集者って凄いな」と思っていました。心にもないことでも、その場を盛り上げるこのサービス精神。さすがであるな、と。

ところが。どうやらそれは「心にもないこと」でもなかったようで、あれよあれよという間に企画はまとまり、「もしも」の話は現実に。そして、どういうわけだか私まで「せっかくだから」と参加を強いられることになったのです。悪夢すぎる！

かくして、やる気も覚悟もないまま歩くことになった東海道。五十三次、約500㎞を、私たちは何を見て、どう歩いたのか。旅行記ならぬ愚行記を、せめてみなさんに楽しんで頂ければ幸いです。

藤田　香織

東海道ウォーク
492kmの旅路

くた
くた
だっ
たっ
三条大橋
大津
草津
石部
水口
土山
坂下
関
亀山
庄野
石薬師
四日市
桑名
宮
鳴海
知立
岡崎
藤川
赤坂
御油
吉田
二川
白須賀
新居
舞坂
浜松

東海道五十三次を1年半かけて、全17回で歩いた記録

第1回
2011/10/19 日本橋〜品川 ―7.8km

第2回
2011/11/22 品川❶〜川崎❷〜神奈川 ―19.5km

第3回
2012/1/8 神奈川❸〜保土ヶ谷❹〜戸塚❺〜藤沢 ―21.5km

第4回
2012/2/18 藤沢❻〜平塚❼〜大磯 ―16.6km

第5回
2012/3/10 大磯❽〜小田原 ―15.6km
2012/3/11 三島⓫〜沼津⓬〜原 ―11.7km

第6回
2012/3/31 原⓭〜吉原⓮〜(富士駅) ―16.7km
2012/4/1 (富士駅)〜蒲原⓯〜由比⓰〜興津 ―19.1km

第7回
2012/4/21 興津⓱〜江尻⓲〜府中 ―14.6km
2012/4/22 府中⓳〜丸子⓴〜岡部 ―13.4km

第8回
2012/5/12 岡部㉑〜藤枝㉒〜島田 ―15.3km
2012/5/13 島田㉓〜金谷㉔〜日坂㉕〜掛川 ―17.6km

第9回
2012/6/9 掛川㉖〜袋井㉗〜見付 ― 15.3km
2012/6/10 見付㉘〜浜松 ―16.4km

第10回

2012/6/30 浜松㉙～舞坂㉚～新居 ——16.7km

2012/7/1 新居㉛～白須賀㉜～二川㉝～吉田 ——18.3km

第11回

2012/10/6 吉田㉞～御油㉟～赤坂㊱～（長沢駅） ——14.4km

2012/10/7 （長沢駅）～藤川㊲～岡崎 ——12.9km

第12回

2012/10/27 岡崎㊳～知立 ——14.9km

2012/10/28 知立㊴～鳴海㊵～宮㊶ ——17.5km

第13回

2012/12/22 桑名㊷～四日市 ——12.6km

2012/12/23 四日市㊸～石薬師㊹～庄野 ——13.4km

第14回

2013/1/26 庄野㊺～亀山㊻～関 ——13.7km

2013/1/27 関㊼～坂下㊽～土山 ——14.2km

第15回

2013/2/9 土山㊾～水口 ——12.5km

2013/2/10 水口㊿～石部(51)～（手原駅） ——20.2km

第16回

2013/3/16 小田原⑨～箱根 ——9.0km

2013/3/17 箱根 ——7.5km

2013/3/18 箱根⑩～三島 ——14.7km

第17回

2013/3/30 （手原駅）～草津(52)～大津 ——19.5km

2013/3/31 大津(53)～三条大橋 ——11.7km

本文デザイン⦿望月昭秀（ＮＩＬＳＯＮ）
本文イラスト⦿上田みゆき

日本橋

江戸の中心にあった日本橋は、東海道の出発点。当時は、ここから京都・三条大橋を目指した。徳川家康によって慶長8（1603）年に架けられ、現在までに19回の架け替えと大改修が行われた。

いよいよ492㎞の東海道ウォークがスタート！

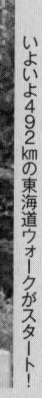

朝9時日本橋集合！　その前にまず……

【東海道ふむふむ・発端】日本橋

さて、いろいろあって日本橋から三条大橋まで歩くことになった。

僕は東京都出身だけど、どちらかといえば相模原市とかそっちのほうに近い西の生まれだから、皇居の東側にはほとんど馴染みがない。日本橋といっても頭の中にあるイメージは、安藤（歌川）広重の保永堂版「東海道五拾三次」のアレだった。1枚目になる「日本橋　朝之景」は、日本橋を背にして、今まさにこちらに歩いて来んとす、という大名行列が描かれている。あれを見るたびに「日本橋って、丸い橋だよなあ」と思うのであった。

広重の描いた木造の橋がいつごろまで現存していたのか、僕は知らない。今の橋は丸くないばかりか、橋の真ん中にはグロテスクな怪物の像まで立っている。東野圭吾『麒麟の翼』（講談社）を読んで初めてあれが麒麟なのだと知った。けど、麒麟には見えないよね。東野も「どちらかというと西洋のドラゴンにそっくり」と書いている。同感だ。僕の知っている麒麟といえばビールのラベルのアレだから、似ても似つかないものに見える。

あの像の作者は渡辺長男《おさお》という人である。ビール党じゃなかったのかな。知らなかったのだが、僕が子供のころ遠足でよく行った、旧多摩の聖蹟記念館の中にある明治天皇騎馬像もこの人の作品だ。なんだ、意外と縁があるじゃないか。

獅子文六の『大番』（小学館文庫）の主人公・赤羽《あかば》丑之助《うしのすけ》は18歳で愛媛の実家を飛び出して東京にやってくる。そして着くなり東京駅の駅員に聞くのである。

「えらい済んまへんが、東京の日本橋ちゅうところへ行く道を、教えてやんなせ」

駅員は教えてくれず、丑之助を駅前交番の巡査に押しつける。巡査は言うのだ。

「え？　日本橋の橋かね？　それとも、日本橋区かね？」

日本橋区とは現在の中央区の一部のことである。ここの出身の作家では、なんといっても谷崎潤一郎が有名だろう。小林信彦が「旧日本橋区について書いた文章はおろか、まともな資料も読んだことはない」「もちろんこれは昭和のことであり、明治時代の回想であれば、長谷川時雨の『旧聞日本橋』から谷崎潤一郎の『幼少時代』にいたるまで数が多い」（文春文庫『日本橋バビロン』）と書いている。そんなものか。

僕は本の虫なので、どこかに行きたいという気持ちが湧き上がると、まずそこに関する本を探す癖がある。たぶんこの本の中で僕の書く文章は、そういうご当地のことを書いた本の記述が多くなるはずだ。「そんなことしてないで現場に行けばいいじゃん。百聞は一見に如かずだよ」と思われるかもしれないが、そういうまどろっこしい人間なのだ。
今回の企画が持ち上がったときも、すぐ書棚から十返舎一九『東海道中膝栗毛』を引っ張り出して読んだ。僕の愛読書のひとつである。準備をしていたら担当編集のガッキー（後に驚くべき実力を発揮することになる）から東海道ネットワークの会21『決定版 東海道五十三次ガイド』（講談社＋α文庫）が送られてきた。読んでみたが、携行できるガイドブックとしては、この本が現在ではベストだろう。調べているうちにいろいろ欲しい本が増えて、たくさん買ってしまった。僕は今この本を、自分と同じような「行きたいところの本を買ってしまう人」に向けて書こうと思っている。でもそうじゃない人も、ちょっとだけ読んでくれると嬉しいです。

東海道ウォークの1日目は、お試しで日本橋から品川宿まで歩いた。この区間には、日本橋だけではなくて「江戸歌舞伎発祥之地碑」「日本橋魚市場発祥の地碑」などの史跡がたくさんある。中でも重要なのは赤穂浪士の墓がある泉岳寺だろう。しかしここで赤穂浪士について触れると、最初から膨大な冊数の本の話を始めてしまうことになる。まずは先を急ごう。三里に灸すうるより……って、それは東海道じゃなくて『おくのほそ道』だよ！

予備知識ゼロで東海道？ どうしよう！

〈てくてくある記　第1回　★日本橋→品川〉

日本橋→三条大橋。距離にして実に４９２㎞。

どう頑張ってみても想像すらできないこの距離を、「歩く」なんてまったくもって考えられない。どうかしてる、イカレテル！　言い出したスギエさんを呪いたい気持ちでいっぱいだ。ついでに「とりあえず、どんなもんか品川までだけでも歩いてみようよ」というガースの言葉を断りきれなかった自分も呪いたい!!

どこまでも後ろ向きな気持ちで6時に起床し、渋々出かける準備をしていたら、「めざましテレビ」の「今日の占い」で（私の）牡羊座は最下位だった。占い師って凄い、と思う。

とにかく日頃全然歩いていないので、品川に着いた後、電車で帰る自信がなく、今日は車で出かけることに。ゴール付近に駐車して地下鉄で日本橋に向かうつもりで、余裕をもって集合2時間前の7時に出発。ところが！　世の中には、朝の通勤渋滞というものがあることを忘れてた！　こんな時間に都心に車で向かったことがなかったので知らなかった！　ノロ

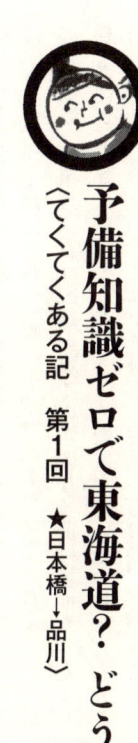

ノロ状態にイライラしつつ、それでもどうにか品川に着いた時は既に8時半。しかも調べておいた駐車場は、のきなみ満車。仕方なく日本橋まで車で向かい、到着したのは9時20分。遅れると連絡はしていたものの思いっきり焦りつつ、巨大な地下駐車場から地上に出たら、今度は現在地がわからない。地下鉄の日本橋駅から集合場所の日本橋へ向かう道は調べてきたものの、付近の地図は持ってない。見渡しても無機質なビルばかりで、目立つ建物が見つからない。土地勘もまったくない。今ならスマホのナビも使えるが、このときはまだ使い方を知らなかったのだ。結局、担当編集者のガースに何度も電話して、日本橋のビル街をぐるぐる走り回り、ようやくみんなに会えたときには10時になっていた。1時間の大遅刻。呆れ顔のガースと、後に東海道番長と化す編集者・ガッキー、そしてスギエさんに謝りまくる。スタート前からもうヘトヘトだ。占い師ってほんとに凄い、と思う。

そんなこんなで、ようやく品川へと歩き出した——かと思いきや、わずか数十歩、橋の途中にある麒麟像の前で早くも足が止まる。スギエさんと「おお、これか!」「被害者はこれに寄りかかってたんだね」「胸にナイフささったままね!」と不穏な会話で無駄に高まったのは、ここが東野圭吾『麒麟の翼』の重要な幕開け場面だったから。……東海道とは何の関係もない。関係ないけど、じゃあこのなんだかいろいろ、ごちゃごちゃっとある名所旧跡記念碑的なもののなかでどれが東海道に関係あるのか、ということには興味がないので仕方ない。こんな調子で大丈夫なのかと不安がよぎる。

それでも、無理やりこの橋が木造だった頃を想像してみたり、意味なくきょろきょろビル群を眺めたりしつつ、10時20分日本橋通過。江戸歌舞伎発祥の地だったという記念碑を「ほほう」という顔を作って見るが、もちろん興味の欠片もない。

ここからの銀座↓新橋間は場所的に馴染みもあるが、正直ただの繁華街。今日は都心を歩くだけなのでほとんど普段と変わらない服装のせいか、打ち合わせにでも向かっているような気がしてくる。10時45分新橋通過。11時10分大門の交差点を渡る。もういい加減、疲れてきたし、お腹も空いてきた！　ビルばかりで景色に面白味がないので話でもしようと思うものの、こんなときに最適な「無難な会話」が見つからない。「本を読むとき付箋ってどう使う？」とか、ほんとにどうでもいい話を無理やり捻り出しつつ11時50分高輪の大木戸跡到着。一応「ふむふむ」という顔をしておく。12時。忠臣蔵でお馴染みの泉岳寺付近を通るが、もうへとへとなので「お参りでもしてく？」という一同の空気を全力で拒否。最後の歩道橋をよたよた上り下りして12時15分に本日のゴール品川駅に到着した。

日本橋↓品川は約8㎞しかないが、普通8㎞なんて絶対に歩かないわけで足はパンパン。早くも筋肉痛がハンパなく、帰路は車のブレーキを踏みそこない、冗談じゃなく何度か死にかけた。東海道を歩くなんて冗談だよ、と誰か言い出して、お願い！

一 品川宿

日本橋を出発して最初の宿場。旅人の多くは日本橋を早朝に出発し、品川宿には太陽が昇る頃に到着した。幕末当時、戸数1600に及ぶ大規模な宿場町で、旅人の他、見送りや迎えの人たちで大いに賑っていた。

鈴ヶ森刑場跡。うーん、さすがに空気が重い

川崎宿　9.8km　品川宿　7.8km　日本橋

高杉晋作に丸橋忠弥に居残り佐平次だ

【東海道ふむふむの1】品川

品川駅を過ぎてしばらく歩き、八ツ山橋を越えると右に北品川商店街がある。それが東海道第1番目の宿・品川だ。八ツ山橋から南側は、江戸の昔は海だった。品川は海岸に面した宿だったのである。日本橋からは8㎞弱と近く、江戸からの旅人はまず泊まらない。むしろ宿場は遊郭として栄えた面がある。土蔵相模《どぞうさがみ》など名だたる店があり、幕末には高杉晋作など長州藩の志士たちが派手な遊びをしたことでも知られている。品川にはみんなやってくる。昭和29年に作られた映画「ゴジラ」では、怪獣はこの地から日本に初上陸した。

そして品川といえば川島雄三監督の喜劇映画「幕末太陽傳」である。言わずと知れたフランキー堺の最高傑作だ。いくつかの落語を綯《な》い交ぜにした巧みな内容になっており、主人公は「居残り佐平次」、中で起きる事件は「品川心中」「お見立て」など複数の噺からとられている。完璧な映画で、欠点は佐平次を肺病持ちにしたことだった。あれは無用で、故・立川談志が言っていたように得体の知れない人物に設定したほうが喜劇としては良かったように思う。映画の舞台になっているのは、高杉晋作（彼も出てくる。演じるのは石原裕次郎）の定宿《じょうやど》だった土蔵相模である。ただし長井好弘『噺家と歩く「江戸・東京」』（アスペクト）によれば、「品川心中」の舞台は土蔵相模ではなく島崎楼だという説があるらしい。話の中に桟橋が出てくるが、自家用の桟橋を持っていたのは島崎楼だけだからだ。

北品川商店街は通りに面した店舗のファサードを旅籠《はたご》風に統一したり、街灯をそれらしきものに変更したりと、旅行者に宿場町気分を味わわせる努力をしていて好感が持てる。ただし、土蔵相模も島崎楼もすでになく、案内板だけの存在になっている。土蔵相模はコンビニ、島崎楼はマンションだ。「幕末太陽傳」のオープニングには俯瞰で当時の品川の町並みが映し出されているが、撮影そのものは日活のスタジオ内で行われた。だが、『小沢昭一的東海道ちんたら旅』（新潮社）によれば、当時はまだ土蔵相模が相模ホテルと名を変えて営業しており、クランクアップの打ち上げもそこを借り切って行われたのだという。蛇足として書いておくと『ちんたら旅』は小沢が東海道線の各駅停車に乗って大阪まで赴く旅行記で、時に脱線するが意外なこともたくさん書かれていて、なかなかにおもしろい。

東海道からは北に少し外れたところに品川神社がある。この境内には小高い場所があり、見晴らしがいい。昔の富士塚だ。富士山は霊峰だが、そうそう簡単に行くわけにもいかない。

そこで人工の富士が作られたのである。ここは都内にたくさんあるうちのひとつで、簡単に登ることができるのが魅力だ。僕は二十三区内で何度か転居を経験しているが、選んだわけでもないのに毎回近所に富士塚がある場所に住処が見つかっている。富士に呼ばれているのかもしれないと思ったのでウォークの最中にも立ち寄った。もちりんでげす。

もうひとつ、やはり北に逸れて曲ると、京急新馬場駅の近くに東海寺がある。ここにあるのが沢庵和尚の墓だ。吉川英治『宮本武蔵』（講談社文庫）には武蔵を教え導く存在として登場するが、実際には武蔵と沢庵の間に面識はなかったという。

品川宿を出てしばらく行くと村松友視の同名小説の舞台となった泪橋《なみだ》（浜川橋）があり、渡った先に鈴ヶ森刑場跡がある。江戸時代の死刑執行場だ。ここで処刑された罪人は数多く、由比正雪の同志・丸橋忠弥、浪人・平井（歌舞伎では白井）権八、放火の罪で火炙りにされた八百屋お七などなど有名人揃いである。刑場跡には磔台や火炙りの柱を据えるための礎石が残されており、刑死者の供養碑も設置されている。一種のパワースポットとして学生が肝試しなどをしているようだが、鎮魂のお邪魔になるので止めるように。気になるのはこの刑場跡のすぐそばに、その名も鈴ヶ森小学校があることだ。自分たちの学校名の由来を、児童たちはどう考えているのだろう。クールだな、とか思っているのかしらん。

ねえ「歩く」って、なにが楽しいの？

〈てくてくある記　第2回　★品川→川崎→神奈川〉

前回、たった8㎞（でも私はスタート前にさんざん迷ったので、10㎞は歩いたはず！）で疲労困憊し、車を運転して帰る途中、睡魔と筋肉痛のため何度もがくがくブレーキランプを点滅させて後続車にア・イ・シ・テ・ルのサインを送ってしまった約1ヶ月後。どうか諦めて欲しい、という願いも虚しく第2回の東海道ウォークの日がやってきた。

「ほら、まだほとんど東京だし。とりあえず、もうちょっと長い距離も歩いてみようよ」というガースの誘いを、断りきれなかったのだ。またしても。

しかし、今回の「とりあえず」品川→神奈川間は、約20㎞。いきなり倍。10㎞は、辛かったとはいえ、遠い昔にホノルルマラソンのウォーキング部門に出た経験（そういえば、あれもガースと一緒だった。ガースはフルマラソンを完走してたけど！）があるが、1日で20㎞歩くなんて、もちろん経験したことはない。非常時でもないのに、移動手段なんて選び放題の21世紀の世の中でそんな距離を「歩く」意味ってなんなの？と思う。

とはいえ、気持ちは相変わらず後ろ向きではあるものの、了承したからにはドタキャンするわけにもいかず、集合時間の朝7時半、遅れることなく北品川駅に到着。前回品川駅でゴールした後、昼食を挟んでスギエさんと北品川駅までは歩いておいた。そのわずか数百メートルを消化しておいた自分を褒めたいくらい、先のことを考えると気が重い。

なのに！　ですのに！　集合して早々、なぜだかみんなが「せっかくだから品川神社の富士塚に登ろうよ」と言い出した。富士塚とは、簡単に説明するとその昔、富士山を信仰する人々が実際に登るのはなかなか大変だということで、その形を模して造ったもの。都内にはいくつか江戸期からの形が残っている富士塚もあるけど、品川富士は明治2年に造られ、大正11年に現在の場所へ移して再建したもので、東海道とは全然関係ない。内心ぶつぶつ文句を言いつつ渋々ついて行くと、これがまぁ、結構な階段続きの急坂で、言っちゃあなんだが頂上からの景色もビル群が見えるだけ。登って降りたら早くも膝がガクガクだった。

またしてもスタート前から無駄に（失礼）体力を消耗し、旧街道に戻って歩き出す。北品川付近の商店街は、それなりに宿場町の風情が残っていて、初めて旧東海道を歩く楽しさの欠片のようなものを感じる。間もなく、かつて鈴ヶ森刑場へ送られる罪人を見送る別れの場所だったといわれる泪橋を渡ると、鈴ヶ森刑場跡がどよーんと待っていた。重い。もう写真を撮るのも躊躇《ためら》われるほど（撮ったけど）空気が重い。こんな機会がなかったらまず足を止めなかったに違いない。

ここからしばらくは、特に見るものもない国道沿いを睡魔と戦いながらてくてく歩く。第一京浜はトラックの通行も多くて気持ちが高まらない。そのうち神奈川県に入り、早めに蕎麦屋でお昼ご飯。が、どうにか気力と体力を回復させて、後半も頑張ろう！と思ったのもつかの間、川崎でどうやら道を間違っていたことが発覚する。どこから！　ねぇどこから！「まさか歩いて戻るとか言わないよね？」と半泣きでガッキーに訴えた結果、タクシーに乗り込んで六郷橋付近から再スタート。鶴見で休憩して万歩計を見ると、既に2万歩を超えていた。でもまだゴールまでは10㎞くらいあり、気が遠くなる。

魚河岸通りを抜け、ビール工場の横を通ると生麦事件の碑があった。博識なスギエさんの解説を聞きつつ遠くなる気力を振り絞る。新子安で2万7000歩超。こんなに歩いたのは間違いなく人生初だと思う。神奈川宿に入ってからは、もう頭のなかが「足が痛い足が痛い足が痛い！」という言葉だけでいっぱいで、趣のある建物や史跡もいろいろあったのに、正直なにも記憶がない。ゴールの京急神奈川駅に着いたときには、喜びよりもここからまだJR横浜駅まで歩いて通勤電車に乗って埼玉まで帰る道のりの遠さに泣けてきた。

精根尽き果てて家に着くと、足の親指の爪が内出血していた。痛いはずだわー。

後半ほとんど覚えていないので、機会があったらここはもう一度歩いてみたい（えー？）。

二 川崎宿

川崎は川崎大師の門前町として賑わっていた。川崎宿は江戸からの旅人には昼食や休憩の場所、京から下ってきた旅人には、六郷の渡しを控えた最後の宿泊地だった（六郷川は今の多摩川）。

生麦事件の碑。名所旧跡は東海道のお楽しみ

北方謙三も島田雅彦も川崎育ちなんです

【東海道ふむふむの2】川崎

品川宿を出ると東海道は京浜急行に沿うような形で南に下っていく。ほぼ第一京浜と同じ道なので特におもしろいこともないなあ、と思っていたら道を間違えていた、という話はきっとフジタさんが書くだろうから省略する。このときの失敗が編集者ガッキーに「東海道番長」たらんという自覚を生むことになったのである。

そんなわけで気がついたらなぜか川崎大師に近いところにいた（かなり南のほうである）。多摩川を歩いて渡ったもので、舞い上がっていたのだ。ひさしぶりに体験したが、大きな川というのは気分のいいものだ。まず、風が気持ちいい。利根の川風袂に入れて、じゃないけど体全体が洗われてひんやりとした感じになる。見晴らしがいいし、河口の向こうには海だって見える。この先何度も味わうことになる川越しの楽しさの、これは初体験だった。僕は多摩川の上流のほうに住んでいたので、この川には思いいれもある。子供のときに鮒を釣りにきた川であるし、友人と夜更かしをして電車がなくなり、歩いて渡った川でもある。その川に、大人になって戻ってきたのだ。で、ちゃんと道を間違えないで歩くと六郷橋に着く。昔は橋ではなく渡し舟であった。その近くに万年屋という茶店があって、奈良茶飯を供して人気だったという。どういうものかと思ったら、泡坂妻夫『朱房の鷹　宝引の辰捕者帳』（文春文庫）に紹介されていた。「煎じた茶に小豆や栗、慈姑《くわい》などを炊き込んだ塩味の飯」なのだそうである。

万年屋跡を過ぎるともう東海道第２の宿である川崎だ。東海道五十三次を描いた浮世絵でもっとも有名なものは前にも書いた安藤（歌川）広重の保永堂版「東海道五拾三次」だろう。そのうちの「川崎」では、手前に渡し舟が浮かび、対岸の奥には川崎宿の家々が建ち並んでいるのが見える。つまり江戸から京へと向かう旅人の視点で描かれた絵なのである。『謎解き浮世絵叢書　歌川広重保永堂版東海道五拾三次』（町田市立国際版画美術館監修。二玄社）の説明文によれば、鳥瞰図の多かった従来の名所図会とは異なり「広重は多くの図で視点をかなり低く取り、実際に風景を眺めたときの感覚を再現して」いるという。だからこそ旅人の視点で風景を眺めることができ、リアルな印象を受けるのだ（ちなみにこの解説文を書いた佐々木守俊は僕の高校の同期で、多摩川を歩いた友人というのは彼のことである）。

川崎駅前一帯が昔の宿場だが、遺構のたぐいはあまりない。川崎は元和９（１６２３）年と全宿の中でもかなり後に設けられた宿場で、品川と神奈川の間が離れすぎている（20㎞近くある）ことから追加されたのだった。だからそれほど流行《はや》らない宿で、繁華街として肥大したのは明治になって工業化が進んだ後だった。何度も書くように僕は多摩の生まれなので、南武線一本で行ける川崎には、歌舞伎町を擁する新宿以上の妖しさを感じていた。なにしろ川崎競輪場がある。その客を見込んだかのように特殊浴場街がある。20代のはじめ、川崎の駅前で喧嘩の仲裁に入ったところ「若いのに感心だ。どうだ、一緒にソープに行こうか」と言われ、びっくりしたことがある。まだ北方謙三が「小僧、ソープに行け」と言い出す前の話だったと思う。そういえば北方謙三も川崎育ちのはずだ。

川崎を出ると鶴見川を渡り、横浜市鶴見区に入る。ここは小林まこと『1・2の三四郎』（講談社漫画文庫他）で主人公の東三四郎たちがプロレスラーになる修行をしていた町だ。愛読者としては、風景に懐かしさを覚える。さらに歩くと生麦事件碑がある（僕たちが通ったときには工事のため、事件碑は数百メートル離れた場所に移設されていた）。文久2（1862）年、騎馬の英国人4人が薩摩藩主島津公の行列と遭遇し、下馬の礼をとらなかったために無礼討ちされて1人が死亡する事件が起きた。物語としては吉村昭『生麦事件』（新潮文庫）で読むことができる。このときの負傷者のうちの2人が次の神奈川宿まで逃げのび、そこで診察所を開いていたアメリカ人、ヘボン医師の手当てを受けている。

誰か教えて！　長距離を歩くコツ
〈東海道ウォークお役立ちブックガイド　その1〉

「とりあえず」始まった東海道ウォークで、まず悩んだのが基本中の基本「歩き方」。

私はとにかく昔から歩くことが大嫌いで、会社勤めをしていた頃は、毎月の出費で家賃と食費の次に多いのがタクシー代、ってなほどだった。

会社を辞めてフリーランスのライターになり、さらに書評家と名乗るようになってからは、「家で本を読んで、その紹介原稿を書く仕事だからしょうがないよねー」と自分に言い訳しまくりで、「健康のためには1日1万歩歩きなさい」的言葉は聞こえないふりをしてきた。

電車には乗るけど日常の移動は基本、自転車か車。飼っている犬の散歩も家の近所を10分くらい歩く程度。休日は公園に行くこともあるけど、徒歩だと15分は（ってことは往復30分歩かなくちゃいけない。ありえない！）かかるので車で移動し、公園内だけを歩いていた。

とにかく歩きたくない！　楽な移動手段があるのに、あえて歩く意味がわからない！

心の底から、本気でそう思っていたわけです。

しかし、そんな生活が長く続くと、当然のことながら足腰は弱る。この企画が始まった当初、私にはたぶん「足の筋肉」というものがほとんどなかったはず。支える筋肉がないから膝に痛みもあり、具体的には床に座った状態からどこにも手をつかずに立ち上がることができなかった（今もできない）。

通常時の自分がどれくらい歩いているのか。この企画が始まる前に試しに万歩計をつけて生活してみたところ、どこにも行かず家で働いているとき（約週3日）は400〜500歩程度。近所に犬の散歩に出かけたり、買いもの（往復はもちろん車）に行くと3千〜4千歩。やむを得ない理由があって「今日は歩いた！」と思った日（月イチぐらいしかない）でも7千〜8千歩。推奨されている1万歩でさえ、通常時の20〜25倍！

それがいきなり2万歩3万歩、挙句4万歩超の世界へと連れ込まれてしまったのだから、足だってビックリだ。さらに、今までまったく自覚がなかったけど、日本橋から品川まで歩いたときに、みんなから「なんか歩き方がおかしい」とも言われてしまった。どうやら私は歩くときに膝が曲ってない、らしい。もともと姿勢が悪い＝猫背なことは自覚していたけど、これも長距離を歩くには問題があるようで、品川↓神奈川を歩いた翌日は、首と腰にも強い痛みがあった。

そこで正しい長距離の歩き方を知るべく、資料本を探したのだけれど、ダイエット目的のウォーキングでもなく、美しく歩くコツでもなく、登山やハイキングでもなく「普通の歩き方」「ゆっくり長く町中を歩く」本など、まあ見つからない！　わざわざ本で学ぶほどのことでもない、ということなのかもしれない。そりゃそうか。それでも、得るものが多かった本もいくつかあったので、ここで紹介しておきます。

★『金哲彦のランニング・メソッド――羽が生えたように動きが軽くなる！』（金哲彦著／高橋書店1100円）……ランナー向けかと思いきや、まず走る前に気をつけるべく、立ち方から歩き方の基本が詳細かつ豊富な写真と共に説明されていて、わかりやすい！　この本で「肩甲骨を引く」と自然に足が前に出る、と知ったのは大きかった。

★『これで身も心も軽くなる！　ウオーキングの基本』（上野敏文監修／JTBパブリッシング1200円）……タイトルそのままの指南本。坂道の上り下りの歩き方の違い、階段の上り方のコツ、体をひねらない日本古来のナンバ歩きやポールを使ったノルディック・ウォーキングなどの紹介もあって、読み応えがある。ウォーキング・グッズの紹介も充実。

★『きょうのストレッチ』（中野ジェームズ修一監修、イラスト・榎本タイキ／ポプラ社1100円）……「歩く」より、さらにその前段階、身体を整えるためのストレッチ本。日めくりカレンダーのような形式で、77のストレッチがイラスト図解されている。さすがに全部はムリだけど、この本で覚えたストレッチ、かなり役にたっています。

三 神奈川宿

幕末の横浜開港に伴い、宿内の寺院は諸外国の公館として利用され、港の玄関口として活気がある宿場だった。神奈川宿は日本橋から7里（27・3㎞）。足の弱い女性や老人も、ここまでは1日の行程だった。

松原商店街。早朝のため、どこも開いてない……

保土ヶ谷宿　4.9km　神奈川宿　9.7km　川崎宿

港町は意外なことにお寺の町でした

【東海道ふむふむの3】神奈川

生麦事件のところで名前が出てきたヘボン医師は、今風の発音で名前を書けばジェイムズ・カーティス・ヘプバーンが正しい。ヘボンはアメリカ・ペンシルヴァニア州の生まれで、宣教と医療奉仕を目的として安政6（1859）年10月に来日した。最初の住居は神奈川宿内にあった成仏寺だった。戦火で焼けたが再建され、東海道を神奈川警察署の手前あたりで北へ曲がったところ、併走する京浜急行のすぐそばに今もある。その成仏寺から西へ行き滝ノ川を越えたあたりにある宗興寺をヘボンは文久元（1861）年から借りて診療所とし、無料診察を開始した。生麦事件のときは、ヘボンはこの寺にいたのである。大村益次郎がこのとき短期間であったが彼に師事し、英語などを学んでいる。

こんな感じで神奈川宿には、いちいち足を延ばしていては時間が足りなくなるほどに史跡がある。東海道の南側は本来海だったので何もないが、北側には各国の宿舎として使われた寺などが密集している。その中のひとつ慶運寺はフランス領事館としても用いられたところだが、明治になってから別の場所にあった観福寿寺を合寺した。この観福寿寺は別名浦島寺ともいう。浦島太郎の父親が実はこのあたりの人だったという伝説があるのだ。竜宮城から故郷へ戻った浦島太郎は父がすでに亡くなっていることを知り、その生地に庵を結んで菩提を弔った。それが観福寿寺の起源で、だから寺宝として乙姫にもらった玉手箱と観世音菩薩像があったのだ。現在も慶運寺にその観世音菩薩は祀られているが、一般公開はされていない。また玉手箱の所在も不明である。どうしたものか、この付近には他にも浦島太郎伝説が遺されている寺がいくつもある。

こんな感じで、調べると楽しい話がいくつも出てくるから、寺歩きをあまり熱心にやりすぎると足が止まってしまうのだ。ここを歩いたのはウォークの2回目で、まだあらゆることに関心があって見物もしていた。横浜駅にたどり着いたとき足がぼろぼろになっていたのは、この見物が原因だったものと思われる。先を急ぎたい方はどうぞご用心を。

十返舎一九の『東海道中膝栗毛』にはこの宿の模様が克明に描かれている。道の片側に茶屋が軒を並べており、いずれも2階には欄干つきの廊下があるのが見え、建物と建物の間にはかけはしが渡されていたという。そこから波打際の景色などを眺めるのだ。さぞかし気分はよかったろうが、街道の南側が埋め立てられた現在では望むべくもない。

弥次郎兵衛と喜多八のふたりは茶屋の女に呼び止められる。ふたりは妙な色気を出し、女に「おめへの焼いた鯵《あじ》なら味《うま》かろふ」などとやにさがりながら店に入るのだが、あいにくと出された魚はいたんでいた。それを見て弥次郎兵衛が詠んだ狂歌が「ござつたと見ゆる目もとのおさかなは　さてはむすめがやきくさつたか」。講談社文庫版の監修をした興津要先生はこれに「くさったと見える目つきのさかなは、おれにほれたあの娘が焼きやがったのか」と訳をつけている（あ、私はこの講談社文庫版の『膝栗毛』が好きなので、以降の狂歌の訳はすべて興津版を引いております。為念）。これにこじつけて喜多八は「味《うま》そふに見ゆるむすめに油断すな　きやつが焼いたるあぢのわるさに」と詠む。興津訳は「美しくて、ものになりそうな娘に油断するな。あの娘が焼いたあじがだめだったくらいだから」。「あぢ」が「鯵」と「味」にかけられており、さらに言えば「娘の味」のことも暗示されている、というのは野暮な解説でしょうね。『膝栗毛』にはこういう感じで、下《しも》がかった笑いが頻出する。

話をヘボンに戻す。彼がいわゆるヘボン式ローマ字の発明者であることは有名だが、世界初の和英辞書である「和英語林集成」と旧約聖書の和訳を行ったことはそれほど知られてないはずだ。望月洋子『ヘボンの生涯と日本語』（新潮選書）の助けを借りてこの項を書いているのだが、ヘボンは熱心に日本語の研究を行い、特に『大日本史』と『膝栗毛』を愛読していたと同書にはある。下ネタ満載だが豊かな表現に溢れた『膝栗毛』をヘボンは馬鹿にせずに読み、そのエッセンスを汲み取っていたのだ。そう思うと急に親近感が湧いてきますね。

水分より大切なのは「おやつ」！

〈東海道ウォーキング・グッズあれこれ　その1〉

いざ、東海道ウォークを始めることになったとき、なにを持って行くべきなのか。

端的にいえば、箱根や小夜の中山といった一部を除いて、財布さえあればなんとかなります。いちばん重要と思われがちな水分も、スタート地点までは、ほとんどの人が電車で向かうわけで、となればどんな無人駅でもイマドキ飲み物の自動販売機ぐらいはある。

個人的にはそれよりも、大事だな、と痛感したのは栄養補給のための「おやつ」！　もともとは食事の合間の八つ時、今でいう午後2時頃にとる間食のことだが、長距離を歩いていると、驚くほど体内エネルギーがどんどん消耗していくのが実感としてわかるので、時間など関係なく頻繁に「なんか食べたい！」となるのだ。

マラソンランナーじゃあるまいし、なにをそんなに大袈裟な、と思う人もいるかもしれないけど、いやいやいや。どんなにお腹いっぱい食事をとっても（そもそも満腹になるほど食べて、すぐに歩くのは体に良くないわけだが）、3時間も歩けば腹の虫が騒ぎ出す。ちなみに初回、日本橋から歩いたときは、銀座に着いた時点でもう空腹状態だった。

もちろん、家から持って行かなくても、駅の売店やコンビニエンスストアで調達すればいいのだが、早朝だと売店が開いていないことも多いし、あって欲しいときには何キロも見つからないのが東海道のコンビニだと思っておいたほうが身のため。最低限のカロリーメイト系栄養補助食品や、糖分補給を兼ねた飴、噛んでいることで気分転換にもなるガムやグミは用意しておきたい。

私は歩き始めると背中のリュックを下ろすことさえしんどかったので、毎回ポケットに飴とチョコバーを入れていた。夏場はチョコはベトつくので、フィナンシェやマドレーヌ系の焼き菓子をひとつ。「今度はなにを持って行こうかな」と考えながらスーパーの菓子売り場や洋菓子店に足を運ぶのを細《ささ》やかな（ほんとになー！）楽しみにしていた。

さらに、スギエさんが好んで食べていたことから、その効果を実感したのが「梅干し」。クエン酸が疲労回復に効くとはよくいわれているけど、同時にあの酸っぱさはヘロヘロになって落ち込みがちな気持ちをリフレッシュさせる覚醒効果があるような。好みもあるけど、個別包装されているカリカリタイプがお薦めです。

一方で、頼りすぎちゃいけないものの、道中の銘菓、名物も機会があれば食しておきたい。東海道には宿場ごとに必ずといっていいほど気になる食べ物がある。「名物に美味いものなし」というし、実際「確かになー」と項垂《うなだ》れるしかなかったものもあったが、あにはからんや（かなり失礼！）しみじみ「美味い！」と思えるものもあった。

そんなわけで、ここで、個人的な東海道おやつベスト3を発表～！
★笹井屋の「なが餅」……子供の頃から好きだったので、四日市宿の旧東海道沿いにある本店の前を通りかかったとき、無理やりみんなを誘って食べた。東海道沿いには「餡《あん》こを包んだ餅菓子」は数々あって、近隣になが餅と同じような「薄くのばして焼いた」形のものもいくつかあるが、やっぱりなが餅がいちばん美味しいと思う。一度に5個は軽くいける。スギエさんは、飲むように食べていた。カレー以上の衝撃！
★道の駅宇津ノ谷峠（下り）天神屋の「静岡おでん」……どうしようもなく足が痛くて、予定していた藤枝まで歩けなかった第7回の2日目に、ほうほうのていでたどり着いた道の駅で食べた静岡おでん。長距離歩いた後のおでんがこれほど体に沁みるなんて！と軽く震えた！　大根、玉子、牛すじ、はんぺん。串に刺さっていてなんでも1本100円。おにぎりも美味しい天神屋。ここだけでなく、静岡県内では東海道沿いにも沢山見かけたのでぜひ！
★大旅籠柏屋の売店で買ったひと口羊羹各種……岡部の歴史資料館になっている柏屋で売っていたひとつ100円～の羊羹。さくら葉、栗、黒豆、大納言、葵きんつばなど種類が豊富で食べ比べの楽しさが。パッケージも可愛いのでちょっとしたお土産にも◎

四 保土ケ谷宿

一番坂、二番坂と1km半ほどの急勾配が続いた権《ごん》太《た》坂《ざか》は、江戸を出発した旅人にとって最初の難所。この坂を上り切ったところの国境《くにざかい》は眺望がよく、旅人が一息つける場所として茶屋が軒を連ねていた。

保土ヶ谷宿に到着。みんなまだまだ余裕です

戸塚宿 — 8.8km — 保土ケ谷宿 — 4.9km — 神奈川宿

初めての坂に挑戦。な、投込塚って!?

【東海道ふむふむの4】保土ヶ谷

不精者ライターふたりが挑戦する東海道踏破の旅は、第3回目にして神奈川〜藤沢21・5kmというそれまでの最長距離を歩くことになった。よく考えてみると、これは全行程でも最長である。第3回目にして、結構な難度の挑戦をしていたことになるのだ。また、このとき初めて上坂にも挑んでいる。思えば日本橋から神奈川宿までの道は、起伏がほとんどない平坦な道だった。ウォーキングの初心者にはありがたいことだった。

神奈川宿から歩いてくると右手に橘樹《たちばな》神社がある。僕たちが1月に通ったときには、境内に茅の輪が設置されていた。あれ、この輪って一年中設置されているものだっけ。神社の祭神は京都八坂神社から分霊されたスサノオノミコトなので、旧暦6月には茅の輪くぐりの行事がある。これは蘇民将来と唱えながら輪をくぐって厄除けを祈願するものだ。せっかくなので、季節外れではあるが全員で旅の安全を祈った。この神社はかつて牛頭天王《ごずてんのう》（スサノオの本地《ほんじ》）を名乗っていたこともあり、近くの相鉄・天王町の駅名はそれにちなんでいる。

　その相鉄線を過ぎ、ＪＲ保土ヶ谷駅前を通過したあたりで東海道は国道1号と合流する。この付近が昔の保土ヶ谷宿跡である。本陣跡を示す道標などがあるが、当然のことながら往時の面影はまったくなし。しばらく歩いて1号線と分岐したあたりからがくだんの権太坂だ。

　権太坂の名前の由来は諸説あるが、「新編武蔵風土記稿」（１８２８年）が採用している、「老人の名前」説が僕は気にいっている。森川昭『東海道五十三次ハンドブック』（三省堂）の現代語訳でその模様をお伝えすると「昔旅人が土地の人に坂の名前を問うたところ、耳の遠い老人が自分の名を聞かれたと思い『へイ権太と申しますだあ』と答えたのが坂の由来」（同書）となる。おなかに袋のある動物の名前を西洋人に聞かれた現地の人が「わかりません」という意味で「カンガルー」と答えたら正式名となったとか（俗説らしい）、そういう類ですね。土地の人は老人が「権太」より変な名前でなかったことを感謝すべきである。

　そんな権太坂をあえぎあえぎ上る。坂道の周囲は住宅地になっており、それほどの難所とは思われないのだが、江戸時代までは旅人泣かせの地であったらしく、行き倒れた者や牛馬の死骸を捨てた投込塚の存在が開発工事の際に判明している。しかし、苦しいばかりではない。途中には見晴らしのいい場所もあるからだ。もし富士山が見られたら楽しいじゃないか。

　そして坂を上りきるとそこには境木地蔵尊《さかいぎ》がある。実はここは、武蔵国と相模国の国境にあたる場所なのである。おお、地味だけど発見がある。いいじゃないか、いいじゃないか。

実はこの権太坂を上っている段階では僕たちもはっきりとは理解していなかったのだが、東海道を歩くとひとつの真理に行き当たる。それは、

「楽な道はつまらない。辛い道ほど楽しい」

ということである。平坦な道をだらだら歩いていると、何か変化がない限りはまったく楽しくない。何もない道を歩いていると、それこそ巨木が1本あっただけで「これは昔の松並木の名残なのかも」と想像したくなる。そうやって自分から楽しみを見出さないとやっていけないぐらい退屈だからだ。だが、坂を上るなどの辛い体験をすれば、ちょっと眺望が開けた、というようなんでもないことで十分に感動することができる。……なんだか人生訓みたいなことを言っているが、つまりそういうことに歩いていて気づいたのである。

ちょっと脱線するが、僕が東海道歩きの教科書にした本のひとつに『路上観察華の東海道五十三次』（文春文庫ビジュアル版）があった。これは路上観察学会を創設した赤瀬川原平や藤森照信らによって作られた本で、東海道を歩きながら「変だ」と思うものを見つけていく、という路上観察本である。刊行は1998年だから、もちろんそのとき路上に存在した「変なもの」はもうほとんど現存していないので、ガイドブックとしては成立しない。そんな風に街の景観を楽しむ「やり方」を学んだということだ。

なんだ坂、こんな坂、権太坂！

〈てくてくある記　第3回　★神奈川→保土ヶ谷→戸塚→藤沢〉

「とりあえず」×「とりあえず」で、前2回の東海道ウォークで合計約30㎞を歩いたものの、未だ歩く歓びが感じられない。

　その、どこまでも後ろ向きな気持ちが体にストップをかけたのか、12月に予定されていた第3回は、私のマイコプラズマ疑惑で延期され、年明けの1月8日に持ち越された。3週間近くも胸に鳩を飼っているような状態だったので、前回までにも増して体力に自信がなく、しかも今回は神奈川駅に朝7時集合なので埼玉県民の私は5時には家を出なければならず、ついでに昨日から猛烈に歯が痛い。憂鬱度倍、さらに倍！　新年早々、やってらんねぇよ、とやさぐれモードで電車に乗り込んだ。クルックー。

　しかし、神奈川駅に着いてみると、幻冬舎Ｗｅｂマガジン編集長の有馬さん&Ｗｅｂマガの制作管理をされているデザイナーの小宮さん&その奥さまが、早朝にもかかわらず、にこやかに我々を待っていてくれた。3人ともこの後予定があるというのに、ただ見送るためだけに早朝から来てくれたと聞き大恐縮。横浜銘菓のおやつまで用意してくれていて、そうだよなー、いつまでもぐずぐず文句ばっかり言ってちゃいかんよな！と初めて少しこの企画に前向きになる。

さらに今回は初のゲストウォーカー、スギエさんの後輩でもあるライターの与儀明子さんと同業者のコラムニスト香山二三郎さんも参戦。たった2回で既に会話も尽きかけていたのでこれまたとても嬉しい！　他力本願極まりない気がするけど。

本日の行程は約22㎞。密かにいろいろおやつを買いこめるのではないかと楽しみにしていた松原商店街は、早朝のためまだほとんどの店が開いてなくて残念だったが、軽い足取り（自分比）のまま2時間弱で保土ヶ谷宿に入る。神奈川宿から保土ヶ谷宿までは距離にしてわずか5㎞弱。「短い距離で宿をひとつ攻略できる」と、凄く得した気がする！

保土ヶ谷宿に入り本陣跡や一里塚を過ぎると間もなく待ち受けているのが、日本橋から東海道を歩き始めた場合、最初の難所と知られている権太坂。傾斜はそれほど急ではないものの、だらだら長い上り坂が続く。こちとらウォーキングシューズを新調し、杖代わりのストックをついていても息があがってくるのに、ゲストの与儀さんはミニスカ＋ブーツという普段着仕様にもかかわらず、すたこら歩き続けている。若いって凄い……。

ようやく権太坂を上りきっても、アップダウンは続く。焼餅坂、品濃坂《しなのざか》、不動坂。せっかくゲストに来てもらったのに、話をする余裕がない。それでも、トラックががんがん通過する単調な国道沿いを延々歩くよりは、変化があって楽しい（と思うことにする）。

11時。戸塚宿手前で、S　C《ショッピング・センター》内の「コロラド」で休憩。みんなが珈琲だの紅茶だの大人な注文をするのに、アイスココア&クリームソーダと甘いもの欲に勝てない私とスギエさん。こんなことが積もり積もって体型差につながるんだな、と妙に納得。

再び黙々と歩き始めて、戸塚宿に入ったところで駅ビルの大阪王将でお昼ご飯。餃子を前にすると俄然ビールが飲みたくなるが、さすがにぐっと我慢する。

戸塚からゴールの藤沢宿までは8㎞弱で、日本橋↓品川とほぼ同じ距離。既に約14㎞歩いてきたのに、これからまだあの距離を歩くのか、と思うと気が遠くなるので、今日はここからスタートするんだ！と自分に言い聞かせる。誰も言ってくれないけど、成長したな、私。

原宿の一里塚を過ぎると残り半分。ファミレスあったら休憩したいねー、と言いながら歩くが、見つからないまま藤沢宿に入ってしまった。下りは下りでまた膝が痛む道場坂を過ぎ、一遍上人が開いた時宗の総本山・遊行寺《ゆぎょうじ》を見学。資料館など、みんな熱心に見ているのに「ゆっくり休めて良かった」という感想しかない自分をいかがなものかと思う。

坂道も多く、寄り道もしたのに、午後4時過ぎにはゴールの藤沢本町駅に着いた。なんと往復の移動合わせて4万6009歩！　それでも少し慣れてきた気がするのは気のせい？

五

戸塚宿

「かまくら道」「八王子道」の分かれ道があり、大山や鎌倉への参詣客でも賑わっていた。当時の人々は、おおよそ1日に10里（約39㎞）を歩いたので、最初の宿を戸塚にとった。

日本橋から46㎞。歩くことにも慣れてきた？

藤沢宿　7.8km　戸塚宿　8.8km　保土ヶ谷宿

お軽勘平道行の坂をだらだら歩きます

【東海道ふむふむの5】戸塚

安藤広重「東海道五拾三次」（保永堂版）の「戸塚宿」は、東海道と鎌倉街道の分岐点にあたる場所を書いている。画面中央の「左りかまくら道」という道標が示しているとおりで、そっちに曲ると道は鎌倉へと逸れていく。宮本昌孝『おねだり女房』（講談社文庫）の表題作でも、最初のドラマはこの道標から始まるのであった。道標は現存していて、江戸見附を過ぎた後すぐ、街道から左に入ったところにある妙秀寺の境内に保存されている。

僕は東京都西部の、いわゆる三多摩地方の生まれなので、この鎌倉街道にはローカルな愛着がある。三多摩から隣県の川崎市・横浜市には、至るところに鎌倉街道が存在するのだ。それは別に同じ道ではなく、鎌倉という武士の都だった場所へとつながるルートの総称だったのでは、と気がついたのはだいぶ後で、成人してからのことである。それまでは、三多摩じゅうをうねうねと街道が這い廻り、鎌倉へと抜けていくようなイメージを持っていた。僕は自分で車を運転しないので、今でもこのイメージを払拭できずにいる。本当に鎌倉街道は

1本ではないのだろうか。誰か教えてください。

それはそうと、広重はなんでそんな道標などを大切な絵の題材として描き込んだのだろうか。他に「こめや」という実在した茶屋が背景とされていたり、その前で馬から下りようとしている男の姿が躍動感を持って描かれていたりと工夫はある絵なのだが、しかし主題が地味なことには変わりがない。しょせん、道標だもの。

しかし実際に歩いてみると、やむをえない措置であったことがよくわかる。戸塚宿から次の藤沢宿の間には、見所がほとんどないのだ。さっきの道標があったのが街道の東側の境界を示す江戸見附、逆に西側の境界は上方見附という（木戸と呼ばれる場合もある）。この見附は本来、宿場の出入りを監視するための門戸の役割を果たしていた。戸塚宿の上方見附には、左右一対となった石垣が遺されている。その遺構が、建築物としては唯一の見所といえるのではないだろうか。道標と石垣だけ、というのもちょっと淋しい。歌舞伎好きの方はよくご存じだと思うが、有名な「お軽勘平」（『仮名手本忠臣蔵』）の所作事の舞台となったのは戸塚山中という設定なので、街道脇には「お軽勘平戸塚山中道行の場碑」が建てられている。だがまあ、それも言っちゃ悪いが単なる石だ。

実は戸塚は、『東海道中膝栗毛』では弥次喜多のふたりが初めて宿をとった記念すべき場所なのである。日本橋から40㎞あまり、昔の人は健脚だったというが、ずいぶん歩いたものだ。こちらは2日半かけてようやく戸塚まで来ているというのに。その戸塚で弥次喜多のふたりは、ある策略を練る。男のふたり連れだと飯盛り女の世話だなんだと宿がうるさくかまうので、年のいった弥次郎兵衛をおやじと見立てて、親子のふりをしようというのである。おかげでふたりは見事に女にふられ、東海道初めての晩を清い体で過ごすことになる。もっとも、この親子のふりを通したのは最初の戸塚だけで、以降ふたりはもっと野放図に振る舞うようになっていくのだが。ふたりが泊まった店の名前は「こめや」のようには記されていないので、宿がどのへんだったのかはちょっとわからない。

ないない尽くしだとさすがに戸塚宿に悪いか。前出の『小沢昭一的東海道ちんたら旅』を読んでいたら、戸塚宿内にある八坂神社には氏子が女装をして5色のお札をまくというならわしが残っているというが、実はそれは江戸の大道芸である「わいわい天王」がルーツだ、という記述があった。わいわい天王は、都筑道夫の時代ミステリー〈砂絵のセンセー〉（光文社文庫他）シリーズにも出てくる。「わいわい天王、騒ぐがお好き」などと囃し立てて牛頭天王の札をまき、金を集めるという他愛もない芸だ。お札まきは毎年7月14日に行われる。祭神はやはり、牛頭天王ということだ。もし関心があるなら、その日に合わせて東海道歩きを計画してみてもいいだろう。

長距離を歩くために必要なのは痩せた体!?

〈東海道ウォーク四方山話　その1〉

東海道ウォークの本なのに、こんなことばかり書いているのもいかがなものかと思わないでもないけれど、前にも触れたように、私は日頃とにかく歩かない&動かない。

動かない仕事なの！と言い逃れの余地がある（あるか？）平日だけでなく、休日も、できることならどこにも行かず、家でゴロゴロしていたい派なのである。掃除も洗濯も必要最低限しかやりたくない。幸い（なのか？）結婚もしてないし、子供もいないので自分以外のことに手間暇取られることもないわけで。

小説読んで、漫画読んで、ネットで好きなアイドルちゃんのブログ読んで、犬をガフガフいわせて、猫をゴロゴロ鳴かせていることに幸せを感じるタイプなのだ。

が、しかし。食べることは好き。料理も得意ではないけど嫌いじゃない。暇があれば餃子は皮から作るし、時間がなくても唐揚げる。ビジーモードのときの定番はウィンナー丼で、カレー続きのときは1日3合の飯を平らげる。

歩かず、動かず、食べまくり。

そんな「消費カロリー∧摂取カロリー」の日々が続けば、当然の結果として太らないはずもなく、最高時には体脂肪率45％を記録した。

さすがに人間ドックで脂肪肝、高脂血症を注意され、年齢的にも昔ほどは食べられなくなったものの、それでもこの企画がスタートしたとき、体重は67kgあった。身長は159cmなので、明らかに「肥満」体。東海道を歩くなんて心が重い、とかいってたけど、それ以上に体も重かったわけです。

ところが。この3回目のウォークのときは、もちろん疲れはしたものの、前2回に比べると、距離は長かったのに少し楽になった気がしたのだ。

慣れたのかな、とも思ったけど、前回は2ヶ月前だし、年末の忙しさもあって自主練もできない状態だったのでその可能性は薄い。じゃあなにが違うのか、と考えてみたところ、思い当たることがひとつだけあった。

体調を崩したこともあって2kgほど体重が減っていたのだ。たかが2kgでそんなに変わる？と思われるかもしれないが、いやどうして2kgの違いは大きい。歩いていて疲れてくると、たかだか500㎖のペットボトルをリュックのポケットに入れていることさえ、すごく負担に感じる。蓄えた体の荷物が2kgも減れば、大違いなのである。

マラソンにしろトライアスロンにしろサッカーやテニスでも、持久力を必要とするスポーツに太っている選手がいないように、ただ「歩く」だけでも長距離となると体重は確実に影響してくるようだ。

たとえば、今回ゲスト参戦してくれた（そして以降、レギュラー状態になる！）香山さんは、私やスギエさんより年齢的にはひと回り上で、ほとんど出歩かない暮らしぶりも似ているうえに、これまで10km以上歩いたことはないと聞いていた。にもかかわらず、いきなり20km超の道程を、意外と（失礼）元気に歩ききってしまった。担当編集者その2のガッキーも、毎日電車通勤しているとはいえ運動全般が嫌いで、この企画が始まる前は「全然自信ありません」と言っていたのに、私の疲労困憊状態に比べると毎回ずっと元気に見える。ふたりの正確な体重は知らないけれど、どう見たって「肥満」ではない。弥次さん喜多さんも「デブ」というほどじゃなかったみたいだし！

というわけで、東海道を歩くのに、いちばん必要なのは痩せた体だと痛感した私は、ここから地味に自主トレに励み、結果的に、東海道ウォーク中61kgまで痩せた（この体重を「痩せた」ということに躊躇いはあるけど）。おかげで確かに体は多少軽くなった。

でも、長距離を歩くには、まだまだ別の辛さがあると思い知ることに……。それはまた別に書きましょう。

六 藤沢宿

藤沢は、江ノ島、鎌倉、大山などへの参詣や観光の拠点として、大いに賑わっていた。また、遊行寺の門前町としても古い歴史があり、江戸時代には人口4000人の大都市だった。今でも美しい松並木が残っている。

遊行寺の一遍上人の立像。まさに夢に見たアイドル!

レッツ・ダンス・イン・ザ・仏教！

【東海道ふむふむの6】藤沢

この企画が始まったとき、僕にはいくつか、どうしても訪れたい場所の候補があった。東日本における第1は、藤沢の清浄光寺《しょうじょうこうじ》、通称・遊行寺だ。大学のころ浄土宗に関心を持った時期があり、さらにその前身ともいえる時宗の開祖・一遍に執着していた。清浄光寺はその時宗の総本山なのである（ただし一遍自身が念仏道場を開いた無量光寺が初代総本山。清浄光寺は2代目にあたる）。それが東海道の通り道にあるというんだから、行くしかないじゃないか。

戸塚宿から藤沢宿へは、長く続く勾配を上り、松並木の残る美しい坂（道場坂）を下れば着く。上って下りるのだから単純で、その日はウォーク初の20㎞超えの道のりだったこともあり、同行の編集者〈東海道番長〉ことガッキーからは「藤沢宿に着いたらビール解禁です！」というありがたいお達しも出ていた。でも僕は、遊行寺でお詣りを済ませるまでは決して飲むまいと心に決めていた。憧れのお上人の膝元をお訪ねするというのに、酒が入っていたらまずいでしょう！　どんな不信心者だって話でしょう！

幸いなことに、酒屋よりも先に、道場坂の途中で清浄光寺が見えてきた。もう、気分は高揚。嬉しいことに境内に入ると、早くもイベントが待っている。宗祖・一遍上人の立像が出迎えてくれるのだ。このときの僕の心境たるや、浦安の夢の国で、鼠やら家鴨《あひる》やらの歓迎を受けたファンのそれとまったく同じだったはずだ。この時点で疲労は極限に達し、足は痛いのを通り越して一ミリたりとも上下運動ができないというぐらいに破壊されていたのだが、それでもスキップしたいほど僕は嬉しかった。だって、夢に見たアイドルがそこに！

本殿にお参りした際は、当然のことだが心の底から「南無阿弥陀仏」を唱えた。なんなら心のままに踊りだしたい気分だったが、別に浮かれていたわけではない。それこそが一遍の説いたことに忠実な行動だからだ。一遍は教義の体系を書き記すための執筆活動にはまったく関心を持たない宗教家だった。ひたすらに「南無阿弥陀仏」の6文字を唱えることこそが極楽往生の基本であると解き（僕の行動と合ってる！）、さらには集団で踊り狂いながら「南無阿弥陀仏」を唱和するという踊り念仏を励行したのである（これも合ってる）。最盛時には、身分の貴賤に関係なく集まった信者が数万単位で移動しながら念仏踊りをしたという。国宝「一遍上人絵伝」にはその模様が美しく描かれているから必見だ。一般向けには栗田勇『一遍上人』（新潮文庫）という解説書が出ているから、ぜひ読むがいいよ。

一遍上人のこととなるとつい夢中になってしまう。いかんいかん。実はこの日には思いがけないプレゼントが用意されていた。ちょうど宝物館の公開期間にあたっていたのだ。そこには何があるか。そう、重要文化財「後醍醐天皇御像」だ。みなさんも歴史の教科書などで見たことがあるでしょう。あの絵が特別公開されていたのである。もちろん見に行きますとも。宝物殿にはエレベーターがなくて、歩き疲れた足が悲鳴を上げ始めているけど、そんなの関係ないさ！

この後醍醐像にはおかしなところがある。法服に身を包み、手に三鈷杵《さんこしょ》と思しき仏具を握っているのだ。実はこの図、帝が密教呪術の力を借りて鎌倉幕府を打倒する祈禱を行おうとしているところを描いたものなのだ。祈禱僧に依頼することなく天皇自らそれを行ったというのは、後醍醐帝の天皇としての異質さを示している。その図像解釈については網野善彦『異形の王権』（平凡社ライブラリー）がわかりやすい。これも読むといいです。

そんなわけで楽しくて仕方なかった藤沢だったが、おかげで参詣以外の何をしたのかさっぱり覚えていないです。あ、清浄光寺の境内には小栗判官と照手姫の墓があったり、道場坂を下りきった先には義経の首を洗ったという伝承の残る井戸があったりと、他にも見るべきスポットがある。一遍上人にメロメロになっていなければ訪問をお勧めします。

結局、自分で探すしかない「靴」問題！

〈東海道ウォーキング・グッズあれこれ　その2〉

東海道を歩く。

「あなたがそんな事態になったとしたら、まず最初になにを用意しますか？」

もしもそう訊かれたら、多くの人が「靴」と答えることでしょう。そう、長距離を歩くとなれば靴は大事！　なんなら靴が命！ともいえるほど大事！

でも、だからこそ、慌てて買いに走るのはちょっと待って！と言いたいです。

実は私、これまでの3回の東海道ウォークを、毎回違う靴で歩いていた。最初の日本橋↓品川は、クロックスのスリッポンタイプのもの。これは、みんなから「そんな靴で来るなんてなめてる」「ありえない」「だから疲れるんだよ」と罵倒されたのだけれど、自分としては特に足元に不具合はなく、今でもそう悪くなかったと思ってる。ただ、オーバーサイズで踵《かかと》にストラップなどがない形のものだったので、すねに余計な負担がかかっているような気がして（そしてみんなの声に逆らうのが恐ろしくて）、2回目の品川↓神奈川は以前から持っていたアシックスのウォーキングシューズに切り替えた。

　ところが。これはジャストサイズだったので、歩き続けて足がむくんでいくうちどんどん窮屈になってきて、足の爪が内出血し、その痛みで意識が朦朧としてくるほどに。明らかに失敗だった。

　そこで、一度ちゃんと専門家の話を聞いてみよう、と大型SCのスポーツシューズ専門店に行き、足のサイズを計測してもらったところ、右が23・3㎝、左が23・6㎝であることが判明。私は通常24㎝の靴を履いていて、2回目のウォーキングシューズもそのサイズだったのだけれど、店員さんに「お客様のサイズでしたら、長距離を歩くには25㎝が最適です」とアドバイスを受けた。足の形によって多少違いはあるらしいが、長距離を歩くとどうしてもむくんでしまうので、いつも履いているものより1㎝大きいぐらいでちょうどいいのだとか。そんなに大きいと逆に靴ずれするのでは?と思うが、最初のうちは厚手の靴下を履いておいて、むくんできたと感じたら薄手のものに替えると良いと説明されて納得。

　そんなわけで3回目はそのナイキの25㎝ウォーキングシューズで挑み、確かに痛みは軽減された。それから8回目まで、これで歩いていたのだけれど――。冬が過ぎ、春から夏に向かううち、また新たな問題が生じてきたのだ。

　どうにも足が蒸れる。たぶん、長距離を歩いていれば誰もが多少はそうなるのだろうけど、なにしろ体が重いので、足にかかる熱量も人より多いらしく、足の裏がどんどん熱くなってくるのだ。気をつけて冷却スプレーをかけたり、小まめに靴下を取り替えるようにもしてたけど、疲れてくると、しゃがんで靴ひもを緩め、あれこれケアをしてまた靴を履く、という行為自体が辛くなってくる。できることならいっそ裸足で歩きたい、いやそれはムリだ。じゃあビーチサンダルみたいなのは？　それも長距離はムリでしょう。第一、自分以外にそんな不満口にしてる人いないしなー、と、我慢するしかないのかと諦めていたところ！

ＳＣのスポーツ用品店で「これはよさそう！」とひと目惚れしたナイキのソーラーソフトサンダル。サンダルとはいうものの、伸縮性のある素材で踵があって履きやすく、甲の部分には穴が開いているので通気性も良く、紐がないから着脱も楽。水陸両用なので雨の日でも靴がぐしょぐしょになる不快感もない。なにより、すごーく軽い!!　これが私にはすごく合っていて、この靴に履き替えてから格段にストレスが減った。あまりにも歩きやすすぎて、同じものを合計3足も買ってしまったほど。リュックに入れていっても軽いので、峠越えのある日はウォーキングシューズを履いて行って、平地はこれに履き替えた。

というわけで、これから長距離を歩くという人には、まず持っている靴のなかで歩きやすいと思われるもので何日か試してから、自分の足のクセや弱点を見極めて購入することをお薦めしたい。それにしても昔の人はよく草履なんかで歩けたなあ……。

と 平塚宿

東海道を京に上るとき、富士山は常に旅人の右手に見えるが、平塚宿は左手に見える「左富士」の名所。宿内に怪談「番町皿屋敷」の主人公・お菊の墓標がある。

左富士が見えると、みんなのテンションがあがる！

大磯宿 — 2.9km — 平塚宿 — 13.7km — 藤沢宿

高麗山は思ったよりもまんまるだった

【東海道ふむふむの7】平塚

平塚は僕にとっては、競輪の町である。大学を卒業したばかりのころ競輪に興味を持った時期があって、幾度か通った。それで負けて帰るときは、たいてい駅前の小さなラーメン屋で飲んだ。焼肉屋兼業の店でロースターがカウンターの上に設置されていた。おひとりさま焼肉はたいへん安上がりで、ホルモンが確か３５０円だった。

恐ろしいことに、今回のウォークで街中を歩いていて、その店を発見してしまったのである。店の様子は20年前とまったく変わらない。それどころか覗いてみたら、値段もまったく同じだった。ホルモン３５０円。この町は、僕がいつか東海道を歩いて戻ってくることを知ってたのかなあ、とぼんやり思った。

それはさておき。平塚には怪談ファンなら絶対に見逃せない場所がある。お菊塚だ。

ささいな粗相が原因で主人に殺された女中が幽霊となる皿屋敷伝説は、伊藤篤『日本の皿屋敷伝説』（海鳥社）によれば全国48ヶ所にあるという。もっとも有名なのは今の兵庫県の

「播州皿屋敷」と江戸の講釈師・馬場文耕による「皿屋敷弁疑録」の「番町皿屋敷」だろう。京極夏彦による『数えずの井戸』（中央公論新社）も、これを下敷きにしている。平塚に伝えられる因縁譚によれば、番町で青山播磨守主膳に殺されたお菊は、平塚の宿役人・眞壁源右衛門の娘なのである。お菊塚は現在紅谷町公園内にある。ここにはもともと眞壁家の菩提寺でもある晴雲寺があった。区画整理のため寺は移転したのだが、お菊塚をも移そうとしたところ変事が頻発した（というくだりは怪談の本寸法の展開ですね）。よって今でも同じ場所に塚は置かれている、というのである。伝説とは時代の隔たりがありすぎて、この説はにわかに受け入れがたいのだが、通りかかったからにはお墓参りだ。

平塚宿はかつて本陣・脇本陣・旅籠を合わせて五十余を数えた。比較的規模が大きく、江戸期を通じて繁栄が途絶えなかった宿である。この地には海軍火薬廠があったために空襲に遭い、旧い建物はまったく残っていない。しかし本陣跡などは場所がきちんと判別できるし、江戸見附・上方見附もともにそれらしい碑が置かれている。何もない割りには歴史の香りを現代に残す努力をきちんとしている宿だと思う。これは現地の努力が偉いね。

宿の周辺について少し。宿の手前、茅ヶ崎から平塚へと東海道を歩くと、千ノ川にかかる鳥井戸橋のところで唯一、街道の左側に富士を望むことができる。ここから先は吉原宿まで、ずっと富士は右側にある。また、平塚を出て大磯に向かう途中には高麗山《こまやま》がある。保永堂版「五拾三次」の「平塚　縄手道」の遠景に描かれている丸い山で、絵の通りのユニークなシルエットを持っている。麓には高来《たかく》神社があるが、「高麗」「高来」ともに「高句麗」由来であり、渡来人の集落が地にあったと推測される。平塚宿の留め女たちは江戸からの旅人にこの高麗山を指し示し「あの山を越えないと先には行けませんから」と騙して怖気づかせ、泊まるように仕向けたという。

また、平塚市の海岸地域である袖ヶ浜にはかつて結核療養で知られた杏雲堂平塚病院があった。美学者としても活躍した高山樗牛《ちょぎゅう》は明治35年にこの病院で亡くなっている。樗牛は東海の海浜の情景を「わがそでの記」（『現代日本文学全集16』筑摩書房所収）などで賛美した。この地域の人気を上昇させた立役者の1人である。また有島武郎の妻・安子も大正5（1916）年に亡くなった。わずかに享年29、有島は東京で3人の子供の面倒を見ながら毎日のように安子に手紙を出し、頻繁に見舞いにも出かけた。息を引き取ったとき、安子の傍には有島1人だったという。その看病生活の追憶が「平凡人の手紙」（『有島武郎全集第3巻』筑摩書房所収）に綴られている。当事の有島はまだキャリアのとば口に立ったばかりだった。安子の死は彼を打ちのめしたが、作家として立つという決意を彼に与えもしたのである。現在杏雲堂平塚病院はこの地になく、樗牛・有島夫妻の記念碑も市内に移設されている。

スタート地点に着く前から既に旅！

〈てくてくある記　第4回　★藤沢→平塚→大磯〉

なんだかんだで、4回目である。

今日の集合は前回のゴール地点だった藤沢本町に朝7時。改めて検索してみたら、うちからだと始発列車に乗らないと間に合わないことが判明する。そのためには家を4時半に出なければいけない。前夜仕事が終わったのが夜中の2時だったので、そのまま完徹状態で向かうことにする。スタート前から罰ゲーム状態だ。

しかも小田急線には馴染みがないので、乗り換えが気になって電車のなかでも眠れない。埼玉から神奈川は、意外に遠いのです。7時、駅に着くとスギエさんがいない。初回で自分も大遅刻したことを棚に上げて、心のなかで「こんなことなら1時間でも寝たかった」と思う。藤沢本町の改札外にはベンチもなく、座る場所もない。仕方なく立って待っていたら、遅れてきたスギエさんは「ちょっとシウマイ弁当食べさせて！」と言って、到着するなり立ったまま弁当を食べ始めた。自由すぎる……！

結局スタートしたのは8時少し前。今日は前回に続き香山さんと、見送り隊から歩き隊の一員となった有馬さんも初参加。今日からスギエさんはネット通販で買ったという、2本のストックを装備。幸い晴れてきたので、気合いを入れて（いつも最初だけ！）歩き出す。30分ほどで茅ヶ崎市に入ると、道路の両側に東海道名物の松並木がちょこちょこ残っていた。この後、松並木なんて飽きるほど見ることになるとも知らず、無駄に高まる。今日は前回と違って、ほとんど坂がない。歩きやすいけど、単調でもあって、茅ヶ崎の一里塚を見つつ、茅ヶ崎といえば『ホットロード』（紡木たく著／集英社、80年代中期に「別冊マーガレット」に連載されていた人気漫画）だよねー！と無理やり盛り上がろうと試みるが、そんな話をこのメンバーのなかで誰にしていいのかわからず、ツイッターで呟く。

歩き出して1時間半、早くも小腹が空いてモスバーガーで休憩。ポテトやシェークを頼まずにはいられない私を横目に、香山さんは今日も大人な態度で珈琲を飲んでいた。

再び歩き始めるが、特に見所もないので退屈になってきて、スギエさんに「ストックどう？」と聞いてみる。と、「いやあ、これ凄いよ！　すっごく楽だよ！　体重が半分くらいになったみたいだよ！」と今までにない熱い言葉が返ってきた。「そうなんだ！　半分ってことは55kgぐらい？」と無邪気に訊いてみたかったけど、言い出す勇気はなく、これまたツイッターで呟いてみた。試しにちょっと使わせてもらったら、確かに「すっごく楽」で、推進力がハンパなく、ぐいぐい前に進める。これは私も真似しよう！と決意。

12時。平塚に入ったところで、駅近くのランチ営業している居酒屋で昼食。6人で入れるか、ささっと身軽に動いて店を見に行ってくれるガースの体力をつくづく凄い、と思う。みんなが刺身定食などを注文しているのに、鍋焼きうどんと天ぷらにご飯がつく炭水化物祭をひとりで開催する。

脇本陣跡、高札場跡、本陣跡、見附跡などちょこちょこ史跡があるものの、本当に「跡」しかないので有難味もない。うっかり「今日はあんまり見所ないねー」と言ったら、「じゃあ時間もあるし！」と「せっかくだし」砲を放たれ、東海道から横道に200mぐらい離れた高来神社に連れて行かれた。往復500m。ダメージは少なくない。

それでも化粧坂《けわいざか》を過ぎたら、ほどなく本日のゴール大磯駅に到着。アップダウンもなく前回よりも距離にして5㎞以上短かったので、まだ午後3時。でもここから家に帰るまでが長かった！　移動があまりに長すぎて、途中新宿の駅ビルでタイ料理のディナーセットを食べて休憩し、光が丘駅ビルでイチゴのショートケーキとアイスオレンジティーを平らげ、家にたどり着いたときには午後8時になっていた。寄り道抜きでも往復5時間！　しかし、まだまだこの程度の移動時間は序の口だったと後に思い知る。

午後10時。インスタントの担担麺を食べて就寝。……痩せないわ！

八 大磯宿

江戸時代は宿場町として栄え、明治になると伊藤博文をはじめ各界名士の邸宅、別荘が多くあった。今では松並木以外、ほとんど宿場の面影は見られないが、仇討ちで有名な「曽我物語」ゆかりの地でもある。

急な階段を下りてまで、荒れた海を見に行く!?

小田原宿 — 15.6km — 大磯宿 — 2.9km — 平塚宿

維新の元勲ってのは別荘が好きだね〜

【東海道ふむふむの8】大磯

僕と同年齢の人間に「おおいそー」と呼びかけるとほぼ１００％の確率で「ろんぐびーちー」と返ってくる。大磯ロングビーチは昭和の時代には今以上に憧れの地だったのだ。初代キャンペーンガールはアグネス・ラムだったし、芸能人水泳大会もこの場所で開かれていたしね。しかし、東海道は海沿いにあるロングビーチをかすめることなく、その少し内陸側を通り過ぎてしまうのであった。残念。いや、残念でもないか。僕たちがここを歩いたのは３月、しかも雨がぱらぱらと降る最悪の天気の日であった。ビーチどころじゃない。

この施設は大磯プリンスホテルの経営だが、実は同ホテルはもうひとつ施設を持っていた。滄浪閣《そうろうかく》、初代総理大臣・伊藤博文が夫人のために別荘として新築し、よほど気に入ったのか後には東京から本籍を移して本宅とした建物である。昭和26年に西武鉄道が買い取り、大磯プリンスホテルの別館としたのである。近年は宿泊施設やレストランとして営業していたが、平成19年に西武グループが売却を表明してから雲行きが怪しくなった。大磯町が取得を希望したが果たせず、有料老人ホームに転用する意志を示した購入者が現れたが、この原稿を書いている時点では目立った進展はなく施設は閉鎖されたままである（実は吉田茂の旧別荘も西武の持ち物だったが、平成21年に失火で全焼してしまっている）。

この付近には豪壮な建物が目立ち、滄浪閣近辺には他にも大物の持っていた物件がごろごろしている。明治の元勲の間で大磯に別荘を持つのが流行した時期があったからだ。その直接の原因を作った人物がいる。松本順、初代陸軍軍医総監を務めた人物だ。維新前は幕臣で、御典医として将軍家茂《いえもち》の死を看取っている（当時の名は良順）。維新時には奥羽列藩同盟の軍医として参戦し、降伏後には投獄された時期もあった。明治期には国民の健康増進に関心を持ち、牛乳摂取の奨励などにも貢献している。明治17年ごろから大磯に目をつけ、海水浴場として開発することを説いたが、当時は僻地であったために賛同が得られなかった。ところが大磯の先の国府津《こうづ》まで鉄道が延伸したころから状況が変わり、一気に大磯の開発が進展した。別荘地の流行は、彼の功績に政治家たちが乗っかったものだったのだ。ずいぶんちゃっかりしているようだが、政治家というのはまあそういうものだろう。松本順の登場する歴史小説は司馬遼太郎『胡蝶の夢』（新潮文庫）など多数あるが、吉村昭『暁の旅人』（講談社文庫）が海水浴場開発のことなどにも触れていて詳しい。日本初の海水浴場がどこだったかは諸説あり、大磯もそのひとつだ。松本順によって作られたきっかけがなければ戦後の大磯ロングビーチもおそらく存在しなかったわけで、歴史のおもしろさを感じる。

当然のことだが、『東海道中膝栗毛』には海水浴のことなど書かれていない。大磯ロングビーチも。当たり前だ。そのころの大磯の名所といえば鴫立沢《しぎたつさわ》である。西行法師が「心なき身にもあはれは知られけり鴫立つ沢の秋の夕暮」の歌を詠んだ場所として江戸時代を通じて人気があり、旅客の多くが訪れた。小田原の崇雪という人物が寛文４（１６６４）年にこの地に庵を結んだのが流行の発端で、その鴫立庵は現在でも俳諧道場として使用されている。

火坂雅志『美食探偵』（講談社文庫）は日本初の美食小説『食道楽』の作者・村井弦斎が探偵役をつとめる連作時代ミステリーだが、そのうちの「滄浪閣異聞」では事件が鴫立庵で起きる。題名の示すとおり伊藤博文が事件の関係者となり、さらに松本順も登場するのだ。大磯オールスターキャストというべき小説である。

東海道は大磯を過ぎるとJR線に沿って延びていく。できれば二宮駅にも寄っていこう。高木敏子の自伝的児童小説『ガラスのうさぎ』（フォア文庫ほか）の舞台になった場所だ。戦争で二宮に疎開していた主人公は、二宮駅前で米軍機の機銃掃射を受け、ひさびさに再会したばかりの父親を殺されてしまう。駅前にはその主人公・敏子が哀しい像となって今も戦争の残酷さを伝えている。

初の1泊2日旅は、辛さ倍増の雨！

〈てくてくある記　第5回1日目　★大磯→小田原→（電車で）三島〉

5回目にして、いよいよ1泊2日＝2日続けて歩くことになった。だんだんスタート地点が遠くなってきたので、移動時間と交通費節約のためである。こうなってくると、事前に宿泊ホテルの予約を入れねばならぬので、少々のことでは直前の日程変更はできなくなる。そんなわけで、第2回目の品川→神奈川は「まだ歩くことに慣れてないし」という理由で雨天順延になったけど、今回は雨予報もなんのその、「それも経験だよ！」（確かにな―）というガースのひと言で決行されることに相成った。

集合は朝8時に大磯。が、相変わらず片道2時間半の旅なので5時半に家を出る。歩いている間に手が使えないのはなにかと不自由なのでレインコートを買いに行くつもりだったものの時間が取れず、結局、持っていたカヌー用の防水ウエア＋傘でとりあえずしのぐことにしたのだが、これが後々地味に体力を消耗させることに……。

現地に着くまでに無駄な体力を使ってはいかん、と自分に言い訳しつつ、湘南ライナーのグリーン車（750円）を奮発。これで少しはゆっくりできる、とホッとしていたのも束の間、窓の外を見たらざんざん雪が降っていた。こんなに嬉しくない雪もそうそうない。

今日はスギエさん、ガース、ガッキー、私のレギュラー4人と、香山さん&有馬さんの6人編成。8時に大磯に着くと、雪は雨になっていたものの、結構な雨量で風も強い。歩き始めて間もなく、ガースのビニール傘が風にあおられ崩壊する。

大磯駅からしばらく進むと立派な松並木が続くのだが、傘をさしながらだと写真を撮るのもままならない。雨音と風の音で呑気な会話もできず、黙々と歩く。8時40分、予想していたより雨が激しくなってきたので、両手にストックを持っているスギエさんのレインコートと、吹っ飛ばされたガースの傘を買うためコンビニに立ち寄り。雨だと「そこら辺でちょっと座って休憩」ができないのも辛い。

10時。二宮駅近くの喫茶店で、ようやく休憩。寒さもあって私以外の5人が揃って「ホット珈琲」と相変わらずの大人注文をするなか、意地になって「アイスココア」をたのむ。意地になるポイントが明らかに間違ってる！

傘をさしていると明らかに視界が狭まるし、なによりも、持っていること自体がストレスになる。風があればなおさらだ。腕は疲れるし、体力も奪われる。防水スプレーをかけたところで靴もだんだんぐしょぐしょになってくるし、当然士気も上がらない。黙々、黙々、休憩を終えて歩くこと約1時間。国府津手前で少し雨があがり、海が見えてきた。

本日初のイベント感にみんな意味なく高まり「せっかくだから」スイッチが入って「海を見に行こう!」と言う。横道に逸れて、階段を下りて、ガードをくぐって? そこまでしてこの曇天の海を? わざわざ?と思っていることすべてを口に出すと角が立ちそうなので「私はここで待ってるよ!」と無駄なことは言わずに濡れた石垣に座って体力を温存する。

多少元気を回復したところで、エネルギー補給のため午後1時、街道沿いの「マカロニ市場」で昼食。前菜、パスタ、ピザ、ケーキを平らげる。足を揉んで、靴下を履き替え、たっぷり休憩して2時過ぎに再出発。

昔は渡し舟で越えたという酒匂《さかわ》橋を渡ると、間もなく小田原宿に入った。小田原は昔、城下町としても、箱根を前にして旅人が装備を整えたりするための宿場町としても、とても活気があったとされているが、今日は天気が悪いせいもあるのか、土曜だというのに町は閑散としていて不気味なほど。「小田原宿なりわい交流館」で再び休憩して、4時、本日のゴール小田原駅に到着。箱根はまだ体力的に厳しいということで、後に回すことにした故に、今日はこの後、三島まで電車でスキップ。三島駅到着後、一旦ホテルにチェックインし、スーパー銭湯で身体を解《ほぐ》して、午後7時半、「本町うなよし」でうな丼の夕食。店の2階から急な階段を下りることさえ限界だった。

れ　小田原宿

この先に箱根越えを控え、大いに賑わっていた。北条氏の城下町として発展し、小田原城は関東の防御の要とされた。江戸後期に考案されたかまぼこは、今も名物のひとつ。

旅のお約束「せっかくだから」スイッチ・オン！

箱根宿　16.5km　小田原宿　15.6km　大磯宿

小田原提灯ぶ〜らぶらで城下町入り

【東海道ふむふむの9】小田原

小田原宿までは、前の大磯から15・6㎞もある。長すぎだ。そして道中には見物するようなものがあまりない。ほぼ国道1号線沿いであり、車の多い道をだらだらと歩くだけなのだ。よって、読者を退屈させないようにあまり関係のない話を少しだけしします。

東海道はJR国府津駅のあたりで初めて浜に降りられるほどに海岸線に接近する。作家の武田泰淳は小学1年生のとき、実父の大島泰信（武田は養子に行った先の名字）に連れられ、国府津で生まれて初めて海を見たという。

——肉の厚い父の手がにぎりしめてくれるのに、私の手は父からはなれそうになる。砂の急斜面が波にあらわれ、黒い鉄板のように光る。海の吐くあらあらしい息が、足もとをおびやかす。地球の半分以上が海におおわれていることなど、まだ知りはしなかった。

こう書いた『新・東海道五十三次』（中公文庫）は作家が免許を取り立ての妻・武田百合子に車を運転させてゆるゆると京へと向かう旅を描いた紀行小説である。「わたし、弥次さんでも喜多八でもありませんからね」と百合子が宣言したとおり、弥次喜多の見立てにはなっておらず、原典にはない文明批評の味もある。そして何より父・泰信への思慕を中心とした、懐かしい過去への憧憬があるのだ。先の海の描写など実に的確で文章自体も楽しい。この他、前出の小沢『ちんたら旅』や内田百閒『阿房列車』シリーズなど「鉄道による」楽しい東海道旅行本はたくさんあるので、それらを読みながら、ちょっとお待ち願いたい。

……はい、小田原宿に着きました。あー、疲れた。

山王川を渡ると小田原一里塚と江戸口見附がある。ここから東海道は内陸部のほうに曲っていくが、鉄道高架をくぐったところに上方口見附があり、そこまでが宿場である。本陣跡が4つもある、巨大な宿だ。なにしろここは、江戸から見ると最初の城下町の宿場なのである。となれば東海道からは少し逸れるが、お城には立ち寄らなければならない。

戦国時代の小田原城は北条氏の居城だった。初代の早雲が三浦氏から城を奪ったのは明応4（1495）年ごろとされており、天正18（1590）年に豊臣秀吉に降服するまでほぼ1世紀の間はこの城が関東の中心地だった。もっとも早雲は小田原を居城にしたことはなく、伊豆韮山《にらやま》を拠点にしていた。司馬遼太郎『箱根の坂』（講談社文庫）はその早雲を主人公とする長篇だ。早雲が小田原を落とした際、必然的に通ったのが箱根であった。この小田原奪取によって戦国時代は実質的に始まったといっていい。早雲を主人公にした作品にはこの他、海道龍一朗『早雲立志伝』（角川書店）、伊東潤『疾き雲のごとく』（講談社文庫）などがある。海道は北条第3代当主の氏康を主役に『北條龍虎伝』（新潮文庫）も書いている。

小田原城は僕にとって思い出深い場所でもある。若いころ、伊豆の温泉に行った帰りなどによく立ち寄っていたからだ。当時小田原城址公園にはアジアゾウのウメ子がいたのだった。ウメ子を眺めながら缶ビールを飲むのは、実に楽しい休日の午後の過ごし方だった。

おそらくあのころ小田原城は、曲輪《くるわ》内にゾウがいる日本で唯一の城だったのではないか。ウメ子の来日は昭和25年、タイ王国から招かれてきた。当時の推定年齢は3歳だ。だから平成21年に亡くなったときは、62歳だったことになる。お別れ会が盛大に開かれた後、ゾウ舎は撤去された。跡地にウメ子のレリーフが立てられているが、当時の面影はまるでない。ウメ子を知らない人に「ここにはゾウがいたんだよ」と教えたら、「からかってるんでしょう」と笑われるに違いない。ゾウ、本当にいたんだけど。

小田原宿を出ると東海道は小田急線と併走する形で山裾を上っていく。途中の風祭《かざまつり》駅付近で「鈴廣かまぼこ博物館」を見学してもいい（かまぼこの手作り体験ができる）。約2時間ほど歩けば、箱根湯本の温泉郷が見えてくる。さあ、箱根越えに挑戦だ。

遠足気分で、いざ箱根へ！

〈てくてくある記　第16回1日目　★小田原→箱根（湯本）〉

＊第5回の2日目、三島からの〈ある記〉は101Pへ飛びます

東海道も残すところあと2宿となったところで、できることならこのまま忘れておきたかった箱根越えに挑むことになった。とはいえ、江戸時代の旅人の多くは1日で歩いた小田原→箱根→三島間に、我々は3日のスケジュールを割いている。「ここまで来たことだし、無理は禁物、安全第一で行きましょう！」というガッキー番長の有難い配慮である。泣き言封じともいえるけど。

本日の集合は小田原駅に朝9時。新幹線は東京駅8時26分発の「こだま」639号。新幹線を利用するようになってからいちばん遅い時間だが、それだけに東京駅までの電車は混んでいて、まったく座れない。歩く前から無駄に体力を使いたくないが、これも準備運動だと無理やり前向きに考える。乗車時間は30分少々しかないので、急いで食べられるようにと本日の朝食弁当は「牛肉之巻寿司」にしたものの、微妙な味で前向き心が早くも折れかけた。

9時15分。小田急線で来た香山さんと合流し、前回立ち寄れなかった小田原城を見学に。

本日のゲストは書評家の吉田伸子さん。有馬さんを含めて7人態勢で向かう。

小田原城は小学生のころに一度訪れたことがあるが、「ゾウがいた」こと以外の記憶はない。しかし、着いてみたらゾウの姿はなく、小田原城には猿しかいなかった。5年も前に死んでいたなんて知らなかったよ、ウメ子！　これで前向き心が完全に折れた私に「せっかくだからあれ借りて写真撮ろうよ」とガースが指差したのは観光客に大人気（らしい）の貸衣装屋。コスプレにもほどがあるのでは？と躊躇っていると、ガースはすかさず「お金は出してあげるから」と追い打ちをかけてきた。結局、スギエさんが甲冑、私が打掛を着てみることに。貸衣装代、大人２００円。私の羞恥心、安いな、と思う。

現在の小田原城の天守閣は昭和35年に鉄筋コンクリートで外観復元されたものだが、内部にエレベーターはない。もう準備運動は十分だが、仕方がないのでエンヤコラと階段を上って行く。最上階の廻縁からは、明日越える予定の箱根の山が見えた。ここまで歩いてきた東海道の実力テストだとしてもかなり厳しそう。せめて赤点を取らないようにと祈る。

10時半。見学を終え、ようやく歩き始める。本陣跡や見附跡などを過ぎ、国道1号沿いの「柳屋ベーカリー」でそれぞれ好きな餡パンを購入。歩きながら食べる。今日の道程は約9㎞と短い（と思えるようになりました）ので、途中、「鈴廣かまぼこ博物館」にも寄り道。果たして吉田さんにさんざん愚痴を言ってきた東海道の辛さが伝わるのか不安になってくる。

「かまぼこ博物館」から風祭の集落に入っていくと、ようやく少し旧東海道らしい道になり、一里塚の跡も見つかった。とはいえ、特に大きな見所はないので、書評家4人で最近読んだ本の話などしながら歩き続ける。入生田を抜けると再び国道1号に戻り、箱根湯本の駅はもうすぐそこだ。午後1時。湯本の「花さがみ」で昼食。今日はもうホテルに向かうだけなので、ビールが解禁される。食後、お土産屋さんをひやかしつつ、大好きな「箱根焙煎珈琲」の珈琲牛乳ソフトを買って歩きながら舐めていたら、大学時代、登山部だった吉田さんに「なんか遠足みたいで楽しいね!」と言われてしまった。いやいや今日は特別ですから!

日帰りする吉田さんを箱根湯本の駅で見送り、少し道を戻って三枚橋から東海道東坂を上っていく。途中、振り返ると、後ろから何やら見覚えのある服装をした人が近付いてきた。手を振っているのは、今日ホテルで合流する予定の銀色夏生さんではないか。凄い偶然、タイミング良すぎ! 嬉しくなって、話をしながら上り続け、3時10分本日の宿泊ホテルに到着。温泉ホテルなのでこの旅で初めて個室ではなく、男部屋&女部屋に分かれて泊まる。温泉に浸かったり、昼寝したり、マッサージに行ったり自由に過ごした後、バイキング方式に呑み放題をつけての夕食。これはもう、誰がどう見ても「大人の遠足」状態だ。

夜10時半、恋バナで盛り上がることもなく就寝。本日の歩数は約2万2000。これまでいちばん少ない。その分、明日に体力を回せますように!

十 箱根宿

急坂が連続する東海道一の難所で、「箱根山中に宿場がなくては、江戸への参勤が難儀だ」という西国大名の要請によって設けられた宿場。芦ノ湖畔の杉並木を抜けると、箱根関所があり、ここから急峻な箱根峠に入る。

濃霧&暴風雨の箱根峠。このまま進んで大丈夫？

三島宿　14.7km　箱根宿　16.5km　小田原宿

猿も滑ればスギエも転ぶよ箱根坂

【東海道ふむふむの10】箱根

さて箱根である。そう書くと「あ、上るのね。あの5区を」と思う人がいるかもしれない。２０００年代に入って「箱根といえば駅伝」というイメージが定着しましたからね。無理もない。実は私も自分でルートを見るまでは同じように思っていた。だけど違います。東海道は箱根湯本駅の手前で左に折れ早川を越える。駅伝コースとは芦ノ湖畔までお別れである（その先の詳細を知りたい人は、泉麻人『箱根駅伝を歩く』でどうぞ。駅伝コース全区を実際に歩いてみたというルポルタージュ本です。平凡社刊）。

三枚橋を渡ると静かな集落に入る。しばらく行けば早雲寺、北条氏綱が創建した寺で後北条氏五代の墓がある。東海道の箱根東坂は、国道1号のバイパス（箱根新道）を左、須雲川を右に見ながら進んでいく。箱根湯本や塔ノ沢は、須雲川の流れる谷を渡った向こう側だ。

須雲橋で川を渡ったあたりから石畳の旧道が現れ始める。ここからが難所のはじまりだ。石畳は皇女和宮が徳川家茂に降嫁する際に整備されたというが、凸凹していて足を取られ、歩きにくい。和宮もなんでこういうことをするかな、と八つ当たりしたくなるほどだ（ちなみに途中にある今切の渡しなどの地名が不吉だということで、結局和宮は東海道に入らず、中山道を通った。無駄遣い！）。さらに旧道が土砂崩れなどで原形を失っている場所には、延々と続く階段が設置されている。こういう道では体を押し上げること自体が辛く、重力の存在を怨みたくなる。いや、怨むほどの体重があることを反省しろ、という声もあるが。そんな恐ろしい坂がずっと続くのだ。いちいち書くのもおぞましいが「樫木坂《かしのき》」では大の男が辛くてどんぐりほどの涙を流すという。「猿滑坂」は猿でも滑って転ぶ急坂という意味だろうか……。頭の中が真っ白になったあたりでようやく坂が尽き、下りに転じる。

たどり着いた芦ノ湖畔では、美しい杉並木が待っていた。松並木なら珍しくないが、杉並木が拝めるのはここだけだ。思わず見あげるほどの巨木が続く。その先には箱根関所跡がある。旅客の通行手形を改め、入り鉄砲に出女を厳しく咎めた治安維持機関である。

足を踏み入れてびっくりした。子供のころに来たのと全然違う！　それもそのはずで、これは平成19年に完成した新しい施設なのだ。実は僕が昭和に見た関所跡は本来とは別の場所に建てられていた「なんちゃって関所」だったのである。平成19年になってようやく正しい場所における復元が実現したのだとか。ここでは役人人形が「なまじリアルにすると史実とは違ってしまい誤解を与える可能性がある」という理由で着色なしのシルエット展示になっており、過去の展示に慣れている身からするとやはり変な気分がする。

このあたりですでに駅伝のコースと旧東海道は合流していて、やがて5区の終点がある箱根駅伝ミュージアムの前を過ぎる。このへんが箱根宿だが、本陣などはまったく残ってない。さらに行って宿のはずれに来るとそこにはまたもや石畳、四、五百メートルも続く上り坂である。それを登りきれば、しばらくバイパスを通ることになる。だが歩道らしい歩道がない上に、車の行き来が激しい交差点を急いで渡らなければならない個所があり「殺す気か！」と嘆きたくなる。おまけに僕たちがここを通ったときは濃霧が出ていて、誇張どころではなく本当に遭難しかけた。「ここで何かあったら、絶対無謀登山って非難されるよね」と冗談を言い合ってなんとか乗り切ったのだが、いやはや本当に危なかったです。

ここが箱根峠、あとは三島宿まで箱根西坂をひたすら下るだけだ。たまたまなのかもしれないが、整備が行き届いていた東坂に比べて西坂は野趣溢れる印象だった。甲石坂《かぶといし》のように笹や倒木が視界を遮る個所もあるし、足元の石畳が今度は平らな上に苔むしていて、滅法滑るのである。何度となく足をとられ、最後は本当に転んでしまった。幸い大事には至らなかったが、大人になって転びたくはないものだ。それにしても上りの膝虐待に続き、下りでも自分の体重が仇になるとは。箱根恐るべし、である（いや、だったら痩せろよ、というのは言いっこなしだ）。足元に自信がない方、よく転ぶ方は杖を忘れないようにしよう。

数えきれない「坂」だらけ！

〈てくてくある記　第16回2日目　★箱根〉

体力を回復するには睡眠が大事。わかっちゃいるけど眠れない。

自宅仕事が続くときは何日も風呂に入らず、賞味期限が切れた食べ物も平気で口にするのに「眠る」ことにだけは妙に神経が細くなる。寝つきも悪いし眠りも浅い。「よく寝られない」のはいつものことだが、昨夜は加えてくしゃみ&鼻水にも苦しめられた。チーム東海道で花粉症なのは私とスギエさんと香山さんだが、案の定、朝ロビーで顔を合わせるとふたりともあまり眠れなかったという。香山さんは眼も真っ赤。ハードな1日になる予感……！

朝夕食付の宿泊プランを利用しているにもかかわらず、朝食時間の前に出発しなければならない私たちのためにホテルが用意してくれたお弁当を食べ、6時半、いよいよ東海道最大の「峠」へ向かい歩き始めた。本日のゴールは関所跡にほど近い、芦ノ湖畔のホテルである。

正眼寺を過ぎて湯本の一里塚跡から階段を下りていくと、旧東海道の東坂に7ヶ所残る石畳のうち、最初の猿渡石畳に入っていく。後述する金谷のような丸石ではないが、足元に気を取られて歩きにくい。一度県道に戻って、観音坂、葛原坂とどんどん急勾配になっていくのを、なるべく気にしないように努めて上り続ける。まだまだ先は長い。

須雲川を渡るとあまりの急坂で馬に乗った女性が転がり落ちたという女転し坂、またしても難《にく》らしい石畳の割石坂。続く大澤坂の石畳は、苔が生えているものが多く、足場を誤ると滑って怖い。周囲の景色を眺めたりしてどうにか「辛い」から気を逸らそうとしているものの、だんだん自分の顔が険しくなっていくのがわかる。頭の中で懐かしの「キャンディ・キャンディ」の主題歌をリピートしてみるが、とてもじゃないけど笑えない。

大澤坂を上りきると箱根細工の発祥地としても知られる間《あい》の宿・畑宿に入る。見つけたときに買っておかなくちゃと自販機で水を買い足し、畑宿の一里塚跡を過ぎたらまたしても石畳の西海子《さいがち》坂。もうなんだか逆に可笑しくなってくる。膝も笑いっぱなしだけど！

石畳もキツいが、無味乾燥なアスファルトの県道も、それはそれで「修行」度が増す。息がきれて話もできない。マッターホルンを登りながらレポートをしていたイモトアヤコの身体能力はとんでもなく高いと思う。これから「イモト超リスペクト！」と発信していきたい（どこに？）。ようやく修行が終わり、旧道に戻れると思ったら、待っていたのは段差の大きな階段が続く樫木坂。こりゃ大の男も「どんぐりほどの涙こぼる」わ！と説明板を読んでためめ息を吐く。後で振り返るとこの県道七曲り↓樫木坂のあたりが精神的にも箱根東坂でいちばんキツかった。どうにかこうにか坂の分岐点まで上ったところで、ベンチで小休止。

スギエさんがコンタクトがずれたらしく、「誰か鏡持ってませんか？」と訊くのに、この旅でどんどん荷物の軽量化を各々進めてきた妙齢女子4人は誰も持っていなかった。コンパクトさえ持たず、2泊3日の旅に出る女たち。どうかしてます、本当に！

しばらく若干なだらかな（箱根比）上り坂を小さな橋を渡ったりしながら進むと、もはや文句を言う気力もなくなった石畳の猿滑坂。再び県道に出て少し進み、追込坂をほうほうのてい（とはまさにこのこと！）で上りきると休憩ポイントの甘酒茶屋が待っていた。

10時10分。「甘酒茶屋」でいそべ、うぐいす、黒ごまの力餅を分け合い、甘酒やしそジュース、冷たい抹茶で喉を潤す。あと一息！と励まし合いながら於玉坂、まだまだ急じゃないか！の白水坂、もういい加減にして石畳！な天ヶ石坂を上りきるとやっと下り坂の権現坂になった。しかしここは恐ろしいことに両側が杉並木。たちまち目も鼻も痒さ倍増だ。

芦ノ湖畔の関所近くのレストランで昼食にありついたのは11時40分。精根尽き果て、この後の関所跡（妙に近代的でもある）と資料館で見たものの記憶がほとんど残っていない。

午後2時40分、ホテルに到着。すかさずマッサージを予約して、ホテルの大浴場で痛めつけられた身体を解す。もう一歩も動けない。なのに編集者チームはこれから観光に行くという。どうかしてる、やっぱりこの人たちどうかしてるよ絶対！

十一 三島宿

三島宿は東西を結ぶ東海道と南北を結ぶ下田街道・甲州道が交差し、さまざまな文化や産業の交流の地だった。昔から富士湧水が流れる「水の町」で、三嶋大社の門前町として発展した。

三嶋大社で安全祈願。早朝の空気が気持ちいいー!

沼津宿　5.8km　三島宿　14.7km　箱根宿

富士山の雪解け水が流れる文学の町

【東海道ふむふむの11】三島

——三島大社では毎年、八月十五日にお祭りがあり、宿場のひとたちは勿論、沼津の漁村や伊豆の山々から何万というひとがてんでに団扇を腰にはさみ大社さしてぞろぞろ集まって来るのであった。三島大社のお祭りの日には、きっと雨が降るとむかしのむかしからきまっていた。三島のひとたちは派手好きであるか、その雨の中で団扇を使い、踊屋台がとおり山車がとおり花火があがるのを、びっしょり濡れて寒いのを堪えに堪えながら見物するのである。

太宰治の「ロマネスク」（『晩年』所収）には、こんな風に三嶋大社の摂社である若宮神社の8月例祭が描かれる。いや、そんなに雨が降るのだろうか。井上靖が自身の少年期を描いた『しろばんば』にも花火を見に来る場面があるのだが、そこではまったくお湿りの雰囲気すらないのだけど。ついでに書いておくと続篇の『夏草冬濤』（以上新潮文庫）では、主人公の洪作は三嶋大社の近くに下宿しており、そこから沼津中学校まで歩いて通っている。

太宰はもともと当地の人ではないが、25歳のときに三島を訪れて歓待され、気をよくして連作「ロマネスク」の一篇「喧嘩次郎兵衛」を書いた。ところが8年後、再訪した町並みは記憶の中のそれとは異なり、落胆して自棄酒《やけざけ》に走ってしまう。それが昭和15年に発表した「老ハイデルベルヒ」（新潮社『新樹の言葉』所収）だ。記憶と違うなんて言われてもねえ、と三島の人たちが困っているのが目に見えるようである。ああ、太宰治っぽいなあ。

東海道を箱根峠から下って三島宿に入ると、まもなく三嶋大社が道の右方に現れる。伊豆国の一宮であり、源頼朝が平家打倒の必勝祈願をしたことでも知られる。本殿などの建築物は重要文化財に指定されており、敷地内に入ると参道のはるか遠くからでもその威容がわかる。僕たちは東海道ウォークの間、この神社に2度足を運んだ。1回目は厳冬期の箱根を飛ばして先を急いだとき、2回目はその箱根を踏破して再びこの三島に戻ってきたときである。無事帰ってこられたことを感謝して、2度目の参拝を済ませた。

その三嶋大社を過ぎたところから、東海道を北西方向に逸れていく道がある。水上通りといい、透き通った水の流れる側溝にはところどころに三島ゆかりの作家の文学碑が建てられている。さらに上ると市立公園楽寿園と白滝公園が道路をはさんで並んでいるところに出る。両園はともに湧水で有名だ。三島は至るところにこうした清水の得られるところがある。富士の雪解け水が三島の地下水の源になっていると言われ、水量は豊富だ。

その湧水の話題から始まるのが佐々木邦《くに》『花嫁三国一』である。佐々木は隣の沼津出身の作家で、欧米の影響を受けて日本におけるユーモア文学の開拓者となった。『花嫁三国一』は、真面目だが女性との付き合い方を知らない吉田君が三国一の花嫁を見つけるべく奮闘する物語である。一度に複数の女性が気になってしまうあたりの展開とか、最終的に選択するヒロイン像とか、現代のライトノベルと言って読まされても納得するレベルだ。彼が意中の女性ふたりと一緒に三島で映画を観る場面などはニヤニヤしてしまって困る。この映画館は伊豆箱根鉄道駿豆線の三島広小路駅あたりにあったものがモデルらしい。

立原正秋『きぬた』（文春文庫）は、三島の臨済宗の寺に嫁いだ女性と夫との心のすれ違いを描くことを主題にしている。ここでもやはり富士の雪解け水が大事なモチーフになる。主人公・縫の渇いた心が知らぬ間に雄大な自然の中の清冽《せいれつ》な水を求めるのだ。縫の嫁いだ勧心寺は三島駅からタクシーで20分程度黄瀬川沿いに走ったところにある。黄瀬川は南北に流れる川で、東西に行く東海道とは長沢八幡宮と潮音寺の間で交わって、狩野川に合流する。東海道は沼津までは狩野川と並行して進むのだ。この他、三島出身の女性が都会で自分を失って静かに滅びていくまでを描く大岡昇平『花影』（集英社文庫）も忘れられない。

三嶋大社と水のイメージにのって、ついさらさら書いてしまった。僕にとって三島は、美しい小説の町でもある。

膝軟骨が砕ける魔の下り！

〈てくてくある記　第16回3日目　★箱根↓三島〉

東海道最大の難所をどうにかこうにか乗り切ったことで、昨夜ホテル近くの居酒屋での夕食時、私は解放感でいっぱいだった。もう「東海道はこれで終わった」といっても過言ではないくらいの達成感。あとは下るだけ。下りは下りでまた辛いけど、さすがに上りほどではないはず。そう思うといつもよりビールも美味しく感じた。

ところが！ 実は箱根の難所はまだまだ終わっていなかったのである。

今日は箱根を下るまでコンビニも期待できないので、昨日のうちにガース&ガッキーが仕入れておいてくれた朝食&おやつセットを食べ、朝6時ホテルを出発。小雨模様のなか歩いていくと、間もなく箱根宿の西のはずれに出た。私はてっきり、ここから下っていくのだと思い込んでいたのだが、あにはからんや、目の前の向坂は石畳の上り坂ではないか！ どうやら箱根峠はまだこの上らしい。自分の予習不足を呪いながら、滑らないように注意して進む。出発してまだ30分も経っていないのに、早くも息があがってきた。昨日通ってきた旧道よりも、こちらを歩く観光客は少ないのか道も荒れている。赤石坂、釜石坂、風越、挟坂、といちいち名前を確認して歩くのも面倒になってくるほど、まさかの上り坂が続く。もう「ずっと坂」、いやいっそ「ま坂」とひとまとめにして欲しい。

しかしようやく国道1号と合流する箱根峠に着くと、さらなる「まさか」が待っていた。濃霧で周囲がまったく見えない。視界は5ｍもなく、交通量の多い国道のカーブを曲ってくる車もまったく見えない。危険なのでまとまって歩くことにしたものの、予想外の事態にみんな「ヤバいね」「事故に遭ったらニュースになるレベル」「無謀な計画だって批難されるよ」と後ろ向きな言葉しか出てこない。とにかくせめて早く旧道に戻ろうと、急ぎ足で冠木《かぶき》門をくぐり、箱根西坂（ここからの坂の総称）の旧道入口まで来た。7時20分。雨脚も強くなってきた。中止したほうがいい？　でも霧のなか国道沿いを戻るのも危ないし。だからってタクシーを呼ぶのも難しいよね。ホテルに電話して相談してみる？　誰も決断しきれずにいる。と、珍しく香山さんが「これはもう下るしかないよ。行こう！」とみんなを促した。

その言葉に後押しされるように、覚悟を決めて最初の甲石坂を下り始める。東坂にも石畳は多かったが、こちら西坂もほとんどが石畳。でも幸い、甲石坂は両側に笹が植えられていて、視界は悪いが枯れ落ちた笹で石畳が覆われ歩きやすい。ザクザク踏みしめながらどこかの秘境を歩く探検隊の如くひたすら進む。接待茶屋のバス停付近で国道1号に合流。雨もやみ、霧はもうすっかり晴れていた。ほっと一息吐いて、再び旧街道に入り、道標を見ながら分岐に気をつけ、石原坂を下る。ここの石畳は笹もなく「滑るねー、危ないね」とガッキーと話していたら、まさにその瞬間、「あっ！」という声と衝撃音が聞こえ、目の前でスギエさんが転んでいた。瞬間「ここで救急車を呼ぶことになったら場所を説明できるだろうか」と不安が脳裏を過《よぎ》ったものの、幸いすぐに立ち上がることができて一安心。私は坂道じゃなくてもよく転ぶので、他人事じゃない。大枯木坂、小枯木坂、上りよりよほど膝に負担がかかる階段を下りるたび、膝軟骨がすり減っていく恐怖に怯え、8時40分山中城跡近くでようやく休憩。ここまで無事にたどり着けたことを喜び合う。いろいろ危なかった本当に！

しかし再び旧街道に入ると、げんなりするような長い下り階段が待っていた。段差もあって転がり落ちそう。上長坂という名前に「ってことは下長坂もあるのか」と覚悟しつつ用心深く下りる。笹原の一里塚を過ぎると案の定、別名こわめし坂と呼ばれる下長坂があった。

石畳ではなくアスファルトではあるものの、急角度の傾斜。小時雨坂、大時雨坂、題目坂、臼転《うすころげ》坂を過ぎ松並木を抜けて最後の愛宕坂、今井坂を下りるとようやく西坂の終わり。

東見附跡から三島宿に入り、ゴールの三嶋大社に着いたのは11時45分。天候の違いもあるけど昨日より今日のほうが辛かった。これから東海道を歩く人は「箱根の本番は芦ノ湖から」だと思っておいたほうがいいです、絶対に！

十二 沼津宿

沼津宿は水野出羽守が藩主を務める沼津城の城下町として栄え、大変賑わっていた。現在、当時の面影はほとんど見られないが、街道から少し離れた駿河湾の海岸には千本松原があり、東海道随一の絶景。

ちょっと寄り道して、千本浜で元気をチャージ

原宿　5.9km　沼津宿　5.8km　三島宿

海と松原、それから漁港もあります

【東海道ふむふむの12】沼津

沼津といえば海の景観である。

特に有名なのが千本松原で知られる千本浜公園だろう。東海道を三島から出発すると、まず伏見一里塚を通過する。この一里塚は道の両側にあり、北側のものは江戸時代からのものがそのまま残っている。次に通る長沢八幡宮は、源頼朝と義経が兄弟の対面を果たした際に座ったと伝えられる対面石のある場所だ。そのあとは穏やかな道が続き沼津城下に入る。

このとき僕は、クッションのない靴を履いていたため足の激痛が頂点に達しつつあった。東海道ウォークで初めて途中棄権を言い出したくなったのがこの沼津である。フジタさんやガース、ガッキー両編集者の励ましがあってなんとか歩けたが、老翁が杖に頼って歩くが如き足取り。もはや限界かと思ったところで、この千本松原に出た。現金なもので、潮騒を聞き、磯臭い匂いを嗅ぐだけで元気が出る。一気に回復し、護岸へと駆け上がった。

延々と長い浜辺である。視界を海原が埋め尽くし、足元に目をやれば白砂。3月なのでまだ水は冷たかったろうが、そうでもなければ靴を脱いで足を浸してみるところだった。

　元気になり西へ向かって行進を開始、陸側には潮風を防ぐ松林が生い茂っている。千本松原の由来だが、実はかつてすべての樹が伐採されたことがある。戦国時代、今川・武田軍と北条軍が戦った際にすべて伐られてしまったのである（武田勝頼のせいとする文献もあるが、濡れ衣らしい）。その後長円（増誉上人）という僧が現れ、念仏を唱えながら松を一本一本植えて歩いた。それが現在の千本松原の原形なのだ。増誉上人の開いた乗運寺は、東海道沿いにある。沼津駅方面から海岸に向かってやってくると、大きく左に曲がってすぐのところにひときわ威容を誇る寺がある。それが乗運寺だ。境内には千本松原をこよなく愛した歌人、若山牧水の墓もある。彼は千本松原の一部伐採計画が持ち上がったときに断固として反対する論陣を張ったことがあり、この地にとっては第2の恩人である。公園から東に戻ったところに若山牧水記念館が設けられており、公園内には歌碑も建つ。

　沼津生まれの文学者には他に前出の佐々木邦や、大長篇『人間の運命』（勉誠出版）の作者・芹沢光治良《こうじろう》がいる。芹沢は千本松原から狩野川を渡って東に戻った付近、我入道と呼ばれる地域の生まれである。生家は網元で裕福だったが、父親が宗教に入れ込んで伝道生活に入ってしまったために4歳のときから祖父母や叔父に養育されるようになった。神童の誉れ高い子供だったそうだが、なにしろ周囲は漁師の家ばかりである。光治良は船酔いするために漁にも出られない。ずいぶんいじめられただろう。しかも父親のために家は傾き、貧しかった。そんな光治良の辛い気持ちを慰めてくれたのが、沼津の雄大な景観だったのである。『人間の運命』に「なぜ、人間は小さくかたまりあって、ああだ、こうだと、小衝きまわすようにして傷つけあうんだろうか」と憂う主人公・森次郎（光治良の分身）が海浜にて「空と海の間の点」のように立つ場面がある。後に芹沢は文学者として国際的な名声を得て、日本よりもむしろヨーロッパで評価されるようになるが、そうした世界性、独立自尊の気風が育まれる源は、この自然観にあったはずだ。

芹沢の11歳下で沼津中学校（現・県立沼津東高等学校）の後輩にあたるのが井上靖である。『夏草冬濤』は、その沼津中学校時代を書いた作品だ。他に沼津の海浜を描いた作品には立原正秋『花のいのち』（新潮文庫）がある。畜妾という形で夫に裏切られ、離婚して沼津で一人住まいを始めた窈子は、兄の紹介で織部という男性と出会う。彼女が次第に恋心を育んでいく序盤の場面が、沼津を背景に描かれるのである。窈子の住居は静浦海岸（現在の沼津御用邸記念公園）付近に設定されている。我入道よりさらに東に行ったあたりだ。

ちなみに東海道は海沿いではなく陸側に入ったところを通っている。ゆえに千本松原を後にして元の道に復帰したのだが、たちまち足の痛みが復活しましたとさ、チャンチャン。

2日連続歩きは、過酷この上なし

〈てくてくある記　第5回2日目　★三島→沼津→原〉

＊第5回の1日目、73Pからの続きになります。

昨夜、うなぎを食べた後、どうしても帰ってやらねばならぬ仕事があるという香山さんを駅まで見送り、ホテルに戻ったのが9時20分。万歩計は３万８９１３を示していた。２回目、３回目よりも少ないのに、疲労感に差がないように感じるのは、たぶんやっぱり雨のせい。今回は重いリュックも背負っていたので、上半身のダメージもかなりのもの。

これはヤバい。確実にマズい。そんなわけで、とにかく少しでも体力を回復しておくため、昨夜私は、あらゆることを試みた。スーパー銭湯で30分（しか時間がなかった）のマッサージを受けただけでなく、部屋でも１００均で買ったシート式の足ツボマットを踏みまくり、持参したハンドローラーをふくらはぎに転がしまくり、腕や肩も揉みまくり、ストレッチをして、足裏とふくらはぎに湿布を貼って、眠るときは予備の毛布で足を高くしてみたり。

なのにー、なーぜー♪　朝起きたときから足がパンパンなのですか？　もうどうしていいかわからない。わかっているのは、それでも今日も歩くしかない、ということだけだ。

5時半。ホテルのロビーに集合し、まずは三嶋大社で旅の安全を祈願。悲しいかな本日も雨模様である。とはいえ、これほど早い時間に歩くのは初めてなので、人通りの少ない朝の町が新鮮に感じられ、少しだけはしゃいだ気分になる。三島の町は至るところに水場や水路があって、歩いていても気持ちがいい。

朝起きたときには疲労感から食欲もなかったのだけれど、歩いているうちにお腹も空いてきた。と、ちょうど街道沿いに早朝6時から営業しているおにぎり屋さん「しゃり工房本むすび」があったので、すかさず飛び込み、おにぎり2つと無料のお味噌汁で腹ごしらえ。ここは街道ウォーカーなら覚えておいて損はない良店と断言できるほど美味しかった!

宝池寺《ほうちじ》前の一里塚、玉井寺《ぎょくせいじ》境内の一里塚を見て、長沢八幡宮にある頼朝と義経が初めて対面したという、でも今となってはただの石を眺め、道幅が狭く1列でしか歩けない道を修行僧のように黙々と歩いたところで、8時40分「COCO'S」で休憩。私も相当疲れているけど、体重0・1t超のスギエさんの疲労も限界に近い様子で、できれば吉原まで行こう、と言っていた今日の目標を原宿に変更する。

休憩を終えてしばらく歩くと、沼津の繁華街に。ここも小田原と同じくらい閑散としていた。なんだかいろいろ心配になるが、まだ半分くらいしか歩いてないのに、足が痛すぎる自分の体調も心配だ。これはちょっと気分だけでも盛り上げていかねば、ということで、千本浜でしばしぼーっと駿河湾を眺める。いや、でも、ここからが長かった……！

　千本浜から原駅までは約5㎞。健脚な人なら1時間ちょっとで歩ける距離で、特に見所もない単調な道がそれぐらい続くことは、東海道では決して珍しくない。でも、この間はファミレスはもちろん、コンビニもファストフード店も、それどころか曲り角さえない道が、延々続くのだ。しかも歩道は狭く、段差が多い。並んで退屈凌ぎの話をすることも不可能。一歩踏み出すたびに足の裏全体が痛い。リュックが肩に食い込む。腰が痛い。腕が重い。膝も痛いし頭も痛くなってきた。昼食をとれるような店もほとんどなく、ようやく見つけて入った喫茶店はなんだか空気が澱んでいた。いつもなら、昼食後は多少なりとも気持ちがリフレッシュされるのにそれさえできず、私は少しでも早くゴールに着きたい一心で、ここからついにちょこちょこ走り始めてしまった。自分でも、まさか走るなんて思ってもいなかったけど、どうせ体中痛いなら、さっさと着いて一刻でも早く座りたかったのだ。

　走ってみると、歩くのとは違う筋肉を使うので少し楽な気がしたし、なによりも早く終わりたい、早く早く早くと、それだけしか考えられないほど精神的にいっぱいいっぱいで、人のペースに合わせて歩ける余裕なんて、もう全然なかったのです、すみません。

　ちなみに、この回の後、スギエさんと有馬さんはウォーキングシューズを買いに行った。靴、やっぱり大事なんですよ、靴！

十三 原宿

原宿は、駿河湾の海岸線に沿った東海道のなかでも規模の小さい宿場。今では町並みも新しくなり、当時の面影は残っていないが、四季を通じて雄大な富士山を眺めることができる。

この後、猛烈な嵐で右手の傘が無残なことに……

吉原宿 — 11.7km — 原宿 — 5.9km — 沼津宿

My足が泣いたよ一直線の道

【東海道ふむふむの13】原

千本松原を過ぎて後は原を目指すだけとなると、この東海道ウォークでも一、二を争うほどの単調な道に入る。とにかくまっすぐ。ひたすらまっすぐ。何があってもまっすぐ。南の海岸線と北の国道1号線の間の道をただただ歩くだけである。

しかも何もない。道の両側は、ところどころに店はあるものの基本的に住宅街である。尾籠な話で恐縮だが、トイレを貸してくれそうな施設もないのだ。

そのときクッションが少ない街歩きの靴を履いていたということもあり、僕は原駅の手前で脱落しかけた（靴大事。10km以上の道のりをいっぺんに歩くときは、お金を惜しまずちゃんとした運動用具メーカーのランニングシューズを買いましょう）。辛かったなあ、本当に。

地形が単調なのには理由がある。元は浮島ヶ原という沼沢地帯だったのだ。僕の手元に林美一『東海道艶本考』（有光書房）という本がある。今は河出文庫に入っているものの元版で、江戸末期の東海道ものの艶本を題材にして五十三次それぞれの宿場の貌を活写した名著である。昭和37年刊行で、当時のことが書いてあるから非常に参考になる。原宿のところではやはり浮島ヶ原について触れ、普段でさえ「田植も稲刈りも広い板のような下駄をはいてやらなければ、体が水没してしまう」「強い雨が降ると、文字通り昔ながらの浮島が原の状態を呈する」という地元の人の声を紹介している。こういう記述を見ると、高度成長期までの日本は明治のころとあまり変わらなかったということがよくわかる。

もう1冊本を紹介する。金森敦子『きよのさんと歩く大江戸道中記』（ちくま文庫）である。文化14（1817）年、今の山形県鶴岡市の豪商のおかみさんだった三井清野が、鶴岡から日光、江戸を経て伊勢に詣で、京坂を見物して日本海側から鶴岡に戻った。総移動距離2420km、108日に及ぶ大旅行について彼女がしたためた道中記を読み解く本で、すこぶるおもしろい。きよのさんは、江戸から西は当然東海道に入ったはずなのに、これまでは顔を出してこなかった。なぜかというと、箱根の関所を越えなかったからである。

脱線になるが、箱根では西に向かう女性への調べが厳しく、それを避けて関所破りをしようものなら捕えられ死罪に処せられた、というのが教科書的な常識だ。たしかに開府のころはそうだったのかもしれないが、江戸も後期になると「地獄の沙汰も金次第」という融通が利かされていたのではないか、との説もあるのである。現に、きよのさんは箱根を通らず、甲府側に迂回する脇街道を経由して三島に到着した。ひさしぶりに東海道に復帰した彼女が浮島ヶ原に差し掛かると、そこには鰻の蒲焼き屋が立ち並んでいた。名産地だったのである。茶屋では酒も出していた。富士の名水で造った酒だから、それは美味いだろう。ちなみに現在の原宿周辺で鰻の噂など、とんと聞かなかった。もし食べられていたら、栄養補給ができて僕もへこたれずに歩けたのになあ、というのは単なるぼやきです。

あ、酒はある。東海道本線原駅を過ぎたあたりに高嶋酒造があって、白隠正宗という名酒を造っている。お店の横には湧き水を汲める蛇口があり、誰でも水を補給できるので通りかかったらぜひ飲んでみてください。この酒の名前は、白隠禅師からとられている。

白隠慧鶴《えかく》（1685〜1768）は原生まれで、形骸化していた臨済禅を時代に合うように作り変えて生命を吹き込んだことから、臨済宗中興の祖と呼ばれる人物だ。原から美しく見える富士山や達磨を題材に禅画としても鑑賞できる絵を多数遺したことでも知られている（ウェッジ刊、芳澤勝弘『白隠禅師の不思議な世界』参照）。高嶋酒造の手前にある松蔭寺はその白隠が住持を務めたところで、彼の墓所も境内にある。

へとへとになりながら、僕は松蔭寺を訪ねた。2012年3月11日、奇しくもあの東日本大震災からちょうど1年が経った日のことだった。

避けては通れぬ雨の東海道

〈東海道ウォーキング・グッズあれこれ　その3〉

気ままなひとり旅であれば、なにもわざわざ雨の日に辛い思いをして歩く必要はないでしょう。ひとりなら、ホテルも天気予報を見てからの前日予約で大概取れるし、もし仮に、突然豪雨に襲われるようなことがあっても、途中で引き上げスケジュールを組み直すのも、自分の予定次第。天気の良い日に出直すことは、それほど難しくない。

でもこれが、5人、6人、それ以上という団体行動ともなると、前にも書いたが少々の悪天候では予定変更などできなくなってくる。ホテルのキャンセル料も多額になるし、なにより全員のスケジュールを再調整するのが容易じゃない。引きこもりライターの私と違って、同業とはいえスギエさんはイベントなどの外仕事も多く、編集者チームは他に仕事を山ほど抱えている。少し前から土日に歩くようになったのは、平日に時間を取るのが難しいから、という事情もあった。

そんなわけで今回のみならず、この先も私たちは何度も雨の東海道を歩くことになったのだけれど、ここで雨具についても触れておきたい。個人ではなく、東海道ウォークのイベント企画などに参加するときにも雨具は必要なので、少しでも参考になれば、と思います。

結論からいうと、最強なのはやはりアウトドア用品店で売られている、高機能なレインウエア。主に山登りや長期キャンプ用として知られている防水透湿素材のものがおススメだ。雨や雪、風もしっかり防いでくれる一方で、歩いているうちに体温が上昇して蒸れがちになる湿気は外に放出してくれる。上下が分かれているセパレートタイプのものだと脱ぎ着も楽だし、トイレで困ることもない。ただし問題はその値段。

ゴアテックスなどの高機能レインウエアは、上下揃えると2万円、3万円はあたり前。それ以上の価格のものも珍しくない。が、この企画以外で、雨の日に外を歩くことなんてまずないと思われる身としては、他に必要なものもたくさんあるのに、何度使うかわからないレインウエアにそこまで払うことには躊躇いがあった。そんなわけで、この後、結局私は高機能ウエアのジャケットだけ購入し（でも1万8千円！）、パンツは軽い速乾素材の予備を持参して乗り切った。無難な選択、といえましょう。

今回、スギエさんはコンビニによくある白いビニールのレインコートを購入していたけれど、わずか数回でその使い勝手の悪さに音を上げて、ポンチョに切り替えた。ガッキーも最初のうち同じようなものを着ていたけれど、結局レインウエアを新調。私はソーラーソフトを履き始めて足元に気を遣う必要がなくなったけど、普通のウォーキングシューズの場合、安いレインコートだと足元がカバーできないのが致命的。

　チーム東海道では有馬さんとスギエさんがポンチョ派。これはセパレートタイプのレインウエア以上に着脱が楽だし、もちろん両手が使えるのでストックも持てる。でも、気を付けなくちゃいけないのは、防水透湿素材じゃないと、これまた当然、蒸れてくること。気温が高い雨の日は、この「蒸れ」が恐ろしいほど体力を奪っていくので要注意。

　豪雨というほどではないけれど、ちらほら雨が降りそう、というレベルのときは一応折りたたみ傘も持参した。が、これはもう、ほとんど役には立たなかった。軽量であることを重視すると持ち手が短いものが多くて使い難いし、折りたたむこと自体が面倒臭い。それなら柄が長めの傘を持って行き、晴れたら杖代わりに使おうと試みたこともあった（まさにこの5回目がそうだった）けど、使わないときはコンパクトサイズにたためるストックと違って、持ち歩く煩わしさは否めない。さらに大きな傘は視界が悪く、歩いていてもなにかと気を遣う。レインウエアを着るほどでもないとき、ガースは現場でビニール傘を買って、雨が上がったらホテルや店に置き傘にしてもらう方式をとっていたけれど、長傘を持つならそのほうがまだ理に適っている、と感じた。まあでも、あえてそんな経験もしてみたいという酔狂な人以外は、雨の日には歩かないのがいちばんです。楽しさ半減だからねぇ。

十四 吉原宿

吉原宿《よしわら》は、津波の被害をたびたび受け、宿場の位置が内陸側に変更された。そのため、海岸線に沿っていた東海道は内陸部に大きく曲り、それまで右手に見えていた富士山が左手に見えるという「左富士」の名所。

道に迷って全身ずぶ濡れ。傘はまさかの2本目です

蒲原宿 11.1km 吉原宿 11.7km 原宿

「左富士」なんて見えるはずもなく

【東海道ふむふむの14】吉原

ウォークの前日にテレビを見たら「明日は雨、風速20m」との天気予報だった。へえ、風速20mってどのくらい?と思って話を聞いていると、「自動販売機の横に置いてあるゴミ箱がありますね。あれが飛ぶくらいでしょうか」とお天気の人が。ふーん。

なにそれ。

結局誰からも中止にしましょう、と言われなかったので時間どおりに集合した。出発地点は前回苦汁を舐めた原駅である。しかし問題なし。今回から、ちゃんとした「高い」ランニングシューズを履いているからだ。一歩踏み出してみると全然違う。クッションのおかげで地面の反発がないのである。これで完璧だぜ、と明るい気分になった。いや、雨なんだが。

原駅からは西に向けてひたすら歩く。途中のお楽しみはJR吉原駅手前にある、香久山妙法寺である。この寺、珍建築愛好家の間では有名で、境内には知らない人が見たら回れ右して帰ってしまいそうな雰囲気が漂っている。建物の様式が見事にばらばらなのだ。本堂は和風建築だが、その前の香炉堂は台湾あたりで見かけそうな派手なもの、右手奥には何風というのか、明らかに東アジアにはない建物がある（僕たちは入らなかったが、左手奥には洞窟七福神堂というものがあって、そこから地下めぐりができたらしい）。様式を聞かれたら、「チ、チャンプルー式」としか言いようがない。さんざん目の保養をして外に出たが、すでに土砂降りである。

吉原宿はもともとJR吉原駅に近い海浜付近に置かれていた。だが津波の被害がひどく、内陸部に移転することを余儀なくされた。現在の岳南鉄道吉原本町駅から西に開けた商店街の付近が、17世紀末に最終的に成立した吉原宿（新吉原宿）だ。吉原駅の手前で東海道は北へ向かって曲り、東海道新幹線のガード下をくぐり抜けたりしながら吉原本町駅付近に到達する。その途中で見られるのが「左富士」である。西に向かう旅人は、内陸部にある富士山を常に右に見ていることになるが、1ヶ所だけ左に拝める地点がわずかながら吉原〜吉原本町間にはあるのだ。他には富士川の合戦で平家の軍勢が野営中、水鳥の音に驚いて逃げ出した場所だという「平家越えの碑」もある。まさにお楽しみはこれからだ……。

なんてことは一切関係ない緊急事態がその先に待っていたのである。東海道本線の線路を越えたあたりで風雨が絶頂に達した。雨が塊で見える！　風で体が持っていかれる！　仕方なくビルの軒下に隠れてやり過ごそうとしたが、とんでもない、いつまでたっても雨雲は去る気配がない。低気圧を馬鹿にするな、風速20m舐めるな、という話であった。

雨脚が多少弱まった、と見た瞬間に意を決して歩き出したが、今度は別の問題が発生した。あまりのことに気が動転し、見事に道を間違えてしまったのだ。気がつけば東海道の雰囲気などまったくない倉庫街に。地図を広げようとすると風に煽られる、濡れて破ける。スマートフォンで地図を呼び出してナビゲーションを見る、という近代的な手法でなんとか元の道に戻ることができた。この時点で頭のてっぺんから爪先までぐっしょりである。ようやく雨があがり、食堂で一息ついたときには、全員疲労の極地に達していた。へとへとだー。いくら先を急ぐからといって、荒天時の無謀なウォークは禁物です。

しかし、いいことも2つあった。ひとつは、意外なほど早く歩けたこと。難を逃れようとして無意識に足を速めたからだろう。もうひとつは、こんなときでしか生まれない結束力が芽生えたことである。身の危険さえ感じるほどの風雨を前に、一致団結して乗り切ろうという気持ちが自然に生じた。これはその後のウォークのためには大きな財産になった。

その日は富士泊まり。翌朝、ホテルを出た瞬間におーっ、と声が出た。巨大な富士山が視界いっぱいにそびえ立っていた。刷毛で雲を一筋書いた空に映える蒼い山肌。茫然と見あげると、よう、昨日はたいへんだったね、と霊峰が言った。

あわや遭難!?　春の嵐の東海道

〈てくてくある記　第6回1日目　★原→吉原→（富士駅）〉

本日はＪＲ原駅を８時スタート。が、家を出たのは４時50分。ついにスタートまで３時間以上かかるようになってきた。でも今回からは、ターミナル駅まで新幹線移動なので、旅気分でちょっと嬉しい。実際には歩いている間が「旅」なはずなんだけど。早速、東京駅で朝食用に「地雷也」の天むすを購入。５個入り６３０円。名古屋はまだまだ遠い。

今日は悪天候になると聞いていたので、新調したレインウエアのジャケットを着こみ、ニット帽をかぶってきたが、そんな冬装備の人はほとんどいない。しかも、窓の外は嵐どころか、晴れてきた。荷物になるのはわかってて、長傘まで持ってきたのになんだか虚しい。ところが。原駅に着いたら予報どおりの雨。なんだかんだ言っても、今どきの天気予報ってかなり正確なんだと思い知る。

原駅に着き「結局また雨ですな」などと諦めモードで出発準備をしていたら、「藤田さんですか?」と声をかけられた。地元に住むツイッターのフォロワーＫさんが、わざわざ見送りに来て下さっていた。この企画が始まってから、主に愚痴だらけの呟きを毎回繰り返してきたわけだが、面識のない方が応援に来て下さったのは初めてなので、一同、大いに感激する。詳細な手書きの地図と差し入れも頂いた。「富士山、見えなくて残念ですけど、頑張って下さいね」と言われ、「頑張ります！　本当にありがとうございます！」と笑顔で応え、たちまちはりきって予定どおり8時に出発。今回はレギュラー4人＋有馬さんの5人組だ。

しかし、そのはりきりモードをあざ笑うかのように、雨はどんどん激しくなっていく。風も強くなってきて、東田子の浦駅を通過したころには、傘が吹き飛ばされないように必死に押さえながら歩く状態に。周囲を眺める余裕すらなく、晴れていたら富士山が綺麗に見えたはずなのに、とテンションも下がる。が、そこで再び、「藤田さん……？」と声がかかった。愛想の欠片もない顔で振り返ると「ツイッターを読んで応援に来ました！　あの、頑張って下さい」と言われる。雨風を凌ぐ屋根もない場所に立って、こんなヘタレ（なのは私だけだが）な私たちを待っていてくれる人がいるなんて、にわかには信じられなかったが、それだけに有難くて再び泣きそうになる。Ｋ（偶然にもおふたりともイニシャルが同じだった）さん、あの時は本当にありがとうございました。

そんなわけで、生憎の天気にもかかわらず、気力は再び満タンで歩き続けたのだけれど。雨風はさらに激しくなり、次々にみんなの傘が風に煽られ崩壊した。スギエさんやガースのビニール傘のみならず、私のちゃんとした長傘も何度か裏返った挙句、骨が折れて使い物にならなくなる。壊れた傘を手に持ち、明らかに不機嫌な顔で黙々と歩く我々を、信号待ちの車のなかから地元の人たちが不審そう、かつ、気の毒そうに見ていた。それもそのはず、このとき、まだ私たちは知らなかったが、この日は大雨警報が出ていたらしい。

11時。吉原駅を過ぎたころには、雨で霞んで前方が見えない状態に。有名な左富士などもちろん見えるはずもない。たまらずビルの軒下で雨宿り。荒れ狂う木々、軒下にいても吹き付けてくる雨。それでも、少し風がおさまってきた隙をついて30分後に再スタート。負けられない戦いって、こんなところにあったのか！と思う。しかしこの日の苦行はまだまだ続いた。

再スタートして間もなく、今度は道に迷った。視界が悪い上に雨のため手元の地図を確認するのもままならず、気が付けば我々は明らかに東海道とは思えない倉庫街に迷い込んでいた。かなりの距離を歩いて戻り、ようやく東海道を探りあて、昼食をとるため吉原本町の「保志奈食堂」に入ったのは12時半。精根尽き果てるという言葉の意味を実感する。

食後、スギエさんの希望で古書店に立ち寄ったりしたものの、雨は相変わらずでようやく少し小降りになり日が差してきたときには、本日のゴール富士駅のすぐ手前だった。もともと左富士以外は見所の少ない箇所だけど、今日は本当になにも「見えなかった」。

こんな無謀なウォークは、みなさん真似しちゃいけませんよ！

東海道食べまくりの記

駅弁編

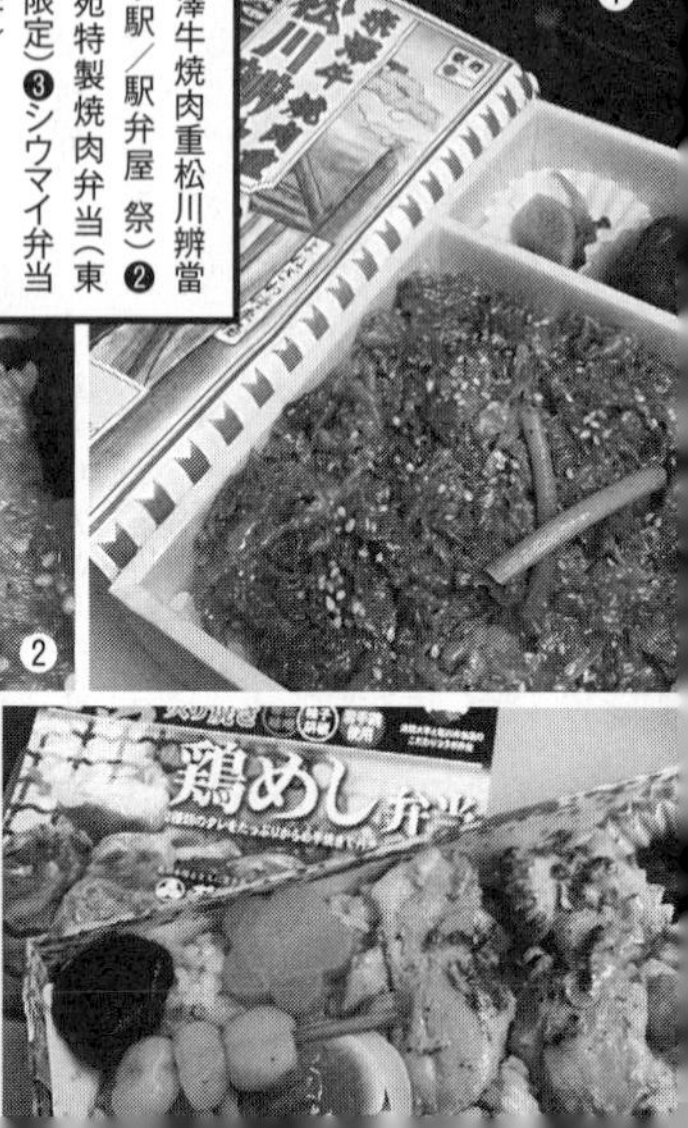

❶米澤牛焼肉重松川辨當(東京駅/駅弁屋 祭)❷叙々苑特製焼肉弁当(東京駅限定)❸シウマイ弁当(崎陽軒)

❹

❹米沢牛炭火焼特上カルビ弁当❺鹿児島産黒豚炭火焼弁当（いずれも東京駅／駅弁屋 祭）朝から肉・肉・肉！

❺

十五 蒲原宿

蒲原《かんばら》は、富士川河口から駿河湾にかけて開けた宿場。今でもなまこ壁や連子格子の家、宿の入口には敵の侵入を防ぐための曲りくねった道（枡形）が残っていて、往時の面影が感じられる町並みが続いている。

格子戸の町家。「東海道気分」がジワジワ高まる

由比宿 ― 3.9km ― 蒲原宿 ― 11.1km ― 吉原宿

初めて、お、宿場じゃん、と思いました

【東海道ふむふむの15】蒲原

富士川を渡り、間《あい》の宿《しゅく》・岩淵を経て蒲原・由比《ゆい》・興津《おきつ》の各宿の間を歩いた第6回2日目の行程は、今回のウォークでもっとも充実した内容だった。もし1日だけ没頭して東海道を歩いてみたい、という人がいたら、間違いなくこの区間がお薦めだ。

朝の冷たい風になぶられながら富士川を歩いて渡った。ＪＲ富士駅前のホテルを出たところで富士山がどーんと見えてまず感動（前章にも書いたが気分が良いのでまた書いちゃう）。さらに鉄橋の上を歩いているときも後ろにどーん。さえぎるもののない河原で見る富士山は実にいいものだ。昨日は悪いことをしたねえ、と言わんばかりの好天気でその上霊峰まで大盤振舞いとくれば、機嫌もよくなる。

富士川を越えると、道はだんだん山の中に入っていく。次の蒲原宿まではまだ遠く、そのために間の宿・岩淵がある。道は途中で階段になるなど、意外な方向へと進んでいく。岩淵の町並みは整然としており、庭木にも丹念に手が入っている。要するに落ち着いているのだ。なのに突如として爆発音がして、びっくりさせられた。不審者が来た、という警報かと思ったら、近くの神社で祭りがあるので、そのお知らせということらしかった。

ここには岩淵一里塚がある。日本橋からやってくると初めて出会う、道の両側に一対揃った一里塚だ。片側の榎が一度枯れてしまい、昭和になって植樹したという点を考慮に入れても上出来。それを過ぎると中之郷の集落に入る。僕たちが歩いたときは春先だったからか、あちこちにある無人販売所にさまざまな種類のみかんが置かれていた。欲しくなるが、荷物としては重過ぎるのでがまん。新幹線のガードをくぐると（心なしか変電所からブーンという音が聞こえてきて怖い）、やがて道は東名高速道路沿いになり、やがて下りに転じる。光蓮寺の脇を通り抜けると道は平らになり、間もなく蒲原宿の東木戸が見えてくる。

蒲原宿は東西の木戸の間が1・15㎞と決して大きくはないが、風情はたっぷりである。防火のための塗家造りで白と黒のなまこ壁が美しい佐藤家・吉田家、格子戸の美しい増田家、明治になって日本建築を洋館に改築したという変り種の旧五十嵐歯科医院など、当時の様式を維持した町家がほうぼうにあり、過去にタイムスリップしたような雰囲気を味わわせてくれる。また「蒲原に過ぎたるもの三つあり。出入り、疫病、寺が八ヶ所」という江戸時代の里謡があり、7つ（海前寺が光蓮寺に合寺されたため）の寺が山裾から町を見守るように控えている。背後の御殿山には約600本のソメイヨシノがあり、季節になると見事な花を咲かせるという。寺院の伽藍を背景に桜が満開になるさまは、さぞ壮観だろう。

保永堂版「東海道五拾三次」の中でも一、二を争う傑作といえるのが「蒲原　夜之雪」だ。温暖な気候の蒲原を豪雪地帯のように描いた大胆さはもちろん、各種の題材を捨てて2組の旅人がすれ違う静謐な構図に画趣を絞った点が広重の素晴らしさである。もっとも地元の名物を無視されて当時の蒲原住民はいい気持ちはしなかったかもしれないが、今ではそんなことはすっかり水に流したのか「夜之雪」を複製した碑が宿の中央に飾られている。

蒲原でもうひとつ大事なのは浄瑠璃姫伝説である。浄瑠璃姫は若き日の義経が奥州へと向かう際に出会い、情を通じた女性だ。再会を期して別れたにもかかわらず、彼女は二度と思い人に会うことができなかった。その悲恋物語を唄ったものが後に口承芸能の浄瑠璃として発展したのである。浄瑠璃姫は今の愛知県岡崎市の人といわれ、西三河には浄瑠璃姫関連の因縁譚が多く存在する。そしてこの蒲原にも浄瑠璃姫の墓なるものが存在し（蒲原中学校前）、位牌が前出の光蓮寺に保管されているというのである。浄瑠璃姫伝説は、結局ふたりの再会は叶わなかったというものから、八幡大菩薩の御利益でふたりが再会し浄瑠璃姫が義経を助けたことになっているものまでバリエーションがさまざまに存在する。どのバージョンでも義経がやりにげ男にされているのは共通しているのだけど。

嵐も去って、東海道らしさ満喫！

〈てくてくある記　第6回2日目　★（富士駅）→蒲原→由比→興津〉

後に「あのときは命のキケンさえ感じた」と東海道番長ガッキーが語った嵐を潜り抜け、昨日ホテルに着いたのは午後4時。スーパー銭湯に行って（お約束になってきてる）、近くの居酒屋でとにかく無事に目標のゴールまでたどり着けたことを喜び合い、部屋に戻ってきたのが夜9時前。1日の歩数は3万3000歩ちょっとだった。あんなに辛かったのに、歩数的にはそう多くない。なんだか悔しい。前回同様、思いつく限りの体のケアをして寝るも、午前1時に目が覚める。いくらなんでも張り切りすぎ、ってわけではなく、たぶんいつもと違うサイクルに身体が慣れていないのだ。なかなか寝付けなくなって、結局3時まで本を読み、5時起床。5時半、ホテルの外へ出ると、昨日はまったく見えなかった富士山が、どーん！と見えた。朝陽でほんのり染まった富士山は、とても美しく、三島出身で富士など見慣れているはずのガースも含め、一同大いにはしゃいで、記念の写真を撮りまくる。

6時半。コンビニで朝食と、念のため昼食分の食料も買いこみ、しばらく歩くと富士川にかかる富士川橋が見えてきた。車道と歩道がきっちり分けられていて歩きやすそうだが、先が見えないほど長い。橋の途中からは、名前を冠した富士山も裾野のほうまで綺麗に見えた。「富士山が見える」というだけで、こんなに気持ちが弾むなんて本当に不思議。しかし、昨日の大雨で川の水嵩が増していて渡ってくる風も非常に冷たく、そのうちゆっくり歩いていられなくなった。ときどき小走りになりつつ渡り切ると、冷えた体を温めてやろうではないかとばかりに急な坂道が待っていた。

うねうね続く坂を上りきると間の宿・岩淵に入る。岩淵の一里塚は榎の巨木で、まさにシンボルマークという存在感。この辺は交通量も少なく、道は歩きやすいし高台なので景色もいい。昨日とは反対に、どんどん機嫌が良くなっていく。この企画が始まって、初めて「気持ちいいー！」と叫びたくなった。北島か。

8時。歩き始めて2時間半経つが、今日はまだまだ元気。天気が良くて道に変化があり、見所が多いって素晴しい！　これまでにだっていくつもあった常夜灯にさえ興味が出てくるゲンキンな私。東名高速や新幹線を眼下に見下ろしながらガードを渡ると、蒲原宿の東木戸跡が見えてきた。そしてこの蒲原も、黒塀や塗家造りの建物が道の左右に数多く残っていて、「東海道を歩いている」という気分が高まる。わずか1㎞ちょっとの宿場町を、丁寧な説明など読みつつゆっくり散策して歩いた。

続く由比の町も、古い町並みが残り、東海道広重美術館が併設された由比本陣公園を中心に、商店や飲食店も多く、とても賑わっていた。観光気分で楽しんだ後、12時少し前に「東海道由比宿おもしろ宿場館」の2階にある「海の庭」でお昼ご飯。名物の桜えび三昧、窓の外には駿河湾。遊びに来ているとしか思えない！

しかし本日はこれから薩埵《さった》峠が待っている。箱根をスキップしてきたので、「峠」と呼ばれる難所はこれが初めて。自衛のため、食後JR由比駅を過ぎたあたりで、宅配便ののぼりを掲げる桜えび店で重いリュックを自宅に送る。以降、リュックのなかに軽量バッグを用意してきて、2日目朝ホテルかコンビニから荷物を送るのが定番化した。送料よりも軽量だ。

薩埵峠に向かう寺尾から間の宿・倉沢も、趣のある家並みが続いていて、いちいち興味を惹かれる。ちょうどシーズンなのか、あちこちでデコポン、清見、はっさく、いよかんなどの柑橘類が1袋100円から売られている光景にも心が和む。そうこうするうち、ついに薩埵峠に入っていった。急角度の坂道が続くが、覚悟していたほど距離は長くなく、1時間弱で頂上に到着。休憩をはさんで下り始めた途中、高速道路の向こう側に朝よりも確実に小さくなった富士山が見えた。

峠を下りて本日のゴール興津駅に到着したのは午後1時45分。今日のコースは31日歩いたなかでもベスト3に入る。初めて「楽しかった」と感じた。

十六 由比宿

蒲原宿から駿河湾沿いに続く由比宿は、人口700人ほどの小規模な宿場だった。難所で知られる薩埵峠からの富士山の眺めは、東海道屈指の絶景。江戸時代から桜えびが名物。

東名高速と駿河湾、そして青い空に富士山！

興津宿　9.1km　由比宿　3.9km　蒲原宿

桜えびに出迎えられてみかんとさよなら

【東海道ふむふむの16】由比

沖あがり、という由比の郷土料理がある。桜えび漁の海上で冷えた体を温めるために網元が考えたのがはじまりだという。単純にいえば、すき焼きの肉の代わりに桜えびを入れたものだ。東海道を道1本それて坂を上がったところに「ゆい桜えび館」というところがあって、そこで買った冷凍えびを帰宅してから沖あがりにして食べた。わりしたに入れてしまったらえび本来の風味がなくなってしまわないか、と思ったのだけど、大丈夫だった。ただ、まだ研究の余地はあるかも（また機会があれば試してみます）。桜えび漁解禁は4月1日である。偶然だが、僕たちはまさにその日に由比を通過した。

さて、由比といえばその桜えびと由比正雪だ。僕の子供のころ、講談社文庫にその名も講談文庫というのがあって、由比正雪が幕府転覆を狙う『慶安太平記』はどきどきしながら読んだものだ。老中・松平信綱こと「知恵伊豆」の名前なんて、この本で覚えたな。同じころ読んだ横山光輝『伊賀の影丸』（秋田漫画文庫）では、正雪は慶安の変では死なず、逃げのびて新たな陰謀を企むことになっていた。

『慶安太平記』の元版では、どちらかというと人間臭い相棒の丸橋忠弥のほうが魅力的なのだけど、忠弥を捨てて伝奇小説の黒幕として登場してくる正雪は、常人を超えた風格があって、それはそれで素敵である。そうした魔人としての正雪を読むなら、なんといっても山田風太郎『魔界転生』（角川文庫）か。山本周五郎『正雪記』（新潮文庫）は逆に、少年時代から天下の謀叛人になるまでの正雪を教養小説風に描いた作品だ。ここでの正雪は「おれには才能もなく力もない、おれは周囲の者をごまかし、世間をごまかし、自分をさえごまかしている、おれはだめな人間だ」と激しく自己否定をし、苦悩する一個の人間である。同じ策謀家でも天一坊などと比べると正雪は格段に人気が高い。それは彼に若き革命家の顔があることにも由来する。簡単にいってしまえば人物造形が時代小説のそれではなく、現代人として描かれるほうが似合うキャラクターなのだ。

その正雪の生家は、由比宿本陣の前にある紺屋《こうや》だった。大犯罪者の家なのに由比の人たちがまったく悪びれることなく、そのことを誇っているようにさえ見えるのは、やはり正雪の人間性を評価しているからなのだろう。本陣跡のほうは現在整備され、「東海道広重美術館」として公開されていた。鑑賞というよりも、浮世絵のイロハを学ぶための場という気がする。

由比を過ぎると道はだんだん上り坂になってくる。薩埵峠が控えているのだ。この地名は12世紀、由比の浜に打ち上げられた地蔵菩薩を峠に安置して祀った故事からきている。東側からはじわじわと上る道なのでそれほどの急勾配ではないが、西からの上りは厳しく、登山口には旅客のために杖が置かれているくらいである。転ぶ危険もあるし、格好つけないで杖を持つのが吉である。僕はＬＥＫＩのノルディックウォーキングポールを購入して使っていたので、１本使いの杖を持つよりもはるかに楽に歩くことができた。

「万葉集」にある山部赤人「田子の浦にうち出でてみれば白妙の富士の高嶺に雪は降りつつ」の歌は、実際にはこの地で詠まれたものという説もある。古代、この地を通る道は浜辺にあり、旅人は寄せ来る波の合間を縫いながら歩いていた。越後国親不知子不知の要領である。その危険な通行の合間に、ふっと目に入った富士を詠んだのだろう。峠越えの道ができたのは明暦元（１６５５）年のことだという。南北朝の時代以降、この地は何度も戦場になっており、地形的にも重要な場所であった。

今ここを歩くと、山肌は一面のみかん畑になっている。僕たちが歩いたときは、収穫されなかったみかんがごろごろと道に落ちていて、踏まないようにするのも一苦労だった。緑と橙の取り合わせが新鮮で、青空と富士の背景によく似合っていた。

予定どおりにはいかない。それが東海道！

〈東海道ウォーク四方山話　その2〉

　どれくらいの日数があれば、東海道を踏破できるのか。

　歩き始めてはみたものの、最初のうち、誰も見当がつかなかった。資料によると、江戸時代の人は日本橋↓三条大橋間を平均12泊13日、約2週間で歩いた（成人男性の足で）という説が多い。が、私たちが、他に移動手段がなかった＝歩き慣れた昔の人と同じペースで歩けるとは思っていなかったし、それ以前に、長い間、会社や他の仕事を休めるはずもなく、一気に歩き通すことは不可能だった。

　区切りのいいところまで歩いて電車で帰る。次回はその場所まで電車で移動し、再び歩いてまた電車で帰る。となると、ひと月に何日東海道ウォークのために時間を空けられるのか。私とスギエさんはフリーランスの身の上故に、先の仕事量の予測をたてるのも難しい。

　それなら先に東海道の予定をたててしまうしかないか。ということで、1回目のトライアルを終えた後、私が自分なりに考えてみんなにメールで送った予定表がこちら。

〈10月19日〉★日本橋↓品川（終了）
〈11月11日〉★北品川↓保土ヶ谷（約24㎞）
〈12月〉＊月2回に挑戦！　1回目★保土ヶ谷↓平塚（約30㎞）
2回目★平塚↓小田原（約19㎞）
〈1月〉＊初の1泊2日で挑戦！　1日目★三島↓吉原（約23㎞）↓2日目★吉原↓興津（約24㎞）
〈2月〉＊1泊2日で距離長めに挑戦！　1日目★興津↓岡部（約28㎞）↓2日目★岡部↓金谷（約19㎞）
〈3月〉＊2泊に挑戦してみよう！　1日目★金谷↓袋井（約23㎞）↓2日目★袋井↓舞坂（約33㎞）↓3日目★舞坂↓吉田（約24㎞）
〈4月〉＊2泊で距離長めに挑戦！　1日目★吉田↓岡崎（約27㎞）↓2日目★岡崎↓宮（約32㎞）宮から桑名までは船だったので飛ばして↓3日目★桑名↓庄野（約26㎞）
〈5月〉＊追い込みの2泊！　1日目★庄野↓土山（約30㎞）↓2日目★土山↓草津（約36㎞）↓3日目★草津↓三条大橋（約26㎞）
〈6月〉＊飛ばしてきた箱根に1泊2日で挑戦！　1日目★小田原↓箱根（約17㎞）↓2日目★箱根↓三島（約15㎞）。

回数にして10回、日数にして19日。これでも、冬の箱根を先延ばしにし、体力を考慮して徐々に段階を踏んだつもりだった。

ところが、実際には11月の日程も雨天というだけで1週間延期になり、保土ヶ谷まではムリそうだと早々にひとつ手前の神奈川になり、できたら2回歩こうといっていた12月は年末進行と体調不良で一度も歩けず、私たちでは1日30㎞なんてとても不可能だと思い知り、予定は大幅に変更。結局、なんだかんだで回数にして17回、31日かかって、ゴールは9ヶ月も延びてしまった。

途中、約3ヶ月、夏の時期をまるごとスキップもした。猛暑で昼間長距離を歩くのはキケンな状況だったし、なにより体にたっぷり脂肪を蓄えた私とスギエさんは異常に暑さに弱く、体調的にもまったく自信がなかったから。

予定していた日に予定どおり歩き出しても、途中で体調を崩したり、豪雨で思うように距離が稼げなかったこともある。道に迷ってタクシーに乗った2回目以降、担当編集者その2のガッキーが東海道番長となって、地元自治体から詳細な地図を取り寄せてくれたが、それでも今自分たちが歩いている場所がわからなくなることもあった。

安全第一、体調優先。東海道踏破には、無理せず、焦らず、予定変更を恐れない柔軟さが必要なのだ。一歩でも前に進めば、そのうち必ずゴールにはたどり着けるのだから。

十七 興津宿

興津は身延《みのぶ》、甲府へと通じる身延街道が分岐し、古くから交通の要衝だった。難所である薩埵峠を越えてきた旅人には休憩の地、これから越えていく旅人には準備の地として賑わっていた。

長距離を歩くため、スタート前の準備は念入りに

江尻宿 — 4.1km — 興津宿 — 9.1km — 由比宿

西園寺公望さんちにお邪魔しました

【東海道ふむふむの17】興津

興津である。この回のウォークには僕の妻と子供も参加してくれた。僕がなにやら夢中になってやっているらしいと関心を持ってくれたようなのだ。ありがたいことである。

興津の名所といえば、ＪＲ興津駅のすぐ西にある清見《せいけん》寺だ。その歴史は奈良時代に遡るとの寺伝があるが、中世には足利尊氏や今川義元などの庇護者が現れて大いに興隆した。幼少のころから人質として今川領に住まわされていた徳川家康（竹千代）が当山の住職から学習の手ほどきを受けたという伝承もあるが、こちらは多少疑わしいらしい。家康手習いの寺というのは複数あるから、どれかは正しいのだろうけど。

江戸時代には朝鮮通信使や琉球使節がたびたび立ち寄っており、そうした国賓を接待するだけの格式を備えた寺だったことも間違いない。また、戊辰戦争時には幕府の軍艦・咸臨丸の乗員たちが新政府軍の攻撃を受けて惨殺されるという事件が起きているが、その慰霊碑も境内に置かれている（建造のために奔走したのは、あの清水次郎長と榎本武揚だ）。

明治期に入ってからも、数々の文人が訪れて寺を作歌や小説執筆の題材にした。境内にある石碑は高山樗牛（またこの人）がこの寺の鐘の音を称賛して執筆したものだ。境内からは興津の名勝地であった清見潟（1960年代に埋め立てられて港湾地になった）が一望でき、その眺望でも有名になった。ちなみに樗牛の石碑の横には、大野伴睦《ばんぼく》の句碑が並んでいる。ご存じのない方のために書いておくと伴睦は自民党の政治家で、「代議士は選挙に落ちればただの人」という発言をした人物である。私生活では俳人でもあって、不思議なことに句碑があちこちに建てられている。ヨイショで土地の人が建てちゃったのだろうか。

……というようなことはどうでもよくて、僕が問題にしたいのは清見寺の境内へと上がっていく、その手前の風景のことである。この寺の山門と本堂の間には、なぜか東海道本線の線路が通っているのだ。いや、線路だってどこかには敷かなければいけないし、やむをえない場合には寺の境内だって通すだろう。しかし右に書いたみたいな旧い由緒があり、国指定史跡にもなるような寺に普通そういうことはしないはず、と思うのだ。

実はこれには事情がある。この地に鉄道が通ると決まったとき、興津は積極的な誘致活動を繰り広げた。決め手は、清見寺がほぼ無償で敷地を鉄道用地に供したことだったらしい。誘致合戦のために寺が殉じた形になっているのである。おかげで興津駅が無事に開業できた。

現在、駅から清見寺までは指呼の間である。これを損して得るという。

ついでに書いておくと、興津にはオリヴァー・スタットラー『東海道の宿 水口屋ものがたり』（教養文庫）の舞台となった脇本陣水口屋が存在し、昭和60年まで旅館として営業していた（現在はギャラリーで資料公開中）。その近くに、最後の元老と呼ばれた西園寺公望《きんもち》の邸宅・坐漁荘《ざぎょそう》がある。元の建物は犬山の明治村に移築されているが、最近になって同じ場所にレプリカが造られ、興津坐漁荘の名で一般公開されている。

西園寺公望は最初隠棲の場所として沼津の千本浜を考えていたらしいのだが、西風が強いということで諦めた。坐漁荘の竣工は大正8年、西園寺がパリ講和会議に出席している間に出来上がったわけである。同年の暮に西園寺は移り住んだ。ただし政財界が彼を放置してくれるわけもなく、多くの要人が頻繁に坐漁荘を訪れた。そのために「興津詣で」という言葉が生まれたそうである。吉田茂の「大磯」、田中角栄の「目白」のようなものだろう。増田壮平『坐漁荘秘録』（静岡新聞社）によれば、大正10年の原敬暗殺以降要人の安全に対する警戒が高まり、警部が1人警備主任として常駐するようになった。いわゆるSPだ。ただし警護役は帯剣せず拳銃も持たず、ステッキか十手を隠し持っていたという。警備主任には通常の月給以外に、西園寺からボーナスが支給された。

滑り込みセーフ！でもW仕事でノックアウト！

〈てくてくある記　第7回1日目　★興津→江尻→府中〉

集団行動の基本中の基本は集合時間厳守。第1回で大遅刻をして以来、私はかなり神経質になっていた。都内に住む他のみんなと違って、埼玉県民である私は、ギリギリの時間に家を出たら、電車1本乗り遅れただけで集合時間に間に合わない。よって、余裕をもって行動するように心がけていたのだけれど、この日は仕事が終わらず完徹した上、予定していたより1本遅い電車にしか乗れなかった。

このままだと、東京駅着が新幹線発車の20分前。お弁当を買ったらほんとギリだな、と思いつつ東武東上線に乗っていたら駅と駅の間で電車が停車した。「踏切に人が入っているため、しばらく停車します」とアナウンス。急いでいるときに限ってこういうことが起こる。懐かしいなマーフィー。幸い5分ほどで動き出したものの、この遅れで乗り継ぎの丸ノ内線に間に合わず、結局東京駅に着いたのは、8分前。改札を出て切符を買ったら5分前だった。全力（自分なりの）で東京駅構内を走りつつ、あぁでも「こだま」には社内販売がない！

と売店の一番手前にあった弁当を選ぶ余地なく購入し、新幹線のエスカレーターを駆け上がり、ホームに出たら発車ベルが鳴っていた。ギリギリ！　マジギリ！　息をきらしながら待ちあわせの5号車まで移動して、どうにか間に合ったことをガッキー＆ガースと喜び合う。

品川からスギエさんファミリーが乗ってきた。今日は奥様＆中学2年生のお子さんが参加してくれるのだ。このころはまだ、プライベートなことを訊けるほど親しくなっていなかったので夫＆父親としてのスギエさんの顔を見るのはもちろん初めて。平均年齢40歳オーバーのチーム東海道の雰囲気がどう変わるのか、はたまた変わらないのかも楽しみ。

三島で東海道線に乗り換え、8時半興津駅に着くと、ウォーカー仕様な人たちでとても賑わっていた。どうやらJR東海が企画した東海道ウォークの集合場所になっている様子。後から気になって駅でパンフレットを集めたら、こうしたレール＆ウォークの日帰り企画がたくさんあるようで東海道ウォーカーが増えているという噂は本当らしいと実感する。

スタートして15分。右手に清見寺が見えてくる。今川家の人質として駿府にいた幼少時の徳川家康が、当時の住職から教育を受けていたこともあり幾度となく訪れていたという話があるが、そんなこと（失礼）より、現在は境内のなかを東海道本線が横切っていることで知られている。やや鉄なスギエさんのみならず、鉄成分皆無のガース＆ガッキーと私も競うようにして「古寺のなかを走り抜ける東海道線」を撮影しようと張り切るが、にわか撮り鉄はオタオタするばかりで、これぞという写真は撮れなかった。

入館料無料にもかかわらず、綺麗に保たれた坐漁荘を見学し、まだほとんど歩いてないのに清水駅近くのマックで休憩。ここから少し道を逸れると清水次郎長の生家やその墓のある梅蔭禅寺があると知ってはいたが、寄り道回避のため知らんぷりを決め込む。そこからしばらく歩くともう江尻宿だ。興津→江尻は約4㎞なので大変嬉しい。短い宿間万歳！　巴川にかかる稚児橋の素敵オブジェ河童たちを激写しまくり、街道名物の「追分羊羹」で羊羹は買わず大福を買い食いし、午後1時、草薙《くさなぎ》の「葡萄の丘」でバイキングの昼ご飯。ここはツイッターで地元の方から教えて貰った。好きなものを好きなだけ食べることが許されるバイキングは、選ぶ食べ物に個性が出るから面白い。そして自分が中学生並みに食べていることを反省。まだ成長するつもりなのか自分。

ところで。歩いていると静岡は本当に長くて「いつまで続くんだ静岡！」とうんざりもするのだが、東海道の道標がとてもきちんと整備されていて感動もする。この日も何度もその道標が励みになった。府中宿に入ったのは4時15分。そこから静岡駅近くにある本日の宿泊ホテルまでが微妙に距離があり、急激に疲労感に襲われる。しかも今日はこの後、スギエさんとふたりして別件の仕事があるのだ。こんなになにも考えられない状態で対談。セッティングしたガース＆ガッキー、鬼コンビだな！

十八 江尻宿

江尻《えじり》宿は駿河では府中に次ぐ大きな宿場で、江尻城の城下町、清水港から江戸へ物資を運ぶ港町として栄えていた。羽衣伝説が残る富士の景勝地「三保の松原」でも有名。「追分羊羹」は江戸初期から当地の名物である。

稚児橋の河童像。突き出したお尻が何ともセクシー!

府中宿　10.5km　江尻宿　4.1km　興津宿

足を伸ばせば三保の松原、なんだけどね

【東海道ふむふむの18】江尻

清水駅付近にはいい居酒屋がたくさんある。しかしながら東海道ウォークの最中に飲むわけにもいかないので、横目に見ながら通り過ぎた。今度来るときはもつカレーで一杯。あと清水港側に出て、魚介類を浜焼きにして一杯。白ワインをかち割氷に注いでいただくとたまらないんですよ、これが。今回は駅前のマクドナルドで休憩して終わりだった。なぜか周辺には手頃な喫茶店だけが見つからない。全部居酒屋に転業してしまったのだろうか。

現在は清水銀座となっている付近が過去の江尻宿の中心部であるという。この日は家族同伴だったので子供に、見附・本陣・脇本陣などといった標識を示して一応講釈を垂れる。教育のつもりである。子供はふうんといった顔で聞いていた。

歩き続けると稚児橋に出る。これは家康の命により架けられたといわれている橋だ。老夫婦を選んで渡り初めの式を行おうとしたところ、川の中から河童頭の稚児が現れてあっという間に橋の向こうに消えていったという伝説があり、擬宝珠の代わりのように四囲に河童像が建てられている。この伝説が今ひとつよくわからない。老人に渡り初めをさせる民俗行事は各地にあり、河童が人間に代わって架橋したという伝説もある。その2つがなんらかの事情で混ざり合って今の形になったものなのではないだろうか……というような疑問はさておき、もっと気になるのはこの橋の河童像である。妙にいろっぽいのだ。ひとりの河童などは、裸の尻をこちらに突き出して挑発しているようにさえ見える。セクシー河童だ。清水崑か。昭和49年からは小島功に交替か。

さらに歩けば「是より志三づ（清水）道」とある追分道標がある。家康の最初の慰霊所だった久能山東照宮へと向かう道が分岐しているのだ。そのそばに有名な追分羊羹がある。あとは特別な観光地もなく、府中宿までなだらかな起伏のある道をただただ歩くだけだ。しばらく行くと妻がしきりに、乳酸で手足がぱんぱんだ、足の裏が痛い、と言い出した。うん、知ってる。僕たちその段階を抜けて今に至ってるんだもん。気の毒だとは思ったが、何もできることはなく、天気がよくてなによりだよねえ、と気休めを言ってみる。

こうして書くと江尻宿はあまり見所がないところと思われるかもしれないので、ちょっと補足を。江尻、というか清水のいちばんの観光名所はなんといっても三保の松原だろう。美しい砂嘴《さし》の景勝地で、天女伝説の残る羽衣神社もここにある。特に旅を急ぐ必要のない人は、立ち寄られることをお勧めする。その三保の松原とは清水湾を隔てた丘の中腹に、龍華寺《りゅうげ》がある。ここから駿河湾越しに見る富士山の眺めを愛した作家の高山樗牛は、遺言で強く希望してこの地を墓所に定めた。その樗牛の銅像も寺内にはある。

また、ご当地の有名人といえば現在は漫画家のさくらももこだ。自身の小学生時代を作品化した『ちびまる子ちゃん』は全国的な人気を得て、清水の代名詞にもなった。清水区内のエスパルスドリームプラザには「ちびまる子ちゃんランド」も作られているほどである。ちびまる子ちゃん以前は、次郎長一家が清水一の有名人だった。村上元三の小説を原作とするマキノ雅弘監督映画『次郎長三国志』シリーズは今観ても無類のおもしろさだ。最近でも諸田玲子が次郎長の子分・小政を主人公に『空っ風』(講談社文庫)を書いており、人気は衰えていない。さきほどは江尻・府中間にさしたる名所もないと書いたが、次郎長ゆかりのものでいえば都田(創作物では都島)吉兵衛の供養塔がある。吉兵衛は森の石松を謀殺したために親分の次郎長に報復され、死亡した。その慰霊のために住民が建立したものだ。

清水出身の作家には初野晴がいる。『退出ゲーム』(角川文庫)に始まる〈ハルチカ〉シリーズはミステリーの連作だが、幼なじみの男女が高校の弱小吹奏楽部を立て直すために奮闘するという話が縦糸になっている。その作品の舞台が実在する県立清水南高校なのである。初野が同校の出身だからなのだが、こういう例はちょっと珍しい。

あなたは〜誰と〜歩きますか〜♪

〈東海道ウォーク四方山話　その3〉

もしもこの東海道を、自分がひとりで歩いたとしたら。

企画が始まって以来、道中で、何度かそんなことを考えた。まずひとりだったら絶対にこんなことに挑戦したりするはずがないのだけど、まあたとえば、このような旅行記を書く仕事の依頼があったとしよう。「東海道ひとり歩き」。イヤだけど、どうしても断りきれず引き受けたとして。

最初に思ったのは、途中で絶対、自転車を買うだろうな、ということだ。

さすがに車で通り過ぎるのは気が咎めるが、自転車だったら見える景色は徒歩とそう変わらないはず。峠や急坂の手前では、仕方ないから誰か貰ってくれる人を探そう。見所がたくさんある区間は歩いてもいい。でも、沼津から原のような道は再び買ったチャリチャリ自転車で走り抜けたい。そのためだったら、自転車経費を10万円までなら用意してもいいぞ、ってなことを単調な道を歩きながら妄想した。

だけど、何度考えてみても、最終的に行き着く結果は同じだった。「私はきっと、ひとりでこの距離を歩き（自転車を含んだとしても）通すことなんてできない」。500㎞弱を歩き終えた今でも、その気持ちは変わらない。

一般的な（というのがなにを指すのか曖昧だけど）女性と比較した場合、私はたぶんひとり耐性はあるほうだ。

むしろ基本的には毎日ひとりで働いているので、東京から一緒に移動し、長時間一緒に歩き、それが翌日も続くようになったこの5回目からしばらくは「絶えず誰かが傍にいる」状態が、軽くストレスだった。親兄弟のように気心知れた相手じゃない。ガースとは長い付き合いだけど、ガッキーやスギエさんとは、ほとんど仕事の話しかしたことがなかったし、それは香山さんや有馬さんも同じだった。どこまで自分を出して良いのかわからない。許される範囲の気の弛め方がわからない。半日程度なら、まだ社交モードを保ってもいられたけれど、それが8時間、10時間、20時間と続き、疲労が蓄積されていくと、だんだん「ひとり」が恋しくなってくる。

勝手な時間に寝て起きたい。お腹が空いたときに好きなものを食べたい。疲れたと思ったら何回だって休憩したい。自分の興味があるものだけを見たい。せめて自分のペースで歩きたい。それはすべて、ひとり旅なら可能だけれど、集団行動では難しかった。沼津↓原に向かう途中、走り出したのは正直、前述した理由だけでなく、少しの間だけでもひとりになりたかった、という気持ちもあったのだ。

そしてこの後、この集団行動に気持ちも体もついて行けなくなって、私は何度か歩きながら泣いた。ゴールした今となっては、そんなことぐらいで大の大人が人前で泣くなんて、バカじゃなかろうかと思うけど、そのときは本当に自分が抑えきれなかったのだ。

なのに。にもかかわらず。ひとりでは歩けなかったと確信するのは、慎重に測っていた距離がだんだん近くなり、チーム東海道がただの「集団」ではなく、それぞれ違う「個」の集まりなんだと徐々に認識できるようになったから。合わせる部分と主張してもいい部分の見分けもつくようになってからは、気持ちがぐっと楽になった。ま、それはまだずいぶん先の話なのだけれど。

かりにひとりで歩いていても、東海道で見るべきとされている名所旧跡などへの立ち寄りは、この旅とそう変わらなかったと思う。でも、ひとりだったら私の東海道の記憶は半分以下しかなかっただろう。あの、どうでもいい、くだらない、なんの役にも立たない、だけど妙に鮮やかに覚えているたくさんの会話がなかったとしたら、楽しい記憶なんてほとんど得られなかったと思う。

旅の発見は、名所旧跡だけにあるわけじゃないのだ。

十九 府中宿

府中宿は駿府城の城下町で、徳川家康が少年期と晩年を過ごした地。『東海道中膝栗毛』の著者・十返舎一九の生誕地でもある。幕末人口は1万4千人以上という、東海道最大規模の宿場。

もうすぐゴール。が、休む間もなく仕事が待っている……

丸子宿 — 5.6km — 府中宿 — 10.5km — 江尻宿

十返舎一九生誕の地であり徳川家の聖地

【東海道ふむふむの19】府中

東海道は江尻からしばらく静岡鉄道の南側に沿って走る。丘陵のような地形で変化には乏しいが、その分歩きやすくはある。これは初参加のうちの家族にはいい、と思って見ると、子供は涼しい顔ですいすいと歩いているのだった。ふだん一緒に歩くと、いつも後ろからついてきたがる。親を先導役にするやつがあるか、と言うと不承不承という感じで前に行くのだが、すぐまた後ろに戻ってしまう。歩くのが嫌いなのか、と思っていたがそうではなくて、単に親の前を歩くということが駄目なようだった。

妻のほうはそうではなくて、明らかに辛そうにしている。たいへんそうだなあ、と思って見ていると、すっと寄ってきて「明日も参加しないと失礼かな」と聞かれた。失礼ということはないだろう。それならこのへんを観光して帰る。さすがに2日連続は無理だ、というのであった。まあ、辛い思いをして歩いても仕方ないですからね。別に失礼にはあたらないし大丈夫だよ、と言うと、じゃあ今日は頑張る、と言い残して離れていった。うん。

東名高速道路の下をくぐったあたりから、次第に道の様子が変わってくる。あるときは歩道橋を渡り、またあるときはトンネルの下をくぐり、と人間が車に遠慮させられる。それは仕方ないが、身の危険を感じる場所があるのには驚いた。JRの線路の下を通るトンネルの1つに水村地下道というのがあり、これが滅法危険なのである。この地下道は車1台が通るのがやっとという幅なのに対面通行になっている。どうするかというと、中に待避所があって、すれ違えるようになっているのだ。ただし反対側から何が来るのかわからないから、車はクラクションを鳴らしながら地下道につっこんでくる。人間はその音が聞こえないときを狙って、さっと通るわけである。スリル満点のアトラクションではないか。僕は日本でいちばん東海道を愛してくれている県は静岡だと思っているのだが、この恐怖地下道だけはなんとかしたほうがいいように思う。誰かが怪我しないうちにお願いします。

いいこともある。東海道は静岡鉄道長沼駅のすぐ前を通る。そこはバンダイホビー事業部のあるところなのである。歩きながら目はそっちに向かってしまう。僕はガンプラ直撃世代だから、ここは聖地に等しい場所だ。静岡県には戦前から木製模型の伝統があり、戦後になって各社が一斉にプラ模型メーカーに転じた。県内のあちこちにプラ模型屋があり、そこに子供が群がっているのを眺めて幸せな気持ちになることができる。そういう光景が県内のどこでも見られるのは、たぶん日本でも静岡だけだろう。

単純に西に向かっただけだが、けっこうへとへとになって府中宿に着いた。府中とは駿府、すなわち駿河城の御府内にある宿である。『膝栗毛』の弥次郎兵衛は当地の出身で、箱根で財布を盗られたあと、駿府の知り合いに金を借りている。そのあとで繰り出したのが安倍川遊郭だ。安倍川の渡しのそばにひとつ五文の安倍川餅屋が密集しており、そこから少し府内に戻ったところが二丁目という府中の遊郭だった。このへんは弥勒町《みろくちょう》といい、一里塚の近くに二丁目碑が建てられている。由比正雪が死んだのもこの宿内で、弥勒町には由比正雪碑もある。正雪には由比ではなく府中出身という説もあるのだ。

おっと、もうひとり忘れてはいけない。『東海道中膝栗毛』の作者である十返舎一九その人だ。彼は現在の静岡市葵区両替町一丁目に町同心の子供として生まれた。それがなぜ戯作者になったのかは、ぜひ松井今朝子『そろそろ旅に』（講談社文庫）を読んでください。槍は得意だがどうにも腰の座らない武士・重田与七郎が、大坂の町にて勤めるも勤まらず、材木問屋の家に婿入りするも落ち着けず、ついに物書きの道を選んで『浮世道中膝栗毛』（後の『東海道中膝栗毛』）を開板するまでの物語である。教養小説であると同時に、作家の業《ごう》を描いた傑作だ。東海道に関心がある方、すべてにお薦めしたい。

疲れも吹き飛ぶ、魅惑の宇津ノ谷

〈てくてくある記　第7回2日目　★府中→丸子→岡部〉

ウォーク後の仕事とは幻冬舎の文芸誌『GINGER L.』の対談だった。ここで私とスギエさんは「スギエ×フジタのマルマル読書」という対談連載をしている。そもそもこうして東海道を歩くことになったのも、対談の後、呑みにいったことが発端で、ガース&ガッキーはこの企画以前に連載の担当編集者でもあった。

これからGWに突入することもあり、連載の進行にも余裕がない。幸い府中→岡部は約13㎞と距離もさほど長くない。ならばホテルに戻って夕食までの間に対談もやってしまおう、と考えるのもまあ無理はない。

でも、これが。私の体にはやっぱり無理があったのである。

閑散としたホテルのロビーの片隅で約1時間半、朦朧としつつも話を終え、軽くシャワーを浴びて歩いて10秒の居酒屋で夕食をとり、部屋に戻ってきたのは午後9時。今日は午後から雨の予報が出ていたので少しでも早く歩き出そうということで、出発は朝の5時。頭も体も疲れていたので、とにかく早く寝なければとベッドに倒れ込んだ。ゆっくり風呂で体を揉みほぐすことも、マッサージを呼ぶことも叶わなかった。なのに、この日も夜中に何度も目が覚め、熟睡できず、目覚ましアラームにたたき起こされた瞬間、全然疲れがとれていないことが明らかにわかった。

足はパンパン、腕もパンパン、睡眠不足で頭はフラフラ。今日は峠越えもあるというのにコンディションは最悪だ。それでも歩かないわけにはいかず、スタートして40分、安倍川に差し掛かる。この橋のたもとには「あべ川もち」で有名な老舗・石部屋《せきべ》があるのだが、まだ6時前、さすがに店は開いてない。残念だなー、と立ち止まって店の看板などを見ていたら、開店準備中だった近くの「あべ川もち　橋本屋」のおばさまに、「東海道歩いてるの？　これあげるから持って行きなー」と柏餅を頂いてしまった。「餡こがはみだしちゃったり、少なくて売り物にならないやつだから気にしないで」と。しかしこんな「旅先で出会った人との心温まるエピソード」的な展開に慣れていないので、感激しつつもオドオドしてしまう。

安倍川餅じゃないけれど、嬉しい柏餅を食べつつ、やたらと揺れる安倍川橋を渡って、しばらく単調な道を歩くとやがて丸子宿《まりこ》。家の前に掲げられた屋号を読み上げながら静かな町なかを進んでいくと、間もなくとろろ汁で有名な「丁子屋《ちょうじ》」が見えてきた。しかしもちろんまだ開いてない。早朝スタートの日は、つくづくこれが残念。しかも不安的中で、だんだん足が痛くなってきた。ゆるやかな上り坂を気合いで進むが、膝から下が思うように動かない。スギエさんの家族は昨日だけの参加だったので、ガッキー&ガースに泣きを入れて道の駅で休憩。静岡おでんを食べて、靴下を履き替え、エアーサロンパスで冷却&ストレッチをして回復に努める。そんな私の様子と天気を見て、隊長ガースが今日の目的を藤枝から岡部に変更してくれた。有難い。頑張るよ、私!

9時半、道の駅から再スタート。もうなにも考えちゃダメだ、と自分に言い聞かせながら黙々と歩いていたら、急に景色が一変して宇津ノ谷の集落に。道路は整備されているのに、両側には風情のある家々が残っている。かつて宇津ノ谷には鬼が出没したといわれていて、その鬼退治伝説の十団子で知られる慶龍寺などを過ぎると、石段が続きいよいよ宇津ノ谷峠に入っていく。先日の薩埵峠は舗装道路だったので、未舗装の峠を越えるのは初めて。坂は辛いけど、木々が生い茂る山道は気持ちがいい。途中から見下ろした宇津ノ谷集落の家並みは足の痛みも忘れるほど美しかった。あくまでも一瞬だけど。

峠を下ったところで、再び休憩。スギエさんに「わさびらむね」を買ってもらう。しかしわさび要素が感じられず、よく見たら「わさび成分は含まれていません」とちゃんと表示してあった。ついに降り出した雨のなか、ラストスパートをかけて11時半、岡部宿の「大旅籠柏屋《かしば》」に到着。今日はここまで。ゆっくり見学してバスで静岡に戻り帰京。いや帰埼だ!

二十 丸子宿

丸子《まりこ》宿は東海道で最も小さい宿場だが、難所の宇津ノ谷峠があるため、茶屋や名物・とろろ汁の店が軒を連ねていた。広重の浮世絵にも描かれたとろろ汁の「丁子屋」は、今も営業している。

宇津ノ谷集落。過去にタイムスリップしたみたい!

府中宿　5.6km　丸子宿　7.8km　岡部宿

食べたかったな、名物・とろろ汁

【東海道ふむふむの20】丸子

断言してもいい。東海道ウォーク前半のクライマックスは、宇津ノ谷峠越えであると。箱根山や薩埵峠など風光明媚な場所は他にもあったが、宇津ノ谷峠ほど「辛い思いはしたけど歩いて上ってよかった」という嬉しい思いを味わえた場所はなかった。昔の旅人が苦労して行った峠越えという行為を、そっくりそのままの形で追体験できるのが、この宇津ノ谷峠という場所なのである。

おっと先走ってしまった。宇津ノ谷峠は丸子宿と次の岡部宿の間に存在する。丸子宿は東海道最小の宿だ。昔の建物はほぼ現存していないのだが、街道沿いの家は当時の屋号を記した看板を軒先などに吊るしている。同様の看板演出は後に何度も見かけることになるのだが、同様の趣向を凝らした宿の東端が丸子宿だったように思う。

名物は芭蕉の句にも「梅若菜鞠子の宿のとろろ汁」と謳われたとろろ汁だ。弥次喜多のふたりも茶屋に立ち寄って名物を味わおうとしたが、客をさておいて主人夫婦が取っ組み合いの喧嘩を始めてしまったためほうほうのていで逃げ出す、という散々な結果になった。宿内を流れる丸子川のほとりには丁字屋という老舗が現在も営業を続けており、昔ながらのとろろ汁を客に提供している。

……以上。いや、本当に小さな宿なので、それほど紹介することがないのだ。付け加えるなら丁字屋の周りには先の芭蕉の歌碑を含めた石碑が林のようにまとめて建てられており、「この宿の主役」という雰囲気を醸しだしている。また、丁字屋が製作したと思しき「丸子宿を中心にした静岡県観光地図」は、ちょっと他で見たことがない変わったものなので一見の価値あり、である。それくらいかな。ちなみに我々は早朝に通りかかったもので店は開いておらず、名物は味わえていません。

で、仕方がないので宇津ノ谷峠の話をする（嬉々としつつ）。

丸子宿を出ると道はずっと上り坂だ。中途にある道の駅を過ぎたあたりから勾配は急激に増し、「また坂かよ」などと悪態をつきながら上っていくと突然、隠れ里のような集落が目の前に現れる。東海道でももっとも美しい町並みのひとつ、宇津ノ谷集落だ。整然とした石畳が美しく、ここに来るだけでも苦労した分の元は取れた、と本気で思ったものである。

その後がいよいよ峠越えの本番である。未舗装の山道が目の前に現れ、明らかにウォークではなく「登山」の様相を呈し始める。急であるだけではなく、木が生い茂って昼間でも薄暗い感じがするのである。途中で通りかかるのが、延命地蔵堂跡だ。平成になってからの復元工事によって建物のあった場所が特定され、現在ではその遺構についての説明板が設置されている。実はここが河竹黙阿弥の代表作の一つ『蔦紅葉《つたもみじ》宇都谷峠《うつのやとうげ》』第一幕クライマックスの舞台として想定されている場所だ。主家伊丹屋のため金策に走る重兵衛は丸子宿で知り合った按摩・文弥に目をつけ、峠越えの最中に「因果同士の悪縁が、殺す所も宇都谷峠、しがらむ蔦の細道で、血汐の紅葉血の涙、この黎明が命のおわり、許して下され、文弥どの」と襲いかかる。歌舞伎の舞台と違って山道には華々しいところなどまったくなく、ただただ陰惨なばかりである。その迫力を体感できる貴重な場所だ。

他にも司馬遼太郎『風神の門』（新潮文庫）をはじめとする伝奇小説で宇津ノ谷峠は頻繁に採り上げられており、時代小説ファンにとっては垂涎の対象といっていい。ちなみに、この峠が創作物に登場した最古の例は伝・在原業平の生涯がモデルとされる『伊勢物語』である。主人公が東下りをする際、この地を通った。「わが入らむとする道はいと暗う細きに、蔦、かへでは茂り（黙阿弥の狂言はこの表現を受けている）」と心細いところで偶然知人に遭い、「駿河なる宇津の山辺のうつつにも夢にも人にあはぬなりけり」と主人公は詠んだ。もっとも、彼が通ったのは蔦の細道と呼ばれる古道で、東海道とは別物である。

お試しあれ！　東海道おススメコースはここ！

〈東海道ウォーク四方山話　その4〉

　単調で、特に見所もない場所が続く道中、無理やり高まりポイントを見つけるのが旅を楽しむコツだとわかっちゃいても、国道1号線をひたすら歩いているときなどは正直、気持ちが萎えてくる。東海道には、そんな場所が決して少なくない。大雑把な印象で語ると、全長約５００kmのうち「つまらない」３割、ちょこちょこ見所がある「ふつう」５割。歩いていて気分が高揚するほど「楽しい」と思える区間は２割程度である。東海道ウォーカーに水を差すようなことを言って申し訳ないが。

　でも、それだけに「楽しい」と思える場所は本当に心が弾む。

　車では決して通ることができない、自分の足で歩くしかない峠道。東海道を歩こうなどと考えなければ、一生訪れることもなかったであろう宿場町。川幅の広さを実感し、手間暇とお金をかけて保存されている本陣、脇本陣、関所などの遺構。かつてそこに暮らしていた人々や、訪れた旅人を想い、今、そこに暮らす人たちの息吹が感じられる場所は、街道歩きの活力源になる。そこで、個人的におススメのコースをいくつか紹介しておこう。
★吉原↓蒲原↓由比↓興津……ほぼ第6回の2日目のコース。富士山を見ながら渡る広大な富士川、間の宿・岩淵の左右に残る立派な一里塚。小さいながらも風情の残る岩淵から蒲原の町並み。「ゆい桜えび館」や「由比本陣公園」など、程よく観光地的な行楽スポットもある由比（ただし「東海道広重美術館」は微妙。綺麗だけど、綺麗すぎるともいえる。スギエさんと「東海道がっかりスポット」のひとつだと意見が一致）。薩埵峠手前の寺尾から倉沢へ続く集落も見ごたえがあり、薩埵峠からの駿河湾＋富士山はまさに絶景。頭に思い描いている「東海道らしさ」が満喫できるはず。
★府中↓丸子↓岡部……第7回の2日目と第8回の1日目の前半コース。『東海道中膝栗毛』の生みの親、十返舎一九の生まれ故郷の府中から、安倍川餅で有名な安倍川を渡り、「丁子屋」でとろろ定食を食して道の駅で静岡おでんをつまみ、宇津ノ谷の美しい集落に心洗われ、峠の山道を踏みしめ、岡部の「柏屋歴史資料館」でじっくり見学&お土産を買い込む。食いしん坊万歳コース。柏屋歴史資料館（大旅籠柏屋）は、東海道に数ある資料館のなかでも上位に入る楽しさなので、ゆっくり時間をとって見学されたし。
★島田↓金谷↓日坂《にっさか》……第8回の2日目コース。「越すに越されぬ」大井川、恐怖の石畳が続く金谷坂から菊川坂、そして小夜の中山。ザ・静岡！な広大な茶畑と、緩急激しい東海道ウォークの醍醐味が堪能できる。小夜の中山は、体力的には箱根の上りと同じくらいきついと感じたが、その前後の大井川越えと、のどかな茶畑が続く風景に心が和んだ。東海道ウォークの日帰りツアーでも人気コースらしく、歩いている人たちをたくさん見かけた。急坂を下りたあとの日坂も、小さいながらも宿場の雰囲気が色濃く残っている。

★舞坂→新居→白須賀→二川……第10回の1日目後半〜2日目の前半コース。東海道では唯一の脇本陣の遺構が残る舞坂から浜名湖を眺めながら新居へ向かうと、幕末当時の建物が現存する新居関所と資料館がある。峠ほどではないがかなりの急勾配の潮見坂を越えて、二川宿に着くとこれまた立派な本陣跡と資料館が。退屈とは無縁で歩き通せる、実に見所の多いコースだ。もちろん昼食は鰻で決まり！

★関→坂下→土山……第14回の2日目コース。国の重要伝統的建造物群保存地区に指定され、歴史を感じさせる家屋が並ぶ関宿は、じっくり見ているといろいろな発見があって面白い。同じような古い家並みでも、蒲原や宇津ノ谷とは構造が違って、その違いを見るのもまた楽しい。開館前で私たちはトイレ休憩しかできなかったが、「坂は照る照る峠は曇る　あいの土山雨が降る」と唄われた鈴鹿馬子唄や坂下宿の資料を展示した「鈴鹿馬子唄会館」から坂下宿に入ると鈴鹿峠が待っている。個人的には箱根や小夜の中山ほど辛くはないと感じたが、上りきったときの達成感はやはり大きい。土山宿も味わいのある景観で満足度は高いです。

二十一 岡部宿

宇津ノ谷峠のふもとにある宿場。昼でも暗い山道は『伊勢物語』をはじめ、数々の文学作品に登場する。岡部宿は旅籠の数が少なく、大名行列の際には隣宿から寝具を借りてくることもあった。

柏屋歴史資料館は、当時の旅籠の暮らしがよくわかる

藤枝宿　6.7km　岡部宿　7.8km　丸子宿

情緒たっぷり大旅籠に哀しい兵隊寺

【東海道ふむふむの21】岡部

保永堂版「五拾三次」は宇津ノ谷峠を岡部宿の題材として描いている。その峠を下りきったあとのゆるやかな坂を歩いているときに雨が激しくなり始め、この旅初めてポンチョを着た。迷彩柄である。ゲリラ？　おまけに両手に例のウォーキングポールを持っているため、見ようによってはたいへんにものものしい。そんな格好で田園風景の中をゆるゆる歩き、岡部宿に入った。ここには幕末の天保７（１８３６）年に建てられた宿が当時のままの姿で復元・公開されている。受付を済ませた後、ポンチョをどこかに干しておこうとしたら、入口の壁の、蓑を掛けているところに吊るしてくれた。まあ、似たような機能のものだしな。

その大旅籠柏屋は敷坪約２３４８、延べ床面積が約１００坪という巨大なものである。本陣や脇本陣であれば普通だろうが、一般人も泊まれる旅籠でこの規模というのはかなり珍しいはずだ。柏屋を営む山内家では旅籠の他に質屋を兼業しており、家業を通じて富を蓄積していったのだろう。財力を背景にたびたび宿役人も務めている。本陣・脇本陣には名誉職の性格があり、経費がかさんでしばしば交替を願い出る家もあった。それに対して旅籠という民間人相手の商売をしていたことが山内家には幸いしたのではないだろうか。おそらく、柏屋が勃興した陰で零落した旧富裕層の家もあったはずだ。山内家の興隆は、新しい資本主義経済に対応できたからこそではないかという気がする。

広くはあるが典型的な旅籠の造りで、もちろん高貴な身分の者のための上段の間などはない（上等の部屋はあるが）。ところどころに弥次郎兵衛・喜多八の等身大人形がいて、彼らの音声で旅籠の説明が行われるのもおもしろい。弥次喜多にはちょっと高すぎる宿のような気もするが、ふたりは箱根で有り金をそっくりごまのはいに盗られ、しばらく窮乏生活をした後に手前の府中で金策をし、ほっと一息ついたところだった。その事情を考えれば、多少彼らが贅沢したくなる気持ちもわかるのである。2階の一の間で彼らが食べている料理を見ると、中に豆腐料理がある。これで思い出すのが『膝栗毛』岡部のくだりに挿入されている狂歌だ。「豆腐なるおかべの宿につきてげり　あしに出来たる豆をつぶして」とあるが、おかべは豆腐の女房ことば、それと足にできる豆をかけているのである。この資料館内にある体験工房では、豆腐やこんにゃくなどの手作り体験もやっているようだ。

この岡部宿には2回足を運んでいる。第7回の終点と第8回の起点がそれぞれこの岡部になったからだ。第8回は、それ以降ほぼ毎回参戦してくださった銀色夏生さんが初めていらっしゃったときでもある。せっかく岡部まで来て、柏屋を見ない法はない。銀色さんには見学をしていただき、僕とフジタさんはその間タクシーを飛ばして別の場所へ向かった。目的地は兵隊寺である。

兵隊寺は通称で、正式名は常昌院という。兵隊寺の名の由来は、本堂に当地から日露戦争に出征・戦死した者たちの姿を模した兵隊人形が置かれ、慰霊が行われているからである。人形の数は223体、本堂に入ると本尊を囲む形で人形が並んでいる。そのほとんどは陸軍の軍服を着ているが、彼らの所属は歩兵第34連隊、通称静岡連隊だっただろう。この連隊は日露両軍が初めて衝突した遼陽会戦に参加した。特に第一大隊長を務めた橘周太中佐は首山《しゅざん》堡《ぽ》を攻撃して戦死している。岡部の兵隊たちも、おそらくはその中にいたのである。兵隊人形たちにはそれぞれに名前がつけられており、顔もみな違う。戦争遺族にとって人形が大事な思い出の依代となっていたことがうかがえる。

寺の性格上、観光名所として大々的に宣伝するようなところではない。ゆえに知名度は低いが、住職にお願いすればちゃんと見せてもらえる。行かれる方は、敬意をこめて拝観してくださいね。ちなみに町が作った地図で受ける印象以上に東海道からは距離がある。バスの時間が決まっている人は気をつけること。

もはやイベント⁉ 9人での東海道！

〈てくてくある記　第8回1日目　その1　★岡部→藤枝→島田〉

本日は、いつもよりちょっと遅めの7時3分東京駅発のひかり号で集合。

6時半を過ぎると開いている売店もぐんと増える。私は基本的に「チャンスがあればいろいろなものを食べたい」派なので、本日は新幹線中央乗換え口前にある「GRANSTA DINING」の「KINOKUNIYA entrée」（6時半～）で「大きなかれい照焼弁当」を購入。「チャンスがあれば好きなものを食べたい」派のガース&スギエさんは崎陽軒の「シウマイ弁当」。ふたりはこの定番弁当を異常に愛していて、この旅の間何度も食べていた。「とにかく美味しい。いつでも美味しい。おかずだけじゃなくてご飯そのものも美味しい」んだとか。いや私も嫌いじゃないけど、シウマイ弁当、なんか足の指の間臭くない？（失礼）

本日は、作家の銀色夏生さんと真梨幸子さん、そして幻冬舎の編集者・竹村さん&宮城さんが初参加。ガース、ガッキー、スギエさん、少食男子の有馬さん、私と9人の大所帯。レギュラーウォーカーとしては、足手まといにならぬよう、しっかり歩かねば！

8時半。静岡駅から路線バスに乗り込んで、この間ヒイコラ言いながら半日かけて歩いたのとほぼ同じ道を、ビューンと30分で走り抜け9時には岡部着。初参加チームが「柏屋歴史資料館」を見学している間、タクシーでスギエさん御希望の常昌院を見学に行く。

みなさんは御存じでしょうか常昌院。日露戦争で戦死した223人の兵隊さんの木像がまつられている、別名・兵隊寺。私は当然、知らなかったし、ぶっちゃけ東海道とは関係ないのだけれど、ここはかなり衝撃的だった。2段×3方向にずらりと木像が並ぶ、独特すぎるほど独特な空気の本堂。詳しくはスギエさんが書いていると思われるが「せっかくだから」の寄り道のなかで、いちばん忘れられない場所かも。そこから集合場所へ戻る途中「ここがゴン中山の実家だよー」と教えてくれた運転手さんに、スギエさんが「そうなんですか！立派なお宅ですねー！」といかにも興味あり気に応えていたのだが、タクシーを降りた瞬間、「ところで、ゴン中山って誰？」と訊かれた。素晴らしい大人力に感動する。

資料館見学を終えたみんなと再び合流し、9時半、改めてスタート。天気も良く、スギエさんは早くも半そでTシャツ姿、真梨さんは日傘をさしている。なのにガースは薄いとはいえダウン着用。食の好みだけでなく、暑さ寒さの耐性も人によってつくづく違うもんだと思い知る。歩きながら「ここがゴン中山の実家です」とさっき仕込んだばかりの知識を披露。

さすがに9人もいると歩くペースもまちまちなのだが、葉梨川を渡り、国道1号線に出たあたりから、次第に我々レギュラーチームは、ゲストチームから遅れ始めた。情けなさを噛みしめつつ立派な楠の巨木がある須賀神社で追いついて、11時、セブン-イレブンでおやつ購入&トイレ休憩。やがて藤枝宿に入る。が、だんだん日差しが強くなってきて、体力が奪われていく。5月の今からこんな状態ではこの先が思いやられるが、この先どころか今日のこれからで頭がいっぱい。ヘコタレ気味なところを「もうすぐお昼ご飯だから」「もうすぐだから」「すぐだから」と1時間近く宥め続けられ、午後1時、藤枝の「かわかつ」で焼き鳥丼とせいろ蕎麦の昼食。ここは東海道ランチのベスト3に入るくらい美味しかった！

藤枝の繁華街から島田宿までは、お馴染み松並木があるくらいで、目ぼしい見所は特になし。淡々と半シャッター街な島田の町を通り、4時20分にゴール。しかし、今日もここからが長かった！　ゲストもたくさん来てくれたことだし「せっかくだから」とギネスにも認定されたという世界最長の木造歩道橋＝蓬萊橋を見に行くことになったのだが、ホテルから歩くこと30分！　暑い、痛い、疲れた。暑い、痛い、疲れた。初参加の銀色さんや真梨さんはまだまだ余裕がありそうなのに、私の体力は赤ランプ点灯。そして途中「あそこですねー」と指された蓬萊橋がはるか彼方であることを認識した瞬間、私は泣いた。これまでにも泣きたくなることは何度もあったけど、ボロボロ涙がこぼれたのは初めて。

「しっかり歩く」どころか、思いっきり足手まといな自分。情けなさすぎでございます。

二十二 藤枝宿

藤枝宿は田中藩の城下町であり、塩商人が行き交う交通の要衝だった。東木戸から西木戸までおよそ2kmにわたる大規模な宿場町で、千戸を超す人家があった。名物の「染飯《そめいい》」の握り飯は、当時の山越えの携帯食。

待ちに待ったお昼ご飯。空腹すぎて、ひたすら食べる！

島田宿 8.6km 藤枝宿 6.7km 岡部宿

四季の草木が美しい文学の町

【東海道ふむふむの22】藤枝

触れなば落ちん、という風情がある。いかにも誘っているかのようにしているので手をのばす。しかし、そういうときほど相手はさっと身をかわすのだ。

何を言いたいのかというと、藤枝という宿場町のことである。「触れなば」という雰囲気を漂わせておいて「さっと身をかわされた」感は東海道随一。

藤枝市に入った時点で、僕はたいへんなごやかな気分になっていた。葉梨川という小川が優しく美しく、まさに僕好みだったからである。コンクリート護岸の川ではなく、岸辺に草が青々と生い茂っている。後で知ったが季節には一面に彼岸花が咲くらしい。緑と赤の取り合わせは、きっと息を呑むような鮮やかさだろう。うー、その時分にぜひ来てみたい。

そして須賀神社の大楠がある。樹齢何百年なのだろうか。あまりの巨大さに、前に控えた石鳥居がおもちゃのように小さく見える。感覚が変になってしまうのだ。みんなで足を止めて、しばらく「大きいなあ」「大きいねえ」と言い交わす。こういう時間大好きだ。

その先には東海道名物の松並木がある。始まった瞬間に道が国道1号線と交差して途切れてしまうのだが、めげずにその先から並木が再開している。国土交通省も無粋なことをする。あと数十メートルずらせば、並木も元のままで大丈夫だったのに。しかしこれはこれで趣のある光景だ。

ね、なんとなく期待しちゃうでしょう。草木が手を尽くしながら出迎えてくれている感じがするではありませんか。この先にどんな見ものがあるのかと期待してしまう。

ところが、何もないのである。藤枝宿付近にはかつての歴史を偲ばせるような旧跡のたぐいがほとんど残っていない。いや、他の宿であれば恭《うやうや》しく石碑を建てて示すような名所でも看板ひとつで案内を済ませてしまっている。おそるべき淡白さ、いっそ清々しい。

これは藤枝宿の成り立ちに由来した気質かもしれない。江戸時代、この宿はひとつの町や村ではなく、街道沿いの複数の集落によって共同運営されてきた。中には白子町のように、徳川家康を助けたという功績から諸役を免じる特権を得ていたところもある（ということを看板で説明していた）。町中はシャッター商店街化しておらず、むしろ活気がある状態だった。8の字の髭が特徴的な藤枝だるまの店など、伝統工芸品を売る店もあってそうした風情はある。過去の遺産に頼らずとも現在の産業で十分やっていける町なのだ。そういうことなのだ、と自分を納得させて宿を通り抜けた。西木戸の近くに正定寺・大慶寺と、いずれも境内の松の木が有名な寺がある。特に正定寺の「本願の松」は雲居のように枝が広がっていて誠に美しい。

だーかーらーっ。

東海道からは少しだけ外れるが、道の北側に蓮華寺池公園という四季の草花が美しいところがある。春には桜や藤、夏には池の蓮が目を楽しませてくれるのだそうである。やっぱりそうだ、藤枝ってそういう四季の移り変わりを愛でるのに良い町なのだ。公園内に文学館があり、僕たちが訪れたときは小川国夫展が開かれていた。生涯をこの町で過ごした作家であり、「動員時代」と題された初期の掌篇集（講談社文芸文庫『アポロンの島』所収）には、10代のころの情景がいくつかの断章で描かれている。また、手に入る随筆では『昼行燈ノート』（文藝春秋）などに郷里の話が幾度も出てくる。その小川と親交があり、やはり藤枝出身だったのが『田紳有楽・空気頭』（講談社文芸文庫）などの作品で知られる藤枝静男である。浜松市に眼科医院を開業して暮らしていたが、墓所は藤枝にある。

その他忘れてはいけないのが、池波正太郎の創造した仕掛人・藤枝梅安だろう。「梅安初時雨」（講談社文庫『梅安蟻地獄』所収）に「この藤枝宿の桶屋・治平の子に生まれた」とある。街道そばに神明宮の鳥居が見え、その向こうどなりの大きな銀杏の樹下にある小さな家で彼は生まれたという。その神明宮が何を指すかは、残念ながら文中に明言されていない。

あぁ涙の蓬萊橋！

〈てくてくある記　第8回1日目　その2　★岡部→藤枝→島田〉

大人になると、よほどのことでもない限り「ひと前で泣く」ことなんて、まずありえない。映画や舞台やライブ、葬式や結婚式のように感情を共有する場は別として、「集団のなかで自分だけが泣く」ようなことは、私自身、これまでに経験がなかった。

泣かないわけではない。テレビを観ていても、本を読んでも、ひとりなら、私はわりとすぐに泣く。台所で米をといでいて、突然涙が溢れてきたこともある。でも、こんなふうに仕事の場で、感情的な話をしているわけでもないのに、涙がこぼれるってなんなのか。

正直、自分でも驚いた。泣いてる！　泣いてるよ私！　どうしたんだ私！と。

泣きながら、これはいったいなんの涙なのかとぐずぐず考えてみたところ、どうやら「もう無理！」という限界宣言ではないか、と思い至った。それから、どうして自分以外のみんながふつうにできることが自分にはできないのか、という悔しさ&情けなさ。この企画が始まってから、自分なりに体力づくりや身体のケアも心がけてきたつもりなのに、まったく効果が出ていないという虚しさ&やるせなさ。

この、思いがけず自分との戦いの30分になったホテルから蓬萊橋までの道のりは、今でも強烈に覚えている。

しかし、どうにか気持ちを切り替えて、たどり着いた蓬萊橋は、そりゃもう見事なものだった。全長約900m。欄干が低いので、開放感があって気持ちいい。気持ちはいいけど、足は痛い。そんなわけで、もうこれ以上の無理はできないと割り切って、みんなが往復する、というのを橋の途中で座って待った。往復2㎞と1㎞じゃ、私にとっては大違いなのである。

この後、日帰り参加の真梨さん&幻冬舎編集者コンビの竹村さん&宮城さんと別れて、残る6人で今日の汗と涙(私だけだけど!)を流すため、スーパー銭湯「蓬萊の湯」へ向かった。最初はタクシーを拾うつもりだったのだけれど、蓬萊橋の目の前に「車で2分!」という看板が出ていて、少し休んだ(私だけは!)ことだしそれなら歩きますか、ということに。

とーこーろーがー! これがまた、疲れた体にはとんでもなく遠かった! いいですかみなさん。「車で2分」は通常時でも徒歩20分! 疲労時には30分! これ大事。よく覚えておいてください!

前回、対談仕事があったため、お風呂につかることもできず、マッサージもできなかったことが、翌日の疲労を倍増させたことは明らかだったので、内風呂、露天風呂、高濃度炭酸泉と渡り歩きながら揉んで揉んで揉みまくる。ふだん、私は人に会う予定がない限り、あまり風呂に入らないのだが、聞けば番長ガッキーも「いつもはシャワーだけで、家の湯船につかったのは半年前？　1年前？　もっとかもしれません」という強者。ふたりで「いやー、お風呂に入るって大事だね！　素晴らしいね！」としみじみ語り合う。

しかし、公衆浴場というものは、当然のことながら裸なわけで、まだ微妙な気恥ずかしさが抜けきらないのもまた事実。この後も、私たちは宿泊ホテルの近くにスーパー銭湯があれば、タクシーを飛ばしても行ったのだけれど、基本的に「暖簾をくぐったら別行動」だった。フロントで指定されるケース以外では、着替えるロッカーもちょっと距離を置く。でも、この微妙な距離感が気楽で、スパ銭タイムは最後までリラックスタイムになった。

入浴後は、迷わずタクシーでホテルに戻り、近くの居酒屋で生ビールで乾杯。3時間前に泣いたことなど忘れたかのように、生桜えびなどをつまみつつ、ビール→焼酎と呑み進む。この後、レギュラー化する銀色さん、首の痛みで現在療養中の香山さんを含めて、チーム東海道には下戸がいない、みんな酒好きという共通点もあった。今思えば、この風呂＋宴会セットで、かなりメンバーの距離が近くなっていった気がする。本日の歩数は約3万8500歩。

いろいろな反省をしつつ夜10時に就寝。気持ち的にハードな1日でございました。

二十三 島田宿

東海道随一の難所・大井川で、旅人は人足の肩車や蓮台に乗って川を越えた。幕末時には両岸にそれぞれ650人の人足が待機し、雨のため増水で川越しが禁止になると、足止めを食った旅人で宿場は大賑わいになった。

「越すに越されぬ大井川」、川幅はさすがに広かった

金谷宿　4.0km　島田宿　8.6km　藤枝宿

これを渡らずにどうする、の蓬莱橋

【東海道ふむふむの23】島田

島田は要衝・大井川を背後に控えた宿場町だから、対岸の金谷宿同様多くの旅客がここで足を留めた。晴れた日には晴れた日の、雨の日には雨の日の顔が島田宿にはあっただろう。たとえば井上靖の初期の出世作「流転」では、誤解から成田屋（五代目市川海老蔵）に怨みを抱く女・お秋が、10年の放浪の果てに島田宿にたどり着き、たまたま当地を訪れていた成田屋との対面を果たす。また山本一力「長い串」（文春文庫『蒼龍』所収）は、荒天のため渡河禁止の川留めになり、宿内の空気が澱んだところで起きた出来事を描いている。こんな風に島田宿は、さまざまな人間ドラマの舞台になってきたのである。

宿を出て西へ２km足らずのところが河畔で、かつての大井川の渡し跡である。現在は大井川川越遺跡の名で資料公開を行っている。旧い建物が軒を連ねているさまはまるでタイムスリップでもしたかのようで、自分も今から人足を雇って川を越えるんだ、という間違った決意が心中に浮かんでくる。前出の『きよのさんと歩く大江戸道中記』によれば、川越しの賃金は身体を基準にした水の深さで細かく決められていたという。脇通水、乳下水、帯上水通、帯通水、帯下水、股通水、股下通水、膝上通水、膝通水の順で、最高が94文、最低が38文だった（あれ、それって人足の背が低ければ低いほど稼げるんじゃね、と思ったがそういうことではなかったのだろう）。肩車で越えれば1人分で済むが、蓮台に乗ろうと思ったら担ぎ手が最低でも4人要るから4倍かかる。つまり安全かつ快適に渡ろうと思えばそれだけお金がかかる明朗会計システムになっていたのであった。川越しは当然武家優先だから『膝栗毛』では竹光を差した弥次郎兵衛が人足問屋を脅して便宜を図らせようとする場面がある。

その日のウォークを終えた後、僕たちは蓬莱橋を渡りに出かけた。ホテルの人は歩いて数分とか言っていたような気がするけど絶対そんなことはない。橋の受付は午後5時までだと思い込んでいたので（実は間違いで、時間を過ぎたら料金箱にお金を入れればいいだけだった）、走らんばかりの勢いで歩き続け、着いたときには膝ががくがくになっていた。

蓬莱橋も、東海道を歩くときに絶対行こうと思っていた場所だった。理由はそんなにない。「世界一の長さを誇る木造歩道橋」というギネスブック記録の肩書きに魅了されたわけでもない。ちなみに897mである。木造といっても、橋桁はコンクリート製だ。最初に架橋されたのは明治12年である。現在は茶の一大産地になっている牧之原台地だが、農地化が進んだのは明治に入ってからのことで、これに大きく貢献したのは旧幕臣だった。禄を取り上げられ無収入になった多数の旧幕臣が徳川慶喜のいる駿河にたどり着いた。彼らは帰農して牧之原台地を耕地化しようと思いつき、実行に移したのである。その開拓団からの出資で、蓬萊橋は架けられたのだ。諸田玲子『蓬萊橋にて』（祥伝社文庫）の表題作は、架橋直後の蓬萊橋を背景とした物語で、坂本龍馬の妻・お龍が登場する。

脱線した。この橋に関してはそういう歴史的背景もどうでもよかった。ただ、長い橋の真ん中で缶ビールをぷしっと開けたら気持ちいいだろうなと思ったのだ。風に吹かれながらカップ酒を飲んだらさぞ美味しかろうと考えたのだ。ただの橋でも気持ちいいだろう。しかも遺風と情緒豊かな蓬萊橋の上なのである。抜群じゃないか。岡本かの子は「東海道五十三次」（新潮文庫『老妓抄』所収）でこの川を「見晴らす広漠とした河原に石と砂との無限の展望」「堤が一髪を横たえたように見える」と形容している。その眺めが肴である。

フジタさんは「どうせ行って戻ってくるだけなのに、わざわざ往復2㎞近くも歩くなんて信じられない」と主張して橋を渡らなかったらしい。う〜ん、疲れているのに引っぱりまわしてごめん。でも僕はそういうとき橋を渡るのですよ。当たり前のカップ酒が普段の何倍も美味かったです。銀色夏生さんはこの日が初参加で、日帰りのゲストとして真梨幸子さんも見えていた。おふたりは疲れた後の橋の眺め、どういう気持ちでご覧になったのだろうか。

忘れちゃならない暑さ&紫外線対策！

〈東海道ウォーキング・グッズあれこれ　その4〉

この第8回1日目の岡部→島田間は距離にして15㎞強。泊まりの2日目でもなく、急坂や峠といった難所もないコースだったにもかかわらず、私が泣くほどバテたのは、おそらく急激に高くなった気温によるところが大きかった。

10月に歩き始めて秋から冬へ、春になっても雨が続き、それはそれで辛かったけど、いやいや長距離ウォークの最強の天敵（まさに！）は、雨や雪より暑さかもしれない。標高の高い雪山に登るわけではないので、寒さ対策は重ね着の工夫次第でどうにかなるが、暑いからといって脱げる服には限度がある。裸で歩くわけにはいかないし、それはそれでやっぱり暑いに決まってる。では暑さ対策はどうすればいいのか。

夏場に必要になるのはまず、速乾性のあるTシャツ。最初のうち私はアンダーウエアなんてなんでもいいだろうと思っていて、家にあったふつうの綿素材のTシャツを着ていたのだが、それが大間違いだったとこの日気付いた。綿Tは汗をかくと重くなる。そのうえ一度染みた汗はなかなか乾かず、不快感が増してくる。これはまずい、とスポーツ用の速乾性のあるものに替えてみたら、快適さがまったく違った。アウトドア用品店で売られているものやスポーツブランドの品は4千円5千円となかなか良いお値段だが、ユニクロやスーパーでも速乾Tシャツは売られているので、快適さだけを求める（当然私もこのタイプ）のであれば、千円台で購入可能だ。もちろんTシャツに限らず襟つきのものでもいい。ただし購入時に気をつけたいのは、この手のスポーツ用品は、サイズが小さめなものが多いこと。はい、我が家にはLサイズなのに、ピチピチで使えなかったTシャツが2枚ほど眠ってます。

個人的にはあまり好きではないのだけれど（ニットキャップは好き）、帽子もあったほうがいい。「頭が熱い」と熱中症にもなりやすいし、髪や顔の日焼け対策にもなる。最初から顎紐のついているものもあるけれど、ついていないものでも、紐の先にクリップなどがついている帽子留めが別売りされているので、これは絶対につけたほうがいい。帽子が風に煽られること、意外とよくあります。タオルも今は、手のひらサイズに折りたためるものや、UV加工された軽量のタオルマフラーなど、通勤電車の中から首に巻いて行っても恥ずかしくないものが売られている。サイズ確認の必要がないので、インターネットで購入すると便利。

夏場の小物で便利だったのは、クールスプレー系。押し当てるだけで頭を瞬時に冷やしてくれる「ヘッドクール」や、タオルに噴射するとミストが氷状に変化する「どこでもアイスノン」、足の蒸れに効果絶大な「靴クール」を試したけれど、どれも持ってて良かった！を実感した。逆に、水で濡らして首に巻くタイプの冷却タオル系は、今ひとつ使い勝手が悪かった。水場がどこにでもあるとは限らないし、汗を吸うわけではないので首に巻いていること自体が煩わしくなってくるのだ（個人の感想です）。

そして忘れちゃならない紫外線対策。私はふだんほとんど外に出ないので、常日頃から「日焼け止めを心がける」という女子意識がなく、この回の翌朝鏡を見たらわずか2日で顔にシミができていて、そりゃあもう驚いた。後に復活した香山さんも日焼け止め概念がなかったために、両手が真っ赤に腫れあがったことが。スギエさんは頭にもワセリンを塗っていたけど、男でも日焼け止めはマスト！　油断してると酷い目にあいます、ほんと。

その日焼け止めも、ベースはともかく、歩きながら使うのはスプレータイプが断然便利。手を汚さないし、塗る手間もない。髪の毛から顔、足まで、どこにでも使えるのも嬉しい。

番長ガッキーが愛用していたアームカバーや、目の弱い私とスギエさんには必需品だったサングラスも、人によっては欠かせないだろう。私は携帯用の扇子を持ち歩いていたこともあった。もの珍しさからつい買ってしまった、首から下げるタイプの簡易小型扇風機より、扇子のほうがよほど使い勝手は良かった。小型扇風機は結構、音がうるさいのだ。暑いだけでイライラするのに、ダメだろあれ（あくまでも個人的な意見です）！

二十四 金谷宿

金谷《かなや》宿は東に大井川、西に金谷坂、小夜《さよ》の中山峠という難所に挟まれ、島田宿と同じく大井川が川留めになると大いに賑わった。防衛のため、江戸幕府は大井川の架橋も渡船も認めなかった。

復元された金谷坂の石畳、実は東海道一歩きにくい!

島田宿　4.0km　金谷宿　6.5km　日坂宿

橋を渡るとそこは坂の入口だった

【東海道ふむふむの24】金谷

大井川橋を渡って西岸に着くと、しばらくはのどかな町並みが続く。ＳＬの動態保存をしていることで知られる大井川鐵道新金谷駅の横の踏切を渡って東海道は先に進むが、ちょっと寄り道だ。駅の南東近くの宅円庵に、大盗賊日本左衛門の首塚がある。

歌舞伎「青砥稿花紅彩画《あおとぞうしはなのにしきえ》」は「白浪五人男」で知られるが、その主役の一人日本駄右衛門のモデルがこの日本左衛門だ。「勢揃いの場」の口切りで「問われて名乗るもおこがましいが」と名乗りを上げる役といえばわかりやすい。日本左衛門の本名は浜島庄兵衛、父親は尾張藩の下級武士だった。大人数の押し込み強盗から詐欺までさまざまな悪事を働いたが、指名手配書にあたる御触書《おふれがき》を広範囲に回されたことから延享４（１７４７）年に自首、刑死している。山田風太郎「日本左衛門」（徳間文庫『白波五人帖・いだてん百里』所収）は、彼がなぜ自首したのか、という謎を扱った作品である。

斬首後の首を愛人が持って逃げ、この宅円庵に葬ったというのが首塚の由来だが、真偽は判断できない。日本左衛門の墓伝説があるのは金谷だけではなく、複数の場所に存在するのだ。後で出てくる近藤勇の首塚なんかもそうなのだが、どうも日本には斬首の慣習があることが、こうした伝説を拡散させる結果になっていると思う。例が適切かどうかわからないが、釜で煎り殺された石川五右衛門にはこうした埋葬に関する伝説は発生していないのではないか。日本人の「首」に対するこだわりって、やっぱり少し変だ。

それはさておき。踏切を越えると道はだんだんと坂になっていき、道の両側に本陣跡の道標が現れる。対岸の島田と違って、金谷は山裾に開けた宿場なのである。上り坂はそのままJRのガード下をくぐり西へと進んでいく。国道とぶつかった先が金谷坂だ。

江戸時代、この金谷坂には石畳が敷かれていた。幕府が近郷住民に対して泥道を石で固めるように命じたのが起源だが、長い年月の間に崩壊し、昭和の終わりにはわずか30ｍが残るだけになっていた。だが１９９１年から修復活動が始まり、総延長４３０ｍにまで石畳は復元したのである。地域住民に「町民一人一石」運動を呼びかけた成果だという。

一人一石運動！　そのこと自体はよいことだし、住民の力をひとつに合わせられたのは素晴らしいとも思う。しかし、しかしである。その努力の方向はどうなのか。この石畳は「現代の」旅人にとって親切な造りになっているのか、ということを問題にしたい。僕は心の中で、いろいろな東海道ベストとワーストのランキングを作っている。差しさわりがあるからワーストのほうは公表を控えるが、これだけは言わせてもらいたい。

東海道一歩きにくい道は、金谷の石畳である。

足をとられるんですよ、この道は！　僕ぐらい体重があると、石を踏み損ねて足をぐりっとひねると、一発で捻挫をする危険があるんですよ！　幸いノルディックポールを両手に持っていたからいいものの、さもなければ絶対に転んでいたはずである（同じような石畳のある箱根で僕がどうなったか思い出してもらいたい）。坂の中腹には「すべらず地蔵尊」というものがあり、受験生が奉納したのか絵馬が大量に下がっていた。この祠は平成3年に住民有志によって建立されたものらしい。絶対に滑る石畳を造っておいて横に滑らない祈願って。いや、それもあくまで道中安全を願う心の故ですよね。わかってます！

金谷坂の石畳を上りきると、その先は大茶畑地帯である。たいへんに見晴らしがよく、粟ヶ岳の中腹に書かれた「茶」の文字もすぐそこにあるかのように見える。これは昭和7年に植栽によって作られたもので、差し渡しは109ｍもあるという。

しばらく休んだら次の日坂宿に向けて菊川坂を下らなければ。菊川坂も611ｍにわたって石畳が復元されているんですよね……。

現代の難所は大井川より金谷の石畳！

〈てくてくある記　第8回2日目　その1　★島田→金谷→日坂→掛川〉

今日は泣かないゾ！と乙女の誓いを胸に4時半起床。本日は昨日より長い約18㎞、しかも箱根峠、鈴鹿峠と並び東海道三大難所といわれる小夜の中山越えが待っている。箱根はスキップしてきたし、鈴鹿はまだまだ先なので、つまりトップ3に初めて挑むことになるのだが、当然、今日も起きたときから足は痛い（風呂に入ったりマッサージを受けたりすれば、多少は翌日の痛みが減る、というだけで、「まったくなくなる」という境地には、結局最後までたどり着けなかった）。

5時にスタートして、歩きながら初参加の銀色さんに体調を訊いたところ、足の痛みが残っている、という。ガースは異常に体力があるし、ガッキーもスギエさんも意外と（失礼）弱音を吐かないタイプなので、「私以外にも足が痛い人がいる！」というだけで、ちょっと嬉しくなった。歩き始めて20分。まだ周囲は薄暗く、境内は鬱蒼としているにもかかわらず、大井神社に入っていくスギエさん、ガッキー、有馬さんを、銀色さんとふたり省エネモードで待つ。銀色さんの「今日は私、死んだ心で歩くから」宣言に、そうだ、私に必要なのも死んだ心だ！と深く頷いてしまった。

煙突からモクモク煙を上げるパルプ工場を横目に黙々と歩いていると、やがて大井川川越遺跡。旅人を担《かつ》いだり背負ったりして大井川を渡らせる川越人足が待機していた番宿や、受け取った川札を換金した札場、その川札を発行していた川会所などが、実際にあった場所近くに復元されている。隣接する島田市博物館にはジオラマや詳細な説明があるらしく、ちょっと覗いてみたかったが、もちろんまだまだ開館前なので島田大堤をてくてく歩き、6時、大井川のたもとに到着。

かつては水深約1・4mで川留めになり「越すに越されぬ」事態になっていた大井川には、現在立派な鉄橋がかかっている。その大井川橋の全長はなんと1026m！　さすがの1㎞超え。橋の真ん中から見渡すと、川幅はつくづく広い。こんな距離を人を担いで渡っていたなんて、川越人足はさぞかし筋骨隆々のいい体をしていたに違いないとこっそり妄想する。橋を渡りきるのにかかった時間は16分。ということは、1時間に4㎞歩けるってこと?と今さら計算してみたが、もちろんそう単純にはいかないことを、この後とことん思い知らされることになった。

6時40分。この後の峠越えに備えて、コンビニで食料買い込み&トイレ休憩。SLが走ることでも有名な大井川鐵道の線路を越えると、間もなく金谷宿に入った。道はだんだん上り坂になり、金谷の一里塚を過ぎると、いよいよ本日のお楽しみならぬ、苦しみポイントが始まる。7時50分「旧東海道石畳入口」の立派な標識にビビりながら最初の金谷坂に挑む。見るからに急！　見るからに石畳！　この石畳は江戸時代に幕府が旅人が歩きやすいようにと近郷の人々に命じて作らせたもので、近年ほとんどコンクリートの舗装道路に替わっていたのを、平成3年に地元の人たち約600人が参加して石畳に復元した、らしいのだけれど、「余計なことを……！」と思った東海道ウォーカーは私だけではないと思いたい。

しかもこの金谷坂の石畳は丸石なので、足元がものすごく不安定。滑らないように注意して、下を見ながら歩くしかないので景色も楽しめない。傾斜も急で息がきれる。先行する銀色さんの背中を見ながら「きっと今、心は死んでいるに違いない」と思いつつ、必死に上り続けた。スギエさんもかなり辛そう。距離にして500mもないのに、全員が上りきるのに要した時間は22分。かなりダメージを受けたので、東屋のような場所でしばらく休憩。頭が痛いというスギエさんに持っていた鎮痛剤をあげ、こっそり自分もドーピング。

そして再び石畳。下りの菊川坂に入る。上りは心肺機能が心配になるが、下りは膝が砕けそう。この菊川坂の石畳も平成13年に整備されたものと知り、再び呪いの言葉が口から飛び出しかける。しかしオソロシイことに「本番」はまだまだこれからだったのだ……！

二十五 日坂宿

日坂宿《にっさか》は東海道で3番目に小さい宿場だが、近くに小夜の中山、大井川などの難所が控えていたため、宿泊する旅人が多かった。今でも屋号を記した看板を吊るす家があり、風情ある町並みが残っている。

別行動した挙句に道に迷った二人、反省のポーズ

掛川宿 — 7.1km — 日坂宿 — 6.5km — 金谷宿

夜泣き石に晩年の西行。見所が多すぎ！

【東海道ふむふむの25】日坂

魔の金谷坂と菊川坂ぼこぼこ石畳を過ぎると、今度は道の凹凸こそなくなるものの「ご冗談でしょ」と言いたくなるような急坂が気が遠くなるまで続き、まさに全米が泣くレベルの辛さだ（以上当社比）。名高き小夜（佐夜）の中山の峠越えである。箱根、鈴鹿と並んで、東海道の難所ベスト3と言っていいだろう。

上りきって平坦になったところで行き当たるのが久延寺で、ここには夜泣き石が祀られている（ついでになぜか二宮金次郎の銅像もある）。

広く知られている夜泣き石伝説は以下のようなものだろう。臨月の女が山賊に殺されるが、奇跡的に赤ん坊が生まれ、傍らの大石にとりついて泣くと石も共鳴したかのように夜泣きをした。赤ん坊は成長して青年となり、母を殺した山賊を倒して復讐を成就する、というのだ。

もっとも有名な鳥山石燕『今昔百鬼拾遺』はこの伝説を採っている。文化２（１８０５）年に滝沢馬琴が書いた因果応報譚『石言遺響』もほぼ同型だが、馬琴の場合は安永４（１７７

5）年に刊行された『狭夜中山敵討』を換骨奪胎して書かれたものと思われる。こちらの話は京の貴族と地元の娘の恋愛を発端とし、複数の登場人物たちが数奇な運命をたどる錯綜した奇譚だ。おそらく元からこの地に存在した伝説が、物語として流布する因果譚を取りこんで複雑化していき、本来のものと混ざり合って土着化する、というような過程があったのだろう。石燕や馬琴といった物語作者が、混乱した内容を整理する役割を果たしたのだ。

ついでに言ってしまえば、元の伝説では夜泣き石ではなくて「夜泣き松」だったらしいという話もある。その松が枯れたので（ご利益狙いの者たちがむしり取ってしまったという説あり）、近くの埋もれ石にその役割を転じたというのだ。たびたび引き合いに出している保永堂版「五拾三次」では夜泣き石は街道の真ん中にごろんと横たわっている。昔はたしかにそうだったのだろう。石がなぜ久延寺の境内に移動したのか、にはまた諸説がある。なにしろ小夜の中山には、夜泣き石がもうひとつあるのだ（国道1号沿い）。明治のころに夜泣き石を東京に持っていって見世物にしようと企んだ者があったらしく、興行に失敗したとかで石を元の場所に戻さず放り出していった。それがどちらかの夜泣き石らしいのである。こうして見ると夜泣き石伝説には、さまざまに疑わしいポイントがあることがわかる。胡散《うさん》臭いって？　そこがいいんじゃないか！

小夜の中山でもうひとつ有名なのが、歌人西行の故事である。文治2（1186）年、西行は生涯で2度目となる奥州くだりを行った。その途上でできたのが「年たけてまた越ゆべしと思ひきやいのちなりけりさやの中山」「風になびく富士のけぶりの空に消えてゆくへも知らぬわが思ひかな」という有名な歌である。西行の生涯を描いた『白道《びゃくどう》』（講談社文庫）の著者・瀬戸内寂聴は、同作の執筆中、西行と同じ69歳で小夜の中山を訪れ、老歌人が「文字通りわが命を刻みこむ思い」をこめて峠の急坂を上っていったに違いないとの確信を得たという。小夜の中山公園には、この西行の歌碑が建てられている。また日坂に続く道々には、西行に刺激されて創作に勤《いそ》しんだ、歌人・俳人たちの作品も歌碑・句碑として置かれている。

実は小夜の中山の勾配は、江戸側よりも京側のほうがきつい（前述の広重の絵を見てもらいたい）。偶然なのかもしれないが、東海道はいつもそうだ。今度は膝の皿が砕けそうな思いをして七曲りの急坂を下ると日坂である。

ここは苦労して来るだけの甲斐がある宿場で、旅籠などの町家は保存状態もよい。その上、旅籠川坂屋、萬屋などいくつかの建物は無料で見学することができる。建物の管理や応対にあたってくださるのは地元のボランティアの方で、交替で詰めておられるのだという。

日坂宿を出てしばらく行くと遠江国一宮である事任《ことのまま》八幡宮がある。延喜式にも記載があり、『枕草子』の記述などから、平安京にもその名は知られていたとわかる歴史ある神社だ。

いよいよ本番、小夜の中山は下りに注意!?

〈てくてくある記　第8回2日目　その2　★島田→金谷→日坂→掛川〉

後に私は箱根峠で「さらば膝軟骨！」という迷曲を作詞することになるのだが、思い返せばこの日、我が膝軟骨はもう残りわずかなところまですり減っていたに違いない。上り坂は、たとえば山道などで高い段差を上り続けなければいけないとき以外、膝に「痛み」を感じることはないのだけれど、下りは一歩踏み出すたびに膝から悲鳴が聞こえてくる。サポーターをしていてもこうなのだから、素足だったらどれほどのダメージになるのか、考えるだけで怖い。体重０・１ｔのスギエさんも、さぞや辛かろう。

過ぎてみれば金谷坂よりはるかに体力を奪われた菊川坂を下り終わり、間の宿・菊川のさんぽ茶屋に倒れ込むようにして休憩。休憩ばかりとっているようだが、そうでもしなければとても歩き続けられないコースなのである。

でも、このさんぽ茶屋がとても良かった。焼きそばやおにぎり、炊き込みご飯といった炭水化物から、卵焼きや煮物などの手作り惣菜、抹茶ゼリー、よもぎ餅などの甘味が、どれも安くてしかも美味しい。各自好きなものを購入し、少しずつ分け合って食べる。いつの間にかこういうときに「これも食べて～」と言い合えるようになってきたのかと思うと、なんだかくすぐったいような。

しかしそんな甘い気分も吹き飛ばすように、ここからがいよいよ小夜の中山本番。

ここから続く箭置坂は石畳でこそないものの、これまで見たことがないほどの急勾配。権太坂→薩埵峠で知った「私の足首が経験したことのない角度」をあっさり更新する。「坂道を上るときは歩幅は狭く、上半身は垂直に、なるべく俯かないように」と、本で仕入れた知識を頭のなかで繰り返してみるが、わかっちゃいても簡単に実行できるもんじゃない。一緒に上り始めたのに、みんなの距離もだんだん開いてくる。左手には茶畑が広がっていて景色もいいが、一度立ち止まったらもう動き出せなくなりそうだった。それでもどうにか上りきり、久延寺を見学して江戸時代から続く茶屋「扇屋」で名物の子育て飴を食べつつまた休憩。ツアーの東海道ウォーカーがたくさんいるが、どう見ても年上の人ばかりなのに、明らかにみんな私より元気そう。どこから来たんだこの人たち！

10時50分、扇屋のおばちゃんに「あとは下るだけだから！」と見送られ、重い腰を上げる。しばらくはなだらかな下りで、両側に広がる茶畑を眺める余裕もあったが、日坂に続く最後の「二の曲り」と呼ばれる急坂は、ここで膝がガクッと折れたら最後、転げ落ちるのではないかと思うほどの急角度。「今日の日はさようなら膝軟骨」と呟く。

下り続けて約1時間、東海道で3番目に小さな宿、日坂に到着。常夜灯や本陣跡なども比較的きちんと示されているが、そこかしこに古い家が残されていて、坂続きでささくれ立っていた心が和む。「池田屋」の看板がかかるかつての旅籠は、今も旅館「末廣亭」として営業していて、そういえば、最初に東海道関係の資料を読んだとき、ぜひ泊まってみたいと興味をそそられたことを思い出した。12時。そこから少し先の、今は資料館になっている旅籠「川坂屋」を見学。無料でトイレも綺麗。東海道にはこうした地元の人たちの厚意なくしては成り立たなそうな資料館がたくさんある。屋内だけでなく、近くの高札場や常夜灯の案内&説明もして頂いた。高札場、これまでにもあったけど、初めてちゃんと見たよ高札場。

しかし、どうやら憎っくき石畳様のおかげで靴擦れができてしまった気配を感じ、昼食をとりに入った掛川の道の駅で、靴下を脱いでみたら見事な水ぶくれ。コンビニで安全ピンとバンドエイドを購入し、水抜き。お腹は空いているのに疲労感がありすぎてあまり食欲がなく、私にしてはあっさりめの冷やしとろろうどんを食べる。今日はここからまだ約7㎞弱あると聞き、またしても「一刻も早く帰りたい」病に取り憑かれ、有馬さんとふたりでぐんぐん先行したものの……はい、見事に道に迷いました！　スギエさんに怒られ、ガース&ガッキーに呆れられ、ゴールの掛川本陣跡に着いたのは午後4時15分。長い一日だった……！

二十六 掛川宿

山内一豊が整備した掛川城の城下町として栄え、宿の入口は敵の侵入を防ぐ「七曲り」と呼ばれる曲りくねった道が続いている。宿内は規律が厳しく、飯盛り旅籠が一軒もないという当時には珍しい宿場だった。

住宅地にポツンとある平将門十九首塚

袋井宿　9.5km　掛川宿　7.1km　日坂宿

木造天守閣と珍しい二宮金次郎像と

【東海道ふむふむの26】掛川

司馬遼太郎『功名が辻』（文春文庫）のおかげで山内一豊夫妻の名は全国区になり、遠州掛川城もその居城として有名になったが、一豊は天正18（１５９０）年に入城したものの、慶長６（１６０１）年に関が原の合戦の功績で土佐に移封されているから、城主だった期間はわずか10年なのである。以降幕末まで掛川藩主は目まぐるしく交代した。失礼ながら掛川の地にこれといった強いイメージがないのも、そうした経緯が影響しているのではないか。

ただし掛川城は平成になってから再建され、日本１００名城にも選ばれた。日本最初の木造による復元が行われた天守閣と大手門は見事な威容を誇り、江戸時代からの遺構である二の丸御殿は重要文化財に指定されている。市内では他に大日本報徳社大講堂も国指定重要文化財である。大日本報徳社は二宮尊徳の遺訓を広く伝えるために門下生によって設立された団体で、現在も公益社団法人として存続している。掛川市は、日本でいちばん二宮尊徳（金次郎）を大事にする自治体なのだ。ＪＲ掛川駅前にも、金次郎の今では珍しくなった銅像が残されている。

だが、掛川宿のアピールのほうは今ひとつ雑に感じられる。掛川は町の人口は多いものの（武士が多いからだろう）、本陣2、旅籠30（脇本陣はない）と、城下町にしてはそれほど大きくない宿場である。連雀沢野屋と中町浅羽屋という2つの本陣は東海道をはさむように存在したが、今はどちらの建物もない。連雀沢野屋跡のほうは通りかかったときゴミ収集場前になっていて、景観としてはちょっとどうなんだろうか、と首をひねった次第である。

掛川宿の西、少し行ったところに平将門十九首塚がある。天慶の乱において新皇を名乗り朝廷に背いた平将門は藤原（俵藤太）秀郷《ひでさと》によって討たれた。秀郷は主従の首が打ち捨てられそうになるのを制止し、当地に弔ったという。検死前に首を洗ったことから川に血洗川の名がつき（逆川の支流である血洗川）、そのために将門寺といった。現在、将門寺は東光寺と名が変わって存続している。

実際に行ってみると、おそらく主のものである大供養塔を中心に、18基の小供養塔がそれを取り囲むストーンヘンジのような構造になっている。ずいぶん新しいものだったが、最近になって区画整理のために塚は移設されているらしい。そのとき1基だけだった塚に家臣のもの18基を増設したのだ。長い年月の間に失われた18基を旧に復した、と現地の人は説明しているが、もともと1基だけの塚だったのではないか。なお、掛川という地名の由来を「将門の首を橋の欄干に掛けたから」とする説があるが、うがちすぎだろう。通説では掛川は「崖川」で、市内を流れる逆川が大地を削り取って造った地形が元だとされている。

さらに行った大池橋交差点には秋葉神社一の鳥居があり、東海道から秋葉街道が分かれる。秋葉大権現へ続く道だ。秋葉大権現（浜松市天竜区）は修験者・三尺坊によって開かれ、火防の神として江戸時代には絶大な信仰を集めた。火除けのお守りとしてどこの家庭にも貼ってある秋葉様のお札はここが大本である。静岡県内の東海道を歩くと、宿外れに設置される常夜燈が秋葉山常夜燈になっていることが多いが、秋葉街道へと続く道としても街道がとらえられていたからである。例のきよのさんも、この秋葉街道を進んで秋葉大権現にお参りしている。秋葉街道は遠まわりをして御油《ごゆ》で東海道と再合流するが、その道を通れば新居関所を回避することができるため、女性にはこの道を通る人も多かったという。

しかし秋葉大権現は神仏混淆形態の寺社であったため明治政府によって解体され、秋葉大権現は袋井市にある萬松山可睡斎（変わった名前だが曹洞宗の寺である）に遷座させられた。そして本家のほうは火之迦具土神《ほのかぐつちのかみ》を祭神とする秋葉神社として再出発することになった。こうして秋葉信仰は、国の都合で仏教と神道の二派に分裂したのである。お上が杓子定規に何かをしようとするとろくなことにならないという、いい見本ですね。

やっと来た！ 東海道の「ど真ん中」！

〈てくてくある記　第9回1日目　★掛川↓袋井↓見付〉

昨年10月に日本橋をスタートして約8ヶ月。今回はようやく53宿の「真ん中」の宿、袋井を通過する予定。仕事の都合で、もはや「東海道は完徹で」がお約束になりつつある私とスギエさんだが、今日は雨↓曇り予報。暑い晴れより雨のほうがまだマシと意見が一致する。

あんなに嫌がっていた雨を「マシ」だと思えるようになるなんて。これも些細な成長か。

今日も今日とて早朝4時50分に家を出る。だんだん日の出が早くなってきたので、雨模様でも周囲は明るい。真っ暗なうちに家を出るより、気持ちも明るくなるような。東京駅で購入した本日の駅弁は、日本橋浜町えび寿屋の「鶏そぼろ二段弁当」。甘さが美味さの鶏そぼろと錦糸卵ののったご飯部門と、大きな海老フライ&充実おかずの二段式でボリュームたっぷり、思わずにっこり。大名行列を模した風の包装紙のイラストもいい感じ。買ったお弁当がアタリだとそれだけで機嫌も良くなるってもんだ。

今回珍しくちょっとウキウキしているのには、もうひとつ理由があって、またしても靴を新調したから。どうやら私は長距離を歩いている間の足の浮腫《むくみ》率が人より高いようで、前回は靴ずれもできてしまったことだしと、ウォーキングシューズへのこだわりを捨て、とにかく履いていて楽なものに切り替えたのだ。それが前にも書いたナイキのソーラーソフトサンダル。今日はこの靴の履き心地をとことん試してみたい。

とはいえ、やはりどこからどう見ても「サンダル」な形状は同行者を不安にさせるようで、スギエさんにもガースにも「大丈夫なの？　それ」と心配される。負けない心、負けない心と自分に言い聞かせつつ8時半、掛川駅からスタート。

今日のゲストは前回に続いての銀色夏生さんと、2度目の参加となるスギエさんジュニア。「おはよう〜！　昨日は眠れた？　今日はどんな調子？」とにこやかにみんなに声をかける銀色さんを見ながら、（良かった。今日はまだ心が死んでない！）と密かに思う。

住宅地のなかで異彩を放つ平将門とその一門の首塚を見学し、大池橋を渡って一里塚を過ぎると、「仲道寺」とも呼ばれる善光寺。この付近は間の宿・原川で、所々に松並木が残っているくらいで特に見どころはない。雨はポツポツ降ったりやんだりを繰り返しているが、前回に比べると心臓も膝も「とっても楽です！」と言っている。

12時。ついに袋井宿にたどり着く。ここまでキター！という喜びと、まだ半分か……という哀しみを噛みしめながら「東海道どまん中茶屋」でスギエ親子を待ちつつ休憩。手ぬぐい

や トランプなど、東海道五十三次グッズを購入する。袋井はとにかく「ここは東海道の真ん中である」と町のいたるところでグイグイ主張していて、そのやる気が空回り気味だったり、暴走気味だったりする案内板や標識を見るのが楽しい。東海道五十三次などといわれてはいても、大きな特徴があるような宿場は意外と少ないので、張り切りたくなる気持ちはわからんでもない。「まあ頑張りたまえよ」と上から目線で本陣跡や宿場公園を見て歩く。

午後1時20分。「成子庵」で穴子天丼+せいろ蕎麦と相変わらず炭水化物祭の昼食。ついでに「コーラも注文していい?」とねだる。子供か! 休憩も含めて約1時間、ゆっくりしたところで、本日のゴール磐田《いわた》駅に向かって再び歩き出す。

しばらく行くと木原一里塚。その向かいの許禰《こね》神社には、とても立派な楠の大木がある。じぃっと見ていると人の顔が浮かび上がってくるような、妖気を感じる大樹だ。

雨が上がって、日差しが強くなり、国道沿いの単調地獄に突入するが、「サンダル」はいたって快適。嬉しくてニヤニヤしてしまう。なんなら「やっと会えたね」と抱きしめたいぐらいのこの感じ。きっと誰にも理解されないと思うけど。

退屈凌ぎに約70種のトンボが確認されているというトンボ推しの桶ヶ谷沼を見学し、遠州鈴ヶ森刑場跡、阿多古山《あたごやま》の一里塚跡を過ぎたら、間もなく見付宿。あれこれ寄り道をしたのでホテルに着いたら、これまででいちばん遅い午後6時半になっていた。ビックリ。

二十七 袋井宿

袋井宿は、東の江戸からも西の京からも数えて27番目、東海道の真ん中にある。東海道のなかでも宿場の町並みは短いが、周辺に遠州三山など歴史ある寺や神社が点在し、門前町として栄えた。

東海道の「ど真ん中」、ついにキター!

見付宿　5.8km　袋井宿　9.5km　掛川宿

ようやく来ました東海道の真ん中の宿

【東海道ふむふむの27】袋井

『東海道中膝栗毛』では、袋井宿の場面になって初めて上方者が登場してくる。弥次郎兵衛がその上方者の前で江戸っ子の虚勢を張ろうとしたところを喜多八が茶化したため、ふたりの間でくだらない言い合いが始まるのである。やれ、おまえは甘酒を飲んで口を火傷しただの、おまえこそ落ちている財布と間違えて犬の糞をつかんだだの。さんざん罵りあって、上方者をすっかり呆れさせてしまう。

十返舎一九がこの場面で上方者を登場させたことには意図があったのだろう。袋井は東海道第27の宿。つまり江戸からも京都からも27番目で、順番としては真ん中の宿にあたるのである。ここらで「あちら側」の登場人物を出しておくことは、理にかなったことであった。

現在の袋井宿も東海道の真ん中であることを大いにアピールしており、その名も「どまん中茶屋」を設置して旅客の用に供している。ここはまあ、「ああ、真ん中だねえ」と感心しに行く場所だ。

僕はそれよりも別の場所で感心した記憶がある。どまん中茶屋を過ぎてしばらく行くと、道の右側に白い洋館が見えてくる。ここは「澤野医院記念館」といって享保年間以来代々地域医療に尽力してきた医師の自宅兼医院だった場所だ。1階には旧式な手術台やレントゲン室があり、元病室だった2階には旧い医療機器が展示されている。オダギリジョー主演の映画「たみおのしあわせ」はこの場所でロケが行われたということで、スチール写真が展示されていた。元の主の澤野達寿郎は袋井レコード鑑賞会の会長なども務めた人らしく、居室にはモダンな趣味の調度品が残されている。昭和レトロの雰囲気を感じられて楽しい場所なので、訪問をお勧めしておきたい（ただし開館は土日祝のみ）。

この澤野医院に行く前の路上に不思議なものがあった。化石、と書かれた看板である。その奥に「スズキ化石資料館」と書かれた看板もあり、ドアが開け放たれている。どうやら開館しているらしい。しかし建物は普通のプレハブで、砂利敷きの庭にはゴルフの練習用らしいネットなども置かれているのだ。おそるおそる近づいてみると「スズキ化石資料館」の手前に別の建物があり、中で誰かが作業をしているらしい気配がする。少し気後れがしたが、中学生の子供が同行していたので、顔を見合わせて一緒に入ってみた。看板には偽りなく、中には所狭しと資料が置いてある。「化石だ」「化石だね」と子供と言い交わし、その場を後にしたのであった。後日ネットで検索してみたところ、ちゃんと「スズキ化石資料館」でヒットした。サイト開設が2012年7月1日になっているので、どうやら僕たちが通りかかったときはまだ開館前だったらしい。準備状態のところにずかずか入りこんでしまったようなのだ。現在は予約制になっているので、見たい人はちゃんと事前連絡をしましょう。

袋井には昔静岡鉄道駿遠線という軽便鉄道が走っていた。袋井から御前崎へとくだり、駿河湾西岸をまわって藤枝市大手駅（廃止）へと至る全長64㎞超の、軽便鉄道としては日本一の規模の路線だ。この鉄道にしか乗ったことがない子供が国鉄（当時）の機関車の汽笛を聞いてびっくりして泣き出したとか、力士の一行が乗ったら上り坂で停まってしまったため、力士のひとりが押したら無事に動き出したといった逸話が残っている。ずいぶんかわいい列車が走っていたようだ。その痕跡はほとんど残っていないのだが、前出の澤野医院記念館などの史跡を訪れると「なつかしの駿遠線」というパンフレットが置いてある。

もうひとつ袋井で有名なのは名物料理「たまごふわふわ」だ。僕らはあいにく食べられなかったのだが、熱しただし汁の中に溶いた卵を入れ、蓋をして少し蒸す、といった料理法のものである。宇江佐真理の人情時代小説『卵のふわふわ』（講談社文庫）では、この料理が少し重要な役割を担うことになる。もし機会があれば、再訪して食べてみたい。

荷物を運ぶザック選びのコツは？

〈東海道ウォーキング・グッズあれこれ　その5〉

長距離を歩くには、両手が使えたほうが絶対的に便利。

いざ歩くとなったら誰でもそれくらいのことは考えるだろう。まったく気が進まないまま歩き始めた私でさえ、「荷物を入れるのは背負うタイプのものがいい」とは思っていた。とはいえ、それさえ押さえておけばいいだろう、ってな気持ちで、さほどこだわりはなかった。私が最初のうち使っていたのは、近所の雑貨店で購入した街使いタイプのワンショルダーの小さなリュックだったのだけれど、大した荷物もない日帰り旅なら、それで特に不自由は感じなかった。乱暴な言い方だけど、東京→神奈川あたりを歩いているうちは、首にタオルをかけて、ポケットの多い上着をはおれる季節なら、手ぶらでも大丈夫。コンビニやドラッグストア、衣料品店も街道沿いに多くあり、万が一「急な事態」が発生しても、どうにかなるからだ。

しかし、小田原から先、箱根や宿泊を伴う行程に入ると、そうはいかない。歩き始める時間が5時、6時という早朝になると、店はあっても開いていないし、着替えも必要。持ち物は一気に増える。

それを何に入れて運ぶのか。

私がその小さなリュックから、大きめのザックに切り替えたのは1泊コースが始まった第5回。このときは、自宅にあったものを深く考えずに背負っていった。しっかりした作りで容量も多いタイプのもので、数年前キャンプにはまったときに購入したのだが、歩き始めて間もなく「失敗した」と気付いた。あくまでも車で行くキャンプ用だったので、本体の重さを考えていなかったのだ。もっと言うと、荷物入れというだけで実際背負ったことはほとんどなかったので、体にフィットしていなかった。私が背負って歩くには、大きすぎ&重すぎ。2日目にはずっしり肩にかかる重さにすっかり音を上げてしまった。

そんなわけで自分に合ったものが必要だと買いに行き、選んだのが登山&ハイキング用のザック。ウエストベルトがついていて、2本のショルダーハーネスはクッション性のあるしっかりしたもの。容量は30ℓで軽量ながら使い勝手は良さそう。実際背負ってもみた。お値段約1万円。6回目から8回目まではこれを背負っていった。

ところが、ウォーキングシューズ同様に、使っているうちにまたしても気になる問題がでてきたのだ。歩いているうちに、ショルダーハーネスの内側部分が、胸の外側にあたって痛い。それを避けようと長さを緩めると、今度はかなりの撫で肩なのでハーネスが外へ外へとずれてしまう。これがどうにも鬱陶しかった。

たぶん、体力があれば、その程度の違和感はどうということもないのだろうけど、いっぱいいっぱいだと些細な煩わしさや痛みがどんどん大きくなってきて我慢できなくなるのだ。「歩き」に直結する靴ならまだしも、ザックを買い替えるのはさすがに勿体ない、とも思ったが、お金で辛さが軽減されるなら、もうこの際いくらでも払うモードにもなっていたので（その最たる例がマッサージ。この旅の間に私が払ったマッサージ代は合計10万円を超える。体力さえあれば必要なかったお金だと思うと悔しいので、正確な金額は考えたくない）、ほとんど同じ容量の、ショルダーハーネスが柔らかい素材のザックを新たに購入。

さらにこの回以降、2日目の朝、ホテルかコンビニから重いザックを自宅に送ることを覚えたので、折りたたんで掌サイズになる軽量ショルダーバッグも併せて買った。編集者チームや香山さんは一度もしていなかったが、スギエさんもまた、ザックに軽量リュックを入れてきて、2日目は切り替える方式をこの頃から採用し始めていた。これ、体力のない人にはおススメです。東海道中ならどこから送っても関東圏なら千円前後だし！

ウォーキングや登山の本で「良い」とされていても、結局自分に合うかどうかは試してみないとわからない。無駄な出費を防ぐためにも、靴と同様にザック選びも慎重に！

二十八 見付宿

京からきた旅人が最初に富士を見る（見つける）ことから、この地名がついた。天竜川の川越しには主に舟が使われており、大井川ほどの難所ではなかった。姫街道との追分があり、常に多くの旅人で賑わっていた。

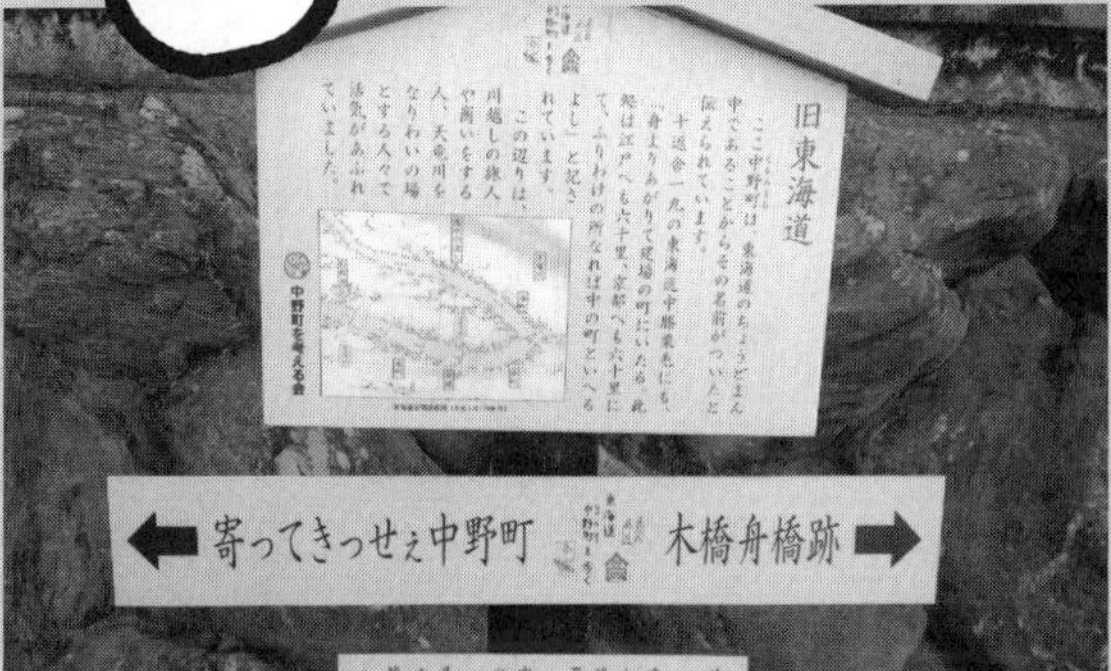

中野町は小さいながらも、東海道を盛り上げている

浜松宿　16.4km　見付宿　5.8km　袋井宿

霊犬伝説あり鳥人の墓ありでお寺が凄い

【東海道ふむふむの28】見付

金谷宿で首塚の存在を書いた盗賊・日本左衛門は江戸でお仕置きになった後、首が運ばれてきて遠江国で獄門になった。この国が活動圏であったからだろう。その獄門が行われた遠州鈴ヶ森は東海道沿いの高台にある。急な階段を上って覗くと、灌木の生い茂る中に坪庭のような空間が開けている。ここに生首が置かれていたら、と思うとちょっと恐ろしい。

下っていけば東の木戸跡、見付宿の入口だ。そこからまっすぐ進み、突き当たって左に少し折れたところに西木戸跡がある。そこを折れずにまっすぐ進むと東海道の別ルートである姫街道で、御油宿まで約60㎞の旅が始まる。

見付宿の旅館建築はどれも現存していないが、代わりにさまざまな史跡が東海道の周辺に存在している。たとえば有名なものには旧見付学校がある。明治8年落成の漆喰塗りが美しい西洋建築で、現存する中では日本最古の木造擬洋風校舎だ。

大興奮させられたのが、旧見付学校の手前にある大見寺である。最初は「鳥人幸吉の墓」

とある標識を見落としかけた。急に思い出す。鳥人幸吉といえば、ライト兄弟の成功（1903年）よりも早い天明5（1785）年に手製の装置で空を飛んだと言われる人物ではないか。お墓はこんなところにあったのか！　同行のみんなに断り、急いで引き返した。

寺の庭にいた中年男性に、「鳥人幸吉のお墓はどこでしょうか」と訊ねると、本堂にはその関係のものもあるから見ていきなさい、と言って場所を教えてくれた。たしかに、鳥人幸吉墓所、と目印の立てられたお墓がある。手を合わせて本堂に向かった。どうやら、僕がお参りをしている間に電気をつけてくれていたらしい（男性は住職だった）。一歩中に入って胸が躍った。鳥人幸吉こと浮田幸吉が作った飛行装置の想像模型が、天井から吊り下げられていたのだ。大きく翼を広げた、木製の鳥である。

浮田幸吉については飯嶋和一が傑作『始祖鳥記』（小学館文庫）に書いている。人力で空を飛ぶという夢に取り付かれた男の、他にはどうしようもなかった人生を飯嶋は見事に描き切った。展示を見ながら記憶のインデックスを検索する。小説の結末は、どうなっていただろうか。幸吉の晩年には駿府死亡説を含む諸説があるのだ。どうしても思い出せず、帰京して本を見返した。ああ、こういうことになっていたのか。

宿場を入ってすぐの北側に矢奈比賣《やなひめ》神社、通称見付天神がある。この神社には人身御供《ひとみごくう》伝説が残っていた。旧見付村では1年に1度娘を神に捧げる風習があった。その晩に何が起きているかに疑問を感じた男が夜陰に潜んで我が目で確かめようとしたところ、御供のそばに怪物が現れ「信州信濃の悉平太郎《しっぺいたろう》に知らせるな」と口にする。その力を借りようと現地に赴いたところ、悉平太郎は人ではなく猟犬だと判った。男は犬を借りて見付に戻り、怪物にけしかける。闘いの果てに怪物は狒々《ひひ》の正体を現して死ぬのである。

長野県駒ヶ根市にある光前寺には同様の内容を犬の飼い主側から見た「早太郎伝説」が残っている。駒ヶ根市と見付宿のある磐田市はこの縁で昭和42年に友好都市関係を結んだ（磐田市では2011年に市のマスコットキャラクターとして「しっぺい」を採用している）。同様の猿神退治の説話は日本全国に伝わるが、原形と見られるものは平安末期に成立したとされる『今昔物語集』の中にある。

矢奈比賣神社はまた、見付天神裸祭でも知られる。腰蓑をつけた男たちが神社の拝殿内で熱狂的な鬼踊りを繰り広げた後、神輿に伴走して灯りひとつない夜道を疾駆するというものだ。なぜ腰蓑？　などと空想が膨らむではないか。

その日は見付宿から坂を下ったところにあるＪＲ磐田駅前に宿泊。20年近く会っていない友人が磐田出身で、駄目元で連絡をとったらわざわざ来てくれた。東海道ウォークに感謝。

ありがとう「お休み処協力隊」！

〈てくてくある記　第9回2日目　★見付→浜松〉

街道距離は約15㎞しかなかったはずなのに、どういうわけだかスタートからゴールまで10時間もかかってしまった昨日。磐田駅近くのホテルにチェックインすると、荷物を置いただけで即夕食に出かけた。ホテルのフロントで薦められた店が生憎満席だったので、その近くのホルモン焼き店で乾杯。後半、陽にあたったせいで体がビタミンCを求めているのか、いつもなら迷わずビールなのに、珍しくパインサワーを注文する。これまでの人生で呑んだ記憶のないものを注文させてしまう太陽恐るべし。

近所の店でマッサージを予約したという銀色さんと別れ、ホテルに戻ったのは夜10時少し前。歩数は約４万１７００。どう考えても15㎞の歩数じゃない。

風呂に入らず寝る怖さは身に沁みているので、バスタブにお湯を張り、セルフマッサージに燃え、横になったらもう11時。一昨日は完徹で、昨日は5時間睡眠。東海道は寝不足との闘いでもあるのだ。

本日の天気予報は快晴。上着をリュックに入れて自宅へ送ってしまったが、早朝ゆえに肌寒い。まだこうした調整が上手くできない。それでも涼しい間に少しでも距離を稼ごうと、急ぎめで歩いているうちに体は温まってきた。

昨日、寄り道したなかでは、ジュビロード（どうなんでしょうこのネーミング）手前、見付宿の高札場跡から少し右に入ったところにあった「旧見付学校」に興味を惹かれた。明治8年に落成・開校された、現存する日本最古の木造擬洋風小学校校舎で、ひと目見た瞬間に「あぁ、この建物好きだ！」と感じた。生憎、もう閉館時間を過ぎてしまっていたのだけれど、資料館になっていて入場料無料で校内にも入れるらしい。東海道とは関係ないけど、あそこはまた機会があったら行ってみたいなー、てなことを思いつつ、まずは本日の最大かつ唯一ともいえる見所ポイント、天竜川を目指して県道をさくさく歩く。

6時。宮之一色の一里塚跡に到着。なかなかいいペース。立派な生垣の続く家々を「こんな大きな家に住みたいものよのう」などと羨みながらしばらく行くと、お待たせしました天竜川だ！　新天竜川橋は全長912m。大井川には負けるがそれでも1㎞近い。空は晴れているが、まだ暑いというほどでもなく、鼻歌でも唄いたくなるほど気持ちがいい。

橋を渡り終えると東屋があったので、軽くストレッチなどしながら休憩。土手を下って行くと中野町に入る。小さな町なのに詳細な「まち歩きマップ」があちこちに置かれていて、歓迎されているようで嬉しくなった。地図を見ながら六所神社から西に向かうと、明治時代に私財を投入し、天竜川の治水に尽力したという実業家・金原明善《きんぱらめいぜん》の生家と記念館、もう少し進むと作家・嵐山光三郎ゆかりの「石垣内科病院」が見えてくる。どんな「ゆかり」があるのかはスギエさんが詳しく記してくれているので、そちらを読んで欲しいのでR。

見付→浜松間は、天竜川とこの中野町以外、特筆すべき見所はないのだけれど、町のあちこちに「東海道お休み処協力隊」なる看板と、ちょっとしたベンチや椅子などが置かれていて、すごく嬉しかった。「休憩」するほどじゃなくても、隙あらば少しでも座りたいと思いながら歩いている身としては、もうこれだけでこの地域が好きになる。東海道ブームが来ているといわれても、それってどこの話？とばかりに標識もほとんどない町も少なくないので、このホスピタリティは推せる！とひとり高まる。ま、それだけまだ体力がないってことだけど。浜松アリーナ、子安神社を過ぎたところで8時半。「ガスト」で休憩。「だんだん暑くなってきたので、午前中のうちにゴールの浜松駅に着けるように頑張りましょう！」と隊長ガースにプレッシャーをかけられる。9時50分、馬込一里塚跡通過。馬込川を渡って少し歩くと浜松宿に入り、なんと10時40分にはゴール！　昨日は最遅、今日は最早記録を樹立。

早めの昼食を食べた後、浜松から新幹線に乗って帰ったのだが、2日間、足を棒にして歩いた距離を新幹線は10分で通過した。新幹線、ちょっと張り切りすぎなのでR。

二十九 浜松宿

浜松宿は、徳川家康が整備した浜松城の城下町として栄えた。天保年間には、本陣が6軒、旅籠が94軒あり、箱根宿とならぶ東海道最大規模の宿場だった。実際の距離では、江戸から京の中間地点にあたる。

「浜松の少女」のオブジェ。怪しいオジサンに気をつけて!

舞坂宿 10.8km 浜松宿 16.4km 見付宿

天竜川を鼻歌交じりに渡ったんだ

【東海道ふむふむの29】浜松

見付宿を発って天竜川までの道は坦々としていて特に見るべきものもないが、新天竜川橋の上で感慨深いイベントが待っている。国道1号線が日本橋から２５０㎞の地点まで来たということが示されるからだ。東海道の約半分。五十三次の真ん中は27番目の宿である袋井だが、距離上の真ん中は見付と浜松宿の間にある。どちらにしろもう半分来た！

橋を渡りきり、川沿いの土手を降りると、そこに歴史の古い町がある。中野町、東海道のちょうど真ん中にあたることが名前の由来だという。

『東海道中膝栗毛』には「此所は、江戸へも六十里、京都へも六十里にて、ふりわけの所なれば、中の町といへるよし」とあり一九は「けいせいの道中ならで草鞋がけ　茶屋にとだへぬ中の町の客」との狂歌を挿入した。「おいらん道中とことなり、わらじばきの道中だが、吉原仲の町と同名の町だけあって、茶屋の客がとだえないで繁昌している」という意味だ。

中野町は天竜川の水運の拠点でもあり、全長２㎞ぐらいしかない小さな町なのに繁華街として栄えた。それを物語るのは、明治42年から昭和12年までの間、ここから浜松市の中心部まで軽便鉄道のSL機関車が走っていたという事実だ。軌道は完全に道路化されているが、記念碑が建っていてどんな車両だったのかわかる写真も付されている。僕は若干「鉄」の気があるので、この碑を見てかなり興奮した。軽便鉄道はロマンである。

中野町の街道をさらに行くと、左側に「石垣内科病院」の立派な建物が見えてくる。ここは、作家の嵐山光三郎ゆかりの場所だ。嵐山には東京都国立市のイメージが強いが、実際は中野町生まれなのである。当時は中野村といったこの地で村長を務めていたのが、嵐山の母方の祖父、石垣清一郎だった。村長になる前は県議会議長を務めていて、与謝野晶子が主宰する「明星」に参加した歌人でもあり、かつ柔道の達人でもあった。嵐山によれば、石垣家の座敷には右翼の大物・頭山満の扁額が飾られていたという。要するに豪傑で、少年時代の嵐山はこの祖父から最初に文学の薫陶を受けた。戦時中、光三郎少年は清一郎と庭の畑の間を歩いて焼夷弾の不発弾を拾ったり、空襲がないときには天竜川に投網をして鮎を捕ったりして過ごしていたという。嵐山の自伝的小説『夕焼け少年』（集英社文庫）やエッセイ『日本詣で』（集英社）など、著作の随所にこの祖父の話が出てくる。

中野町でもうひとつ有名なことは、俠客・清水次郎長の子分であった森の石松が、この地で地元の都田一家（前出。作中では都鳥）に目をつけられ、騙し討ちに遭って殺されてしまうという浪曲「次郎長伝」のくだりだろう。僕はテレビで浪曲が放映されていたことを覚えているぎりぎりの世代なのだが、森の石松というと「江戸っ子だってねえ、鮨食いねえ」の「三十石船道中」部分ばかりが記憶にあって、「閻魔堂の騙し討ち」あたりは大人になってからようやく聴いた。実際の襲撃場所がどこだったのかは残念ながら不明である。

この町を過ぎるとだんだん浜松市街の中心地が近くなってくる。情けないことに僕はすっかりへたばって、一行からはかなり取り残されてしまった。一緒に歩いてくれるのは、特別参加の我が子だけ。中学生だけあってまだまだ余力を残していると見え、ともすれば遅れ勝ちな父に、まだかまだか、と無言の圧力をかけてくるのであった。むろん、親の特権を使って無視である。お父さんは疲れたの。

ご当地出身の時代小説作家に宮本昌孝がいる。彼の『藩校早春賦』（集英社文庫）は、おそらく浜松周辺をモデルにしたと思しき作品だ。小説に出てくる藩石高も3万石と、ほぼ浜松藩と一致している。その中心部である浜松城は、まっすぐ歩いて遠州鉄道の高架下を通り過ぎた先だ。高札場跡が分岐点になっていて右に曲れば浜松城、左に曲ればそのまま東海道である。さんざん歩いた後だったので、心残りだったがこのときはそのまま帰途についた。行けなかったお城の様子は、宮本の小説を読んで想像することにしよう。

旅のお楽しみ！ 東京駅駅弁ベスト3〜！

〈東海道ウォーク四方山話　その5〉

この回の昼食バイキングでも、チーム東海道メンバーの食べ物の好みがこれほど違うのか！と軽く驚いたが、長い旅を共にしていると、だんだんみんなの好き嫌いもわかってくる。それぞれ大人なので、ふだんは嫌いなものを我儘だと思われないように回避する方法を身に付けていると思われるが、朝も昼も夜もおやつも一緒に食べることを何日も繰り返していると、好き嫌いだけでなく「食」について「へえ〜」という発見も少なくない。

たとえば、隊長ガースはほとんど甘いものを食べない。東海道には数えきれないほど銘菓と呼ばれるものがあり、その多くが餅菓子や飴、羊羹といった「甘いもの」なのだが、ガースが積極的に「食べたい」と言ったことは一度もなかったと思う。その反対に番長ガッキーは無類の甘いもの好きだ。クッキー、ドーナツ、フィナンシェ、大福、どら焼き、チョコレート。和洋問わず時も選ばず、甘いものならいつでもどこでも大歓迎。なのに痩せている。羨ましすぎる。

スギエさんは「好き」なものへのこだわりが強い。「ガリガリ君」のコーラ味をこよなく愛し、休憩で入ったコンビニで見つけたらすかさず食べていた。評判のコーンポタージュ味を見つけたときは、肌寒さもなんのそのガリガリしていたし、あまりに好きすぎて「ガリガリ君は1日1本」と自分に言い聞かせていたほど。それから「うまい棒」。私はあの口のなかの水分をすべてもっていかれる駄菓子にほとんど興味がないけど、スギエさんは大好物らしく、ものすごく熱くその魅力を語ってくれたことがあった。なにせ興味がないので内容は全然覚えていないが、私はあんなにイキイキと「うまい棒」について話す人を45年生きてきて初めて見た。唯一の30代である有馬さんは、草食男子ならぬ少食男子だ。特にアルコールが入ると、つまみはほとんどいらないという。最初のうち、そんなこととは知らず、あれも食べなよ、これも食べなよとおばちゃんモードですすめていたら「僕、実は少食なんですよ」と申し訳なさそうに告げられてしまった。それが回数を重ねていくうちに「歩くって腹へるもんなんですねぇ！」と、うどん＋丼ものランチもぺろりと平らげるようになった。

早朝の新幹線がマストになると、弁当を買って車内で朝食をとるのが常になった。移動時間が長くなり、朝、自宅で朝ご飯を食べてきたのでは、歩き始めて早々にお腹がすいてしまうからという理由もあったが、個人的にはいつまで経ってもどうせ辛いことには変わりない旅に、少しでも楽しみが欲しいという気持ちも大きかった。

東京駅の駅弁はテレビや雑誌でも年中「ベスト○」が紹介されているが、早朝だとすべての売店が開いているわけではない。それでも、2012年の8月に毎朝5時半からオープンしている「駅弁屋　祭」が新幹線の中央乗換え口近くにできてからはだいぶ選択肢が広がった。全国各地の人気駅弁が150種類以上並ぶ店内はいつでもかなり混雑しているが、買いもの中の人が明らかに楽しそうな顔をしているのもいい感じ。旅気分を高めてくれる駅弁を食べたのは合計11回。夕食用に買って帰ったことが4回。たった15回に過ぎないけど、そのなかで個人的に、特に美味しかった！と思ったベスト3を挙げておきます。

★東京駅限定　叙々苑特製焼肉弁当2300円……南通路店の「膳まい」で帰路購入。王です。圧倒的です。ウマすぎです。値段も高いけどそれだけの価値はある！　旅行帰りのみならず、今日は私、頑張ったよ！というご褒美食として一度は食べてみるだけの価値あり。

★米沢牛炭火焼特上カルビ弁当1500円……「駅弁屋　祭」で往路購入。歩く前に生ものは避けたほうが良いと教えられたので、どうしても肉系が多くなったなか、女王はこれ！朝からガッツリ美味しい。おかずとして入ってる焼売もちゃんと美味しい。素晴らしい！

★日本橋えび寿屋　鶏そぼろ二段弁当980円……「駅弁屋　祭」で往路購入。甘辛の鶏そぼろと錦糸卵ののったごはんと、煮物、焼き鮭、海老フライなどが入ったおかずの二段重ね。手頃な値段で充実内容、しかも海老デカし！　老若男女、みんなにおススメできる。

三十 舞坂宿

浜名湖はかつて閉じた淡水湖だったが、室町時代に起こった大地震で陸が割れ、以降は舟で渡るようになり、渡船上は常に旅人で賑わっていた。東海道で唯一現存する脇本陣がある。

妙にテンションが高い、平均年齢45歳のチーム東海道

新居宿　5.9km　舞坂宿　10.8km　浜松宿

ここは東海道のハワイかニースか

【東海道ふむふむの30】舞坂

――あら、蛤《はまぐり》は桑名より舞坂の名物ですよ。この店の前の道に敷きつめてあるのは玉砂利のように見えますが、ぜんぶ蛤の殻なんです。何しろ一年中蛤が取れぬ日はないんですから。

と、故・白石一郎『十時半睡事件帖　東海道をゆく』（講談社文庫）にあったことをおぼろげに覚えていたので、実際に舞坂に着いたとき、僕はひそかに注目していたのであった。浜名湖のきわに建っている某料理店の店先には、しっかりとハマグリがおすすめとして記されていた。同書は主人公の老黒田藩士・十時半睡が、江戸から国元の福岡まで旅をする連作短篇集だ。箱根山、薩埵峠といった難所越えが魅力的に描かれていたのでこの先どうなるかと思っていたところの作者急逝であった。舞坂を描いた「海の関所」は白石の絶筆である。

少し先を急ぎすぎた。浜松から舞坂までは10km超もある。途中には藤原秀衡《ひでひら》と愛妾を祀った二つ御堂があったり、小学校の前に焼きそばとお好み焼きも出す昭和から時が止まったままの駄菓子屋を見つけたりと発見もあったのだが、何しろ遠い。そして暑い（歩いたのは6月末だった）。いい加減だれてもこようというものだが、JR舞阪駅南東の春日神社で狛犬ならぬ狛鹿（雌雄一対）に出迎えられたあたりからだんだん楽しくなってきた。

やがて見えてきたのが舞坂の松並木である。樹木自体はそう新しくないが、340本の松が700mにわたって続いているさまは壮観である。ところどころの道標には十二支の干支が記されていたので、その日は同行をしてくれていた子供と写真を撮りながら歩いた。遠州七不思議とされている浪小僧の像などもある。

松並木が終わり、国道1号線を渡ると舞坂宿の東見附だ。ここは石垣が残っており、往時の姿を偲ぶことができる。その先はチェーン店がまったくない商店街である。江戸時代の舞坂宿は半漁半商の兼業の店が多かったという。現在の雰囲気は、たぶんあまり昔から変わっていないのではあるまいか。舞坂宿には脇本陣が残っている。本陣は他にもあるが、東海道中で脇本陣の建物が保存されているのはここだけ（その代わり、2つあった本陣は現存しない）。嬉しいことに無料で入場でき、しかも係の方に説明までしていただける。これはヨイショでもなんでもなくて、東海道各宿の「おもてなし」の努力は敬服に値する。特に静岡県内においてはそれを強く感じた。東海道を大事にしているんだなあ。

脇本陣を過ぎると海鮮料理店や鰻屋などが固まった一帯があり（十時半睡が入った店もた

ぶんこのへんにあったはず）、その背後は昔今切の渡しといった渡船場である。浜名湖は昔淡水湖で、舞坂と新居は延々と続く松原でつながっていた。それが明応7（1498）年の大地震で浜名湖と遠州灘を隔てる陸地が一部失われ（そこを今切と呼ぶ）、元はもう少し西側にあった舞坂の街も津波に見舞われて現在の位置へと移転を余儀なくされた。以降は舞坂・新居は渡船でつながる関係になったのである。『膝栗毛』弥次喜多のふたりも船に乗り、船中で大道芸人の蛇が逃げ出すという騒動に巻き込まれている。舞坂側の雁木《がんぎ》（船着場）は3つ存在したが、身分が高い武士が使用した北雁木の遺構のみ今も残されている。

東海道新幹線を利用すると突然水面の上を走り始める個所がある。それが浜名湖で、鉄道も車も人も、今は橋の上を通ることになる。浜名バイパスが今切の上を通っているが、もうひとつ弁天島経由で架橋されているルートもある。東海道新幹線の鉄橋はそちらのほうだ。僕たちが歩いた橋もこちらにつながっていた。弁天島というのは明応7年の地震で浜名湖内の大石ヶ崎の一部が千切れて島になったもので、本土との間に遠浅の陸地があるために潮干狩りもできる（2013年は一時中止）。その他にも海水浴場やキャンプサイトなどの施設があり、島全体がリゾート施設として賑わっているのである。次の新居宿までは約6㎞、僕たちは急いで先に行ってしまったが、余裕があればここで南国気分を楽しんでもよかったね。

夏だ！ 鰻だ！ 浜名湖だ！

〈てくてくある記　第10回1日目　その1　★浜松→舞坂→新居〉

イヤだイヤだといいながら、いつの間にやら東海道中も後半戦に突入。そして今日はなんと第10回。ここまで来たら、もう進むしかない！

記念回に相応《ふさわ》しく、今回はレギュラー４人に加え、有馬さん、銀色さん、復活した香山さんの準レギュラー、３回目の参加になるスギエさんジュニア、初参加のまついなつきさん&ライターの若林踏《ふみ》さんと、史上最多の10人で２日間歩くことに。もはやツアー、これはツアー。団体旅行でございます。

集合はいつもより少し遅めの東京駅７時３分発ひかり４６１号。今日の朝食弁当はGRANSTA DINING内の「ニッポンの駅弁」で購入した「なすび亭」鶏つくね入り親子丼（９５０円）にしてみた。ガース&スギエさんは、安心、安定、隙あらば！の「崎陽軒」シウマイ弁当……かと思いきや、ガースは「いつも売り切れだから食べてみたかったの！」という炒飯弁当。もちろんシウマイは入ってる。シウマイやっぱり足の指……（以下自粛）。

在来線やバスに乗り換える必要のない浜松駅スタートなので、ゆっくりできてちょっと嬉しい。こうして些細なことに喜びを見つけないと、やってられないんだよ、などと考えてはいけません。

8時半、浜松着。出発準備を整えて記念写真を撮り、ちょうど9時に歩き始めた。薄曇りだったのに見る見る晴れてきて、太陽ジリジリ早くも暑い。今日は最初から半そでTシャツ姿なので、これ以上脱ぐわけにもいかず、先が思いやられる。道は間もなく国道257号線に合流。歩道は3人くらい並んで歩けるだけの幅があるので、ガース、銀色さん、まついさんが横並びで歩く後ろについて行く。ガースはいつものことだけど、銀色さんもまついさんも、いつも猫背を注意される私と違って姿勢がいい。密かに3人を「姉さんズ」と心のなかで呼ぶことにする。9時40分、若林の一里塚通過。まだしばらく国道沿いの道が続く。

10時半、マクドナルドで小休憩。私は冷たい飲み物を頼まずにはいられないのに、まついさん&香山さんは熱い珈琲。「大人はいつでもホット珈琲」の法則健在。

ようやく国道と分かれて少し行くと、本日最初の見所ポイント約700m続く松並木。見飽きた景色とはいえ、ここはそう広くない車道の両側に340本の松が並んでいるので迫力がある。松並木の間には東海道五十三次各宿の銅板や十二支の石像が置かれていて、自分の干支を見つけて観光気分を高めてみた。これまた些細な喜びパターン。

舞阪新町の交差点を渡ると見附の石垣が残っていた。この先が舞坂宿になる。12時40分。舞坂宿脇本陣到着。天保9（1838）年に建てられた脇本陣茗荷屋の書院棟の上段の間が残されている（他の建物は復元されたもの）旧東海道では唯一の脇本陣の遺構だ。なかを無料で見学できるので、得意の「ほほう」モードで見て回る。

歩き始めて4時間。お腹も空いてきたので昼食は目前の名物・鰻に決定。近くにとても賑わっている店があったが、今日は10人の大所帯なのでとにかく入れる店を探し、タイミングよく席の空いた「つるや」に入った。みんなが揃う前に番長ガッキーが鰻丼10人前を注文してくれていたので、さほど待たずに食べることができた。ありがたや～！ まだ先は長いので黙々ともぐもぐ30分ほどで食べ終え、午後1時半には再スタート。

かつて浜名湖に面した舞坂宿と新居宿を結んでいた「今切の渡し」の渡船場だった雁木に立つと目の前は浜名湖。「やっぱり水辺は気持ちいいねぇ」と口々に言い合っているうちに、なんだかみんな妙にテンションが高くなってきて、はしゃいだポーズで写真を撮りまくった。些細な喜び、ほんと大事！

それにしても暑い。汗を拭うのが面倒臭くなってきて、首に巻いていたタオルを頭に巻きなおす。いくらなんでも自分の日常行動範囲なら絶対にしない恰好で、こうしていろいろなことがどうでも良くなっていくのが旅なのかもしれない。

東海道食べまくりの記

お昼ご飯編

①

❶えび天とろろ蕎麦（駅前うお忠／草津宿）❷鯖寿司（はなぶさ／土山宿）❸にしん蕎麦（田楽茶屋／石部宿）

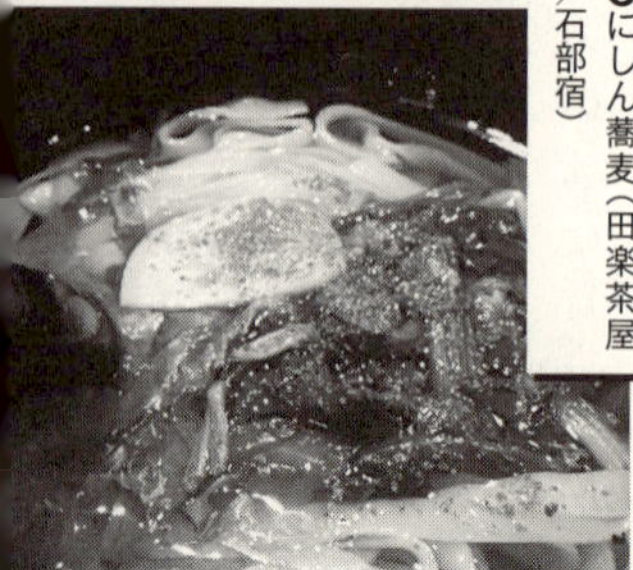

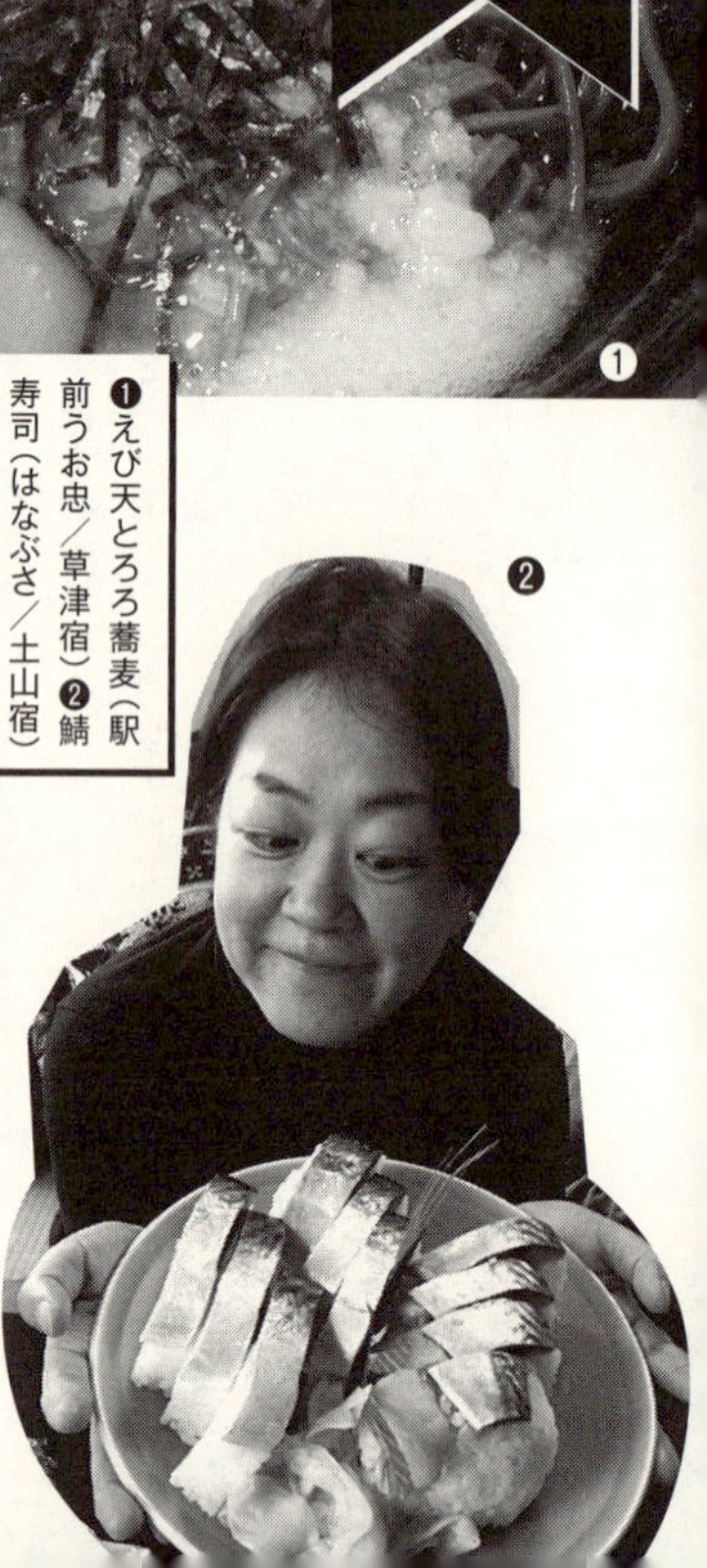

❷

③

❹ひつまぶし（蓬莱軒／宮宿）❺うな丼（本町うなよし／三島宿）❻カレーうどん（土山SA／土山宿）❼露店で買い食い！

三十一 新居宿

新居宿《あらい》は、「今切の渡し」と呼ばれる渡し舟で約6㎞離れた舞坂宿とつながっていた。徳川家康は渡船場に関所を設け、「入り鉄砲に出女」を厳しく取り締まった。東海道で唯一、陸と海の両方の関所を兼ねていた。

新居関所史料館。取り締まりの役人がずらっとお出迎え

白須賀宿　6.5km　新居宿　5.9km　舞坂宿

関所跡でふむふむの頷きが止まりません

【東海道ふむふむの31】新居

舞坂宿から来た舟がつけられる渡船場は、新居の関所の真ん前にある……はずなのだが、現在では湖岸の一部が埋め立てられているため、関所のあった位置から湖への見晴らしは今ひとつである。埋立地に競艇場を作ったからだ。まあ、舟つながりではあるのだが。新居関所は、併設する新居関所史料館とともにJR新居駅から徒歩8分程度の距離にある。僕たちが歩いたときは6月の終わりで非常に暑く、しかも橋の上で浜名湖の照り返しを存分に受けてちりちり焼かれながらたどり着いた。東海道番長のガッキーが「早くしないと入場時間が終わってしまいます！」と愛の鞭をくれたのでたどり着けたが、さもなければ路上のどこかで立ち往生してしまっていたことだろう。いやー、舟で来たかった。

現存する新居関所の建物は、嘉永7（1854）年の地震で全壊した後に再建されたものである。明治になって関所の制度自体が廃止された後も、学校や役場として使用され続けた。もともとの関所の建築が残っているのは、全国でもここだけである。同行していた子供がしきりに写真を撮っていたが、後で歴史の時間の発表に使ったらしい。

旅人は、渡船場から上がると面番所へと通される。建物の感じとしては時代劇に出てくる奉行所のお白州を想像すればいいと思う。そこに係の役人がずらっと並んでおり、正規の関所手形を持っているかどうか、というようなことを厳しく取り調べる。えーと、共産圏のイミグレーション（入国審査）の感じ？　関係ないけど、僕はヴェトナムで役人と喧嘩になったことがあります。イミグレーションとの違いは、役人の背後にずらっと鉄砲やら弓矢やらの武具が並べられていることだ。相手を威圧する意図だろう。現代だったら、どんな国家でもやってきた旅人を最初から武器で威嚇したりはしない。建物のそれぞれの場所には、役人の役割を演じる人形たちが座っていたのだが、みんな威張った顔をしていた。

関所の建物を見て、併設の史料館を見てもまだ終わりではない。関所の前の道を渡って西に進んだところに「紀伊国屋資料館」があり（新居関所と共通入場券）、江戸後期の旅籠の様子を知ることができる。その裏にあるのが「小松楼まちづくり交流館」だ。新居宿は大正以降に歓楽街が発達した。小松楼はそのころに芸者置屋として営業していた店である。2階に上がると廊下の壁は紅殻《ベンガラ》色で、部屋に入ればふすまには浄瑠璃本の反故紙で下張りがしてある。当時の色街の雰囲気を濃厚に残した、他ではあまり見ることのできない施設だ。

新居を舞台にした小説で有名なのが、平岩弓枝『水鳥の関』（文春文庫）だ。この小説で興味深いのは、舞坂と新居の間の心理的な距離を描いた点である。2つの町の間には関所がある。それが女性にとっては、この上もなく不利な条件になるのだ。舞坂から新居へ嫁いでも、あるいはその逆でも、実家と行き来をしようと思えばそのたびに手形を持参しなければならなくなる。関所を運営する吉田藩の武士に嫁ぎ、夫の死のために新居宿本陣の実家に戻った女性・お美也は、こうした運命に抗いながら自身の幸せを模索していくのである。

新居宿内には良い感じに古びた建築物が多く残っており、「有線」と書かれた電話番号のある看板をひさびさに見かけて少し感動した。そういった発見もまだまだありそうな街だ。

元日本経済新聞記者の野瀬泰申は日本の食習慣の地域性について調べ、「食の方言」地図を作成するという試みを行っている。2007年には東海道を歩いて踏破し、さまざまな境界線がどこにあるかを調査した。白ネギと青ネギの境目はどこにあるか（箱根らしい）、横浜名物サンマーメンはどこで中華料理店のメニューから消えるか（吉原らしい）。調査項目のひとつに「名古屋式のモーニングサービスはどこで始まるのか」があった。どうやらそれが、この新居宿らしいのである。野瀬の調査によれば、新居駅前の喫茶店でスパゲティかご飯がつくモーニングサービスを確認できたという。この調査の全貌は『天ぷらにソースをかけますか？　ニッポン食文化の境界線』（新潮文庫）で読むことができる。

見ごろ、食べごろ、呑みどころ！

〈てくてくある記　第10回1日目　その2　★浜松→舞坂→新居〉

浜名湖を左手に見ながら弁天島を進んでいく。青い空と遠州灘に続く浜名湖、白い砂浜の間に、舞坂と新居を結ぶ渡し舟の安全を祈願して建てられた弁天神社の真っ赤な鳥居。このあたりにはリゾートホテルも立ち並んでいて、一瞬、遊びに来たような錯覚に陥るが、頭に巻いたタオルによって現実に引き戻される。さすがの私も、プライベートだったらこんな姿で海岸を歩いたりしませんよ？　でも今は、恰好なんかにかまっていられないのだ。

とにかく暑い、暑いったら暑い。冷却スプレーから手が離せない。どれくらい暑いかって、浜名湖を渡り終え、新居に向かう途中、道のすぐ傍で洗車していた外国人に「ウォータープリーズ！」と片言にもほどがある英語で叫んで、水をかけてもらったくらい暑い。

2時40分。新居駅近くのコンビニで、トイレ&おやつ休憩。すかさずカップに入った水を購入し、アクエリアスをどばどば注いで一気飲み。この冷たい飲み物の幸せ、大人はわかってくれないのはなぜ？　10人もいると、みんながトイレを済ますのにも時間がかかるが、少しでも休みたいので、これ幸いともう一本ジャスミン茶を購入し、それも半分飲む。一気に750㎖。これがまたすぐ汗になるのはわかっていても飲まずにはいられなかった。

間もなく新居の関所跡に到着。ここには安政2（1855）年の建物が残っている。国指定特別史跡で、全国でも唯一現存する関所だ。東海道の関所といえば、まず箱根を思い浮かべる人が多いと思うが、新居関所は箱根より約20年も先に設けられたとか。昔教科書で教わった「入り鉄砲に出女」の取り締まりがどれくらい厳しかったのかは、隣接された新居関所資料館で詳しく説明されていた。最初は史跡なんてまったく興味がなかったけど、いろいろ見ているうちに漠然と蓄積されたピースがつながるようになってきて、少しずつこうした資料館を見るのも面白くなってきた。

ここが一応今日のゴールなのだけれど、時間もあるのでこの後、新居の町をぶらぶらする。旅籠「紀伊国屋」の資料館を見学していると、ガース&ガッキー&銀色さんが並んで仰向けに寝転び、当時の枕の使い心地を試していた。「これは辛いですね」というガッキーに、「いや、意外といけるかも」と応えるガース。いや、ガースはきっと、石を枕にしても寝られるに違いない。

新居銘菓の「あとひきせんべい」を買い食いしながら、5時30分、本日の宿「HOTEL nanvan 浜名湖」に到着。今まで泊まったホテルのなかでは間違いなくベスト。きれいだし、ベッドはシモンズ、テレビは壁掛け液晶、そしてラウンジの奥には客室に自由に持ち込める6千冊の漫画が収納された本棚がどーん！　スギエさんジュニアは早速熱心に選んでいた。

その気持ち、わかるわぁ。みんな汗をかいているので、とりあえずシャワーだけ浴びることにして、30分後に再びロビーに集合。このホテル、ハード面だけではなく、サービスもはんぱなく、夕食のおススメ場所を訊ねてみたら、予約の代行のみならず、店までマイクロバスでの送迎を申し出てくれた。

6時20分「味処康㐂」の座敷で宴会開始。天気が良かったのでビールが美味い！　ちょっとした突き出しから、注文した刺身や焼き物揚げ物みんな美味い！　「ホテルもだけど、店もこれまででいちばんじゃない？」と、みんなご機嫌状態に。ビールから焼酎へと酒も進む。そんななか、まついさんに「今まででいちばんの疲労度が100だとしたら、今日は何%ですか？」と訊いたら「20%くらいかな！」とニコニコ言われた。私的には70%レベルなのに、初参加でこの余裕。前に大磯で同じ質問をしたら「2%」と言い放ったガースほどではないにしろ、体力ありますなあ。

明日に備えてガツガツ食べて、明日を気にせずグビグビ呑み、ホテルに戻ったのは8時40分。ビジネスホテルとしてはこれまたゆったりした湯船で、いつもの足ケアに努め、9時半、『美味しんぼ』片手に就寝。6千冊のなかから、なぜそれを選ぶんだ私……！

三十二 白須賀宿

白須《しらす》賀《か》宿は宝永4（1707）年の大地震と津波の被害を受け、潮見坂上に移設された。富士山と遠州灘を見渡せる潮見坂は、京から来た旅人が初めて太平洋を目にする風光明媚な場所。

潮見坂から太平洋がどーん！　富士山は見えないけど……

二川宿　5.7km　白須賀宿　6.5km　新居宿

津波で一度は壊滅した宿場町

【東海道ふむふむの32】白須賀

いつものことながらまだ夜が明けないうちにウォークは始まる。出発地は前日のゴールだった新居宿である。朝食はコンビニエンスストアで調達する。天気予報では午後から雨だから、いつも以上に時間の余裕はない。しかも不安材料があった。今日歩くなかには陸の孤島のような場所も含まれている。リタイアなどしようものなら、みんなに迷惑をかけてしまう。

僕は、その朝、少なからず焦っていた。理由は単純、自分だけではなく子供が一緒にいたからだ。我が子が東海道ウォークに参加するのは3回目、最初は妻が一緒だった。2回目には彼女はいなかったが、鉄道からあまり離れないという安心材料があった。今度は違う。

歩き出そうとすると、子供がもう一度トイレに行くと言い出した。今になって腹具合が悪くなってきたらしいのだ。お詫びして、みなさんに少し待ってもらう。

どうも気まずい。我が子が消えていったコンビニエンスストアの入口を見ながら時間を確認する。しばらくして子供が出てきた。歩いている。走れよ！　と念じる。すまなそうに戻ってきた顔にきつい言葉をかけそうになり、思いなおす。みなさんに謝って歩き始めた。新居宿からまっすぐ西へ向かう。次の白須賀宿はかなりの高台にあるのだが、最初の何キロかはゆるやかな上り坂なのである。大丈夫か、と子供に聞くと、もう治った、と言われた。

僕の父親は、小学生だった僕をやたらと旅行につきあわせたがった。それも奈良県山中の街道踏破とか、そういうところにばかり。僕はそれが半分めんどくさく、半分は嬉しかった。いや、嬉しかったのは4分の1くらいかな。だって、小学生だもん。

それに比べれば、と我が子を見る。自主的に参加しているだけあのころの僕よりましだ。今度の土日東海道なんだけど?と聞いたら、自分から、行こうかな、と言ったのだ。

白須賀宿は宝永4（1707）年の遠江大地震による津波で壊滅的な打撃を受けた。その反省から宿全体を潮見坂上の高台に移転した。坂下にある元町の集落は、したがって旧白須賀宿の跡地である。この元町にある蔵法寺の潮見観音には伝説が残っている。地震のあった夜、偶然参勤交代でこの地に居合わせた岡山藩主・池田綱政の夢見に潮見観音が現れ、津波を予言したというのである。池田公はそれを信じて早立ちしたために難を逃れた。

その潮見坂は、名前のとおりここから海を一望できる場所でもある。京坂方面から来た旅客は、この潮見坂で初めて太平洋を見ることになるのだ。ドイツ人ケンペルは17世紀にオランダ東インド会社に船医として勤務し、長崎の出島にも滞在していた人物だ。彼は2度江戸参府を体験して時の将軍綱吉とも謁見している。彼が参府したのは白須賀宿がまだ元の位置にあったときで、「白須賀は海岸にあり、二百の人家あり。ここより初めて驚くにたへたる高嶺にして世界の最も美しい山たる富士山を仰ぎ得たり」と書き記している。ケンペルが初めて富士を見た場所は果たして潮見坂だったか、それとも旧白須賀の海岸からだったか。

坂を上りきったところに「おんやど白須賀」という休憩所がある。そこで一息ついた。一緒に歩いてくれているのは、子供と、ガッキー&有馬の編集者コンビ。フジタさんと銀色夏生さん、まついなつきさんのゲストおふたりは先に行ってしまっている。なんのことはない、歩き始めたら子供よりも自分の歩く速度のほうがマイナス要因だったわけである。

また歩き始める。坂を上りきったところにある高台には、かつて明治天皇の御座所にもなった潮見坂公園があったが、今はそこには中学校ができている。向こうからやってきた朝練に行く途中らしい中学生が、大きな声で挨拶をしながら僕たちの横を通り過ぎていった。それを横目に先に進む。ケンペルのころで200戸ほどだった白須賀は天保14（1843）年になっても旅籠数わずか27、あくまで小さな宿場だった。ひとつずつの本陣、脇本陣とも、もちろん現存はしていない。歩くうちに境川を越え、道は国道1号線と合流した。

さらば静岡！　待ってた愛知！

〈てくてくある記　第10回2日目　その1　★新居→白須賀→二川→吉田〉

前半少し退屈だったものの、舞坂から新居までは見所も多く、たっぷり食べて呑んで幸せな眠りについた昨夜。しかしたっぷり眠ることは許されず、本日はさらに集合時刻は早まり、なんと４時半！　３時45分、目覚ましアラームにたたき起こされる。

昨日の歩数は約３万７４００歩。暑かったけど、４万歩未満だと「疲れた」と言ってはいけないような気がする。ハードですなあ、東海道。

快晴から一転、本日の天気予報は雨。ホテルには無料の朝食バイキングも宿泊にセットされていたのだけれど、当然、早立ちの我々はその恩恵には浴せず、お約束のコンビニでしょぼしょぼ朝食をとり、出発準備を整える。雨はまだ、ごく小降りという状況。

５時。歩き始めるが、すぐにスギエさんジュニアがお腹が痛いとコンビニに戻っていった。４時前に起きることなんて中学校生活でそうあるはずもなく、そりゃ体調も狂うよねぇ。心配なのでガッキー&有馬さんがスギエさん親子につき、私は香山さん&若林さんと一緒に、姉さんズの後を追う形で進んでいく。ふと見ると、香山さんも若林さんも、半そでのシャツから出た腕が日焼けで真っ赤に腫れあがっていた。元野球部で地黒の有馬さんは、どうってことなさそうなのに、色白なふたりは「日焼け」というより「火傷」状態。「薄曇りでも紫外線は強いから！」と、おかんのようにふたりに日焼け止めを塗りまくる。

左側にポツポツ残る松並木を通過し、立場跡を見て、しばらく歩くと元町の一里塚。宝永4（1707）年の大津波で高台に移るまで白須賀宿があった場所で、いい感じの古い家が所々に残っている。潮見坂へ続く緩やかな坂を、銀色さん&まついさんと並んで上っていると、やおら「ところでフジタはどうして離婚したの？」とまついさんに訊かれた。

私にとって銀色さんもまついさんも、この仕事を始めるずっと前、10代のころから読んでいる作家さんなので、うっかりファンモードに切り替わらないよう話を選んでいるつもりだったのに、とんでもない直球が飛んできた！　さすがである。ビビりながらも離婚してから14年、幾度となく考えてきたことをひとことにまとめ、「つきつめると顔が好きじゃなかったから」と答えてみたところ、「ああ、それわかるー！」と言ってくれたのが銀色さん。「顔は嫌いでも好きになることはある」と仰ったのはまついさん。しかし、合わせてバツ4の私たちに「結婚」について語る資格があるのか。いや、語っているのは「離婚」についてか。

そうこうしているうちに、道はいよいよ本日の難所・潮見坂へと差しかかる。小夜の中山前後に比べれば大したことはないが、雨もよいなのに気温は高く、蒸し暑さもあって体力を奪われる。「潮見」にもかかわらず、天気が悪いので海はかすんで見えない。7時10分。坂を上りきったところにある休憩所「おんやど白須賀」の軒下（まだ開いていないから）で、休憩しつつスギエさん一行を待つ。少し前から手持ちの水が残り少なくなっていたのだけれど、この近辺はコンビニはおろか、自販機もあまりないので、暑い季節に歩く人は要注意。

休憩を終えて歩き始めると、部活にでも向かうのか次々に子供たちとすれ違った。「おはようございまーす！」と元気に挨拶をしてくれる小中学生の声に励まされながら歩いていると、やがて白須賀宿の町並みが。古い連子格子の家がたくさん残っていて風情がある。自販機も見つかってほっと一息。曲尺手《かねんて》（敵の侵入を防いだり、大名行列がすれ違うときの待機場所の役割も果たしていた直角に曲がっている道のこと）もあって、街道らしさを感じられる宿場だった。

国道1号に合流すると、間もなく境川を越える。ここが静岡と愛知の県境。長かった静岡もついに終わり！　みんなで一緒に越えようではないか！と高まるが、素っ気ない標識があるだけで、高まり甲斐はない。8時半。愛知に入ったことですし、とコンビニ休憩。だんだん雨も強くなってきたので、まついさんはレインコートを購入し、みんなも雨支度を整える。ここから修行モードな国道歩きが続くのだ。

三十三

二川宿

日本橋から歩いて、三河（愛知県）に入った最初の宿場。江戸時代は、328戸、町並みが1・3㎞ほどの小さな宿場だった。二川《ふたがわ》宿本陣は、東海道に2つしか現存しない本陣のひとつ。

旅籠屋「清明屋」。ここに住みたーい！

吉田宿　6.1km　二川宿　5.7km　白須賀宿

ここの資料館は一日でも観ていられる

【東海道ふむふむの33】二川

境川は静岡県と愛知県の境でもある。静岡県内には22もの宿場がある。気がつけば3ヶ月以上もその中を歩き続けていた。長くつきあった静岡県ともこれでお別れだ。境川のところで先行していたグループに追いついた。というより待っていてくれたのだ。県境を越えるというイベントだから記念写真を撮っておかなければならない。撮影をして再び歩き始めるとまた間が開き始める。どうしても前のグループと同じ速度では歩けないのだ。

もう我が子を言い訳にするのは止める（だいたい子供のほうがいつの間にか僕よりも先を歩いている。もしかすると速度を落として僕に合わせてくれているのかもしれない）。これは僕自身の問題だ。そんなに速くは歩けない。しかも、なんでこの風景をもっと楽しまないのか、という反発心が湧き上がってきた。僕が東海道を歩きたいと言い出した理由は、史跡や名所といった特別なものを見学したいから「だけ」ではない。なんということはない道を歩くことを楽しみたい、自分が暮らしている場所の延長線上にどんな風景が広がっているかを知りたい、そういう気持ちが強かったはずだ。だから僕はもともと。

速く歩くこと自体が嫌なんだ。

そうはっきりと意識してしまった。僕の歩く速度をなぜ変えなければならないんだ。そんな気持ちが確かな輪郭をもって心の中に居座ってしまう。自己防衛に入っているのだとどこかではわかっている。しかしそういう気持ちなのだから仕方ない。つきあってくれている編集者のふたり、そして我が子には本当に申し訳ないと思った。

そんなときに雨が降ってくる。ポンチョを出して着なければいけないほどの雨だ。だんだん大きくなってくる雨粒に打たれながら二川宿に入っていった。愛知県最初の宿場である。

二川宿は、もともと離れていた二川と大岩の2つの集落を合体させて作った、人工的な町だ。宿場業務は二川が担い、大岩は旅籠営業以外の、人足や馬の負担などを二川と同等に担った(これを加宿という)。小さな宿だが、建物などは往時の雰囲気を十分に残している。

二川宿本陣資料館は、東海道でも随一の見所の多い資料館だ。大袈裟にいえば、東海道についで知りたいことは、ここで何でもわかる。たとえば二川宿の本陣は後藤家から紅林《くればやし》家、最後に馬場家と担い手が2回交代している。たびたびの火災などが原因で、家が没落したからだ。そういうことが起こったという特殊な情報と、東海道を歩くと何日かかるのか、どんな荷物を持ち歩いたのか、といった普遍性のある情報とが、わかりやすくまとめられているのである。最近になってこの資料館は隣接する旅籠屋・清明屋から建物を寄贈されたという。つまり、本陣と旅籠、2種類の宿の内部がいっぺんに見学でき、おまけに詳しい資料解説まてついてくるわけだ。時間が許せば、ここには半日、いや一日中でもいられる。

だが、雨脚が強くなってきた。もう出発しなければならないという。ああ、もう。

この資料館にも展示してあったが、江戸末期の文化7（1810）年、『旅行用心集』という本が刊行された。今でいうハウツー本で、旅行の初心者へのさまざまな戒めや、こうするといいという知恵が書いてある本だ。現代訳が八坂書房から出ているが、たとえばこんなことが書いてある。「船に酔ったときのよい方法」について。

一　船に乗るときに、その川の水を一口飲むと船に酔わない。

酔わないとしてもおなかを壊しそうだ。これは各論みたいな部分で、旅をする上での基本事項が「道中用心六十一ヶ条」としてまとめられている。その中にこんな一文が。

一　旅の連れはせいぜい五、六人程度までがよい。大勢で行くのはよくない。人はそれぞれ考えることが違うから、大勢で長旅をすると、きっとうまくいかない者が出てくるものだ。

うわっ、これ僕のことじゃんか。

もはや「まさか」じゃない、暴風雨！

〈てくてくある記　第10回2日目　その2　★新居→白須賀→二川→吉田〉

風情のある宿場の町並みを歩くのと、町と町を結ぶ役目でしかない国道沿いを歩くのとでは、気分はまったく違う。東海道には地元の人でさえ、歩いている人をほとんど見かけない修行エリアがこれまでにも何ヶ所かあったが、どうやらこのへんもそのひとつ。ましてここは車王国・愛知。天気も悪いし、そりゃ歩いてる人なんていないよねぇ。

仕方がないので、ちょっとでも変わったものがあったらふだんの8割増しで興味を持ってみよう、と心がけ、コオロギの直売所を「ほほう」と写真に収めた。Mサイズ7円、Lサイズ8円。その違いは数ミリなのか、数センチなのか。２００匹以上で小売りしてくれるらしいが、これを餌にする爬虫類は、1日何匹食べるのか。道路わきにワサワサ生えている植物にも頑張ってみた。「ほほう、これが大根の種なのね。初めて見たよ、大根の種！」。東海道の神様に、この頑張りを褒めて欲しい。

修行から解放されて、東海道線のガードをくぐり、二川宿に入ったのは9時50分。白須賀に続き、この二川も江戸時代から続く商家や古い家屋が残っている。町割りはほぼ江戸時代のままということで、当時の情景を思い描くことができた。さらに、その先にどーんと待ち受けているのが「二川宿本陣資料館」。本陣の遺構が残されているのは、ここと滋賀県の草津宿だけだというが、こちらは庶民が泊まった旅籠屋「清明屋」が隣接されていて、比較しながら見てまわれるのが楽しい。

さすがは本陣、規模からしてデカい。資料館も充実内容で、当時のちょっとお金持ちが利用していた駕籠に乗ることもできたのだが、これがもう「こんなに窮屈な姿勢で揺られていくなら、歩いたほうがマシ！」と思うような乗り心地だった。こうしていろいろ実際に体験できると、かつての旅がぐっと近くなる。番長ガッキーが予定していた見学時間は1時間だったのだが、30分延長しても、とてもすべては見切れなかった。これから行く人は、時間多めにスケジュールを組むことをおススメ。特に歴史に興味がなくても、かなり楽しめます。

外に出ると、雨脚が強くなっていた。宿を出て歩きながらも、二川駅前を通過し、火打坂に差し掛かったころにはもうどしゃ降り。コンビニのレインコートレベルで防げるような雨量ではなく、まついさんの頭からはぽたぽたと雨が滴り落ちている。折りたたみ傘もほとんど役に立たず、みんなTシャツがびしょ濡れ。歩道は水浸しで当然足元もぐちゃぐちゃ。昨日はあんなに暑かったのに雨で冷え、鳥肌が立つくらい体が冷えてきた。たまらず、少し街道から逸れたコンビニに傘を買いにいくというガース&まついさんと別れ、銀色さん、香山さん、若林さんとコインランドリーで待機。

　戻ってきたふたりと合流し、それでもとにかく先に進もうと再び歩き出した。ガッキー&有馬さんとスギエさん親子が、今どこにいるのかはわからないし、地図は持っているものの広げられるような状態ではないので、健脚な姉さんズに置いていかれないように必死についていく。道は再び国道1号線に合流。飯村《いむれ》の一里塚跡を過ぎ、ようやく雨脚が弱まってきたころには、ムリがたたってまたしても限界を超えてしまった。遅れがちになり、雨のなか銀色さんやまついさんを待たせてしまうことが申し訳なく、早く歩けない自分が情けなく、なにもかもイヤになって、いかんと思っているのに涙が出る。

　午後1時30分。ヘロヘロのクタクタになって吉田宿に入る。久しぶりの香山さんも、初参加の若林さんも疲労感は隠しきれないのに、姉さんズはまだまだ元気。この人たち、ほんとどれだけ体力あるの！　そしてようやく、本日のゴール吉田宿の石碑に到着。雨なのでそのへんに座って待つわけにもいかず、一足先に豊橋駅に向かう。

　なんとか全員揃って豊橋といえば！の豊橋カレーうどんにありつけたときには3時を過ぎていた。Tシャツを着替えても漂う自分の生乾き臭さに恐縮しながら電車を乗り継ぎ、家に着いたのが8時。4万4400歩。今回も、非常に過酷な旅でございました。

三十四 吉田宿

吉田宿は、吉田藩・7万石の城下町として盛栄。別所街道と田原街道の分岐点があり、絶えず旅人が行き交っていた。街道には旅籠が軒を連ね、御油、赤坂宿と同様に飯盛り女が多い宿場だった。

昔、ホームレスが住み着いて全焼したという瓜郷遺跡

御油宿 10.2km 吉田宿 6.1km 二川宿

嵐の展開・東海道　吉田宿大波乱の巻

【東海道ふむふむの34】吉田

二川を出て火打坂を上るうちに、いよいよ雨が激しくなってきた。有馬君の指示で子供もポンチョを着る。迷彩柄のてるてるぼうずが2つ出来上がった（家族3人分を一緒に買ったのでおそろいなのだ）。ポンチョを着て全身を雨に打たれているうちに、僕の体に籠もっていた熱が引き始めた。水冷式である。湿気と暑さでダウンしかけていた午前中と比べても、はるかに楽だ。それで気持ちが完全に開き直った。どうせ今日は、吉田宿に着いてしまえばおしまいである。ここまでくれば、先行グループからどんなに遅れても問題ない。有馬&ガッキー番長にも、「僕（と子供）は大丈夫なので、先に行ってください」と伝えた。

僕は東海道を歩きながら携帯電話のカメラで風景を撮っていた。普段から、町で見かける変な看板などの写真をツイッターに投稿することが多いのだけど、その延長である。あきれたことに、この二川〜吉田間がいちばん写真の数が多かった。たぶん、意地になって「自分は遅れていることを全然気にしていないから！」と振る舞っていたのだろう。

火打坂を越えると東海道はまたもや国道1号線に合流する。子供が、「ガス欠」と言い出した。そういえば、ちゃんとした食事をとらせていない。おにぎりを2つ食べさせた。遅れちゃってごめん、という顔をするので、「大丈夫」と言い聞かせた。もう、終わりだから。

もうガッキー番長&有馬君もはるか前に行っている。歩き始めると、また体が重くなっていた。前を歩いている子供との距離が開いていく。少し待って、と言えばよかったのに言いそびれた。信号の変わり目で僕は間に合わなかった。そして、見失ってしまった。

豊橋の地名は豊川にかかった橋、から来ている（その豊橋は『とよばし』と濁る）。吉田城の主は次々に代わり、ようやく18世紀半ばになって大河内松平家で落ち着いた。本丸の建築物は火事などで失われたが、明治になって陸軍歩兵第18連隊の駐屯地として使われたため、城跡は荒れず、石垣などの遺構はよく保存されている。東海道は東八町交差点付近で国道1号線から外れる。その後は城下町特有の鉤状の曲り角があり、曲尺手門、大手門、問屋場、本陣、脇本陣などを次々に経由する（すべて跡地）。ちなみに曲尺手とは大名行列同士が街道で行き会えるように設けた、待避所のような曲り角のことだ。

もしここで子供が迷ってしまったら、見つけるのは一苦労だった（家のルールで携帯電話を持たせていない）。思わず気持ちが焦って、編集者チームからの連絡にきつい言葉を返してしまった。しかし案じることはなく、国道1号線から逸れる手前で無事に再会できた。東八町交差点に再現されたミニチュアの東惣門のところで有馬君が待っていてくれたのである。

後で聞いたところでは、新居宿を出発するときに子供が体調不良のように見えたので、万が一に備えて心配して編集者ふたり態勢でついていてくれていたのだそうだ。そういった気遣いがあったことには気づかず、勝手にもやもやとした不満を募らせてしまって本当に悪いことをした。豊橋駅で再会したフジタさんと少し話し、そっちはそっちで大変だったことを知った。好調に歩けるときはわからなかったことが、こういう気持ちの余裕がないときには見えてくる。日本橋から287km、行程の半分を越えてついに表面化した問題だった。

冷えた体を温めようと、全員で豊橋カレーうどんを食べることになった。通常のカレーうどんではなく、底にご飯ととろろが入っているという豊橋の新しい名物だ。

が、正直、カレーうどんと、とろろかけご飯を別に食べたほうが美味しい気がした……。


帰宅後、よほど疲れた顔をしていたのか、何が起きたのかを妻に聞かれた。ありのままに事実を話すと、そんな辛いなら止めちゃえばいいじゃない、と言われた。子供にまで大変な思いをさせて、ばかみたい、とも。少しだけ考えて、返事をした。

もう少しだけ、やってみたいんだ。もう少しだけ。がんばらせてよ。

なんのために歩くのか。チーム東海道崩壊寸前の巻

〈東海道ウォーク四方山話　その6〉

この第10回の後、次の回まで3ヶ月以上時間があいてしまった。最大の理由は、猛暑の予報もまんざら嘘じゃなさそうで、夏季に歩くことを躊躇したからだけど、もうひとつ、このまま続けるのはちょっと厳しい事情もあったのだ。

チーム東海道が崩壊しかけたのである。

本来ならこんな裏事情は書くべきではないと思うのだが、私たちが東海道を踏破できたのは、この山を乗り越えたからに他ならないので、記しておくことにする。

先の「ある記」では、2日目の後半、豪雨のなかオーバーペースで歩き続けたことから、限界を超え〈いかん、と思っているのに涙が出る〉とあっさり書くに止めたけれど、実はこの後、感情が抑えきれなくなった私はガースに「なんでスギエさんにふたりも編集者がついてるの？　私だって自分のペースで歩きたいよ……！」と理不尽極まりない泣き言を吐いてしまったのだ。ガースは銀色さんの担当編集者でもある。雨のなか、特に見るものもない道だったら、先を急ぎたくなるのはわかるし、彼女たちには急げるだけの体力もある。私は地図を持っていたので、ひとりで歩いてもよかったのだが、そうはいっても編集者としては責任もあるので、放っておくわけにもいかず、姉さんズは何度も交差点や曲り角で立ち止まり、私を待ってくれた。それが申し訳なくてペースを上げていくうちに、なんだかもう、心も体も限界を超えて、要するにキレたのだ。スギエさんについているガッキーか有馬さんのどちらかが、私と一緒に歩いてくれればいいのに。そうすれば、私だって自分のペースで歩けるのに。どうして私だけがこんなムリをして我慢しなくちゃいけないのか、と。

一方で、スギエさんもキレた。ひと足先に吉田宿でゴールしたガースが軽い気持ちで〈スギエさんまだかな〜?〉とツイッターで呟いたことに、〈こうやって書かれると私が遅いみたいに見えると思うんだけど、むしろ取材旅行なのにあまりてきぱき歩きすぎることに違和感があるんだけどな〉と返したのだ。さらに同行している有馬さんが報告を兼ねて現在地を呟いたことにも〈それはいったいどこなのか?　少なくともここはそういう地名じゃない〉と切り捨てるようなことも。短い呟きから苛立ちが伝わってきた。それを見た私は、ああもう、ダメかもしれないと、豊橋の駅構内を歩きながら思った。

言いたいこと、訊きたいことが胸のなかでぐるぐる渦を巻いて、口から飛び出しそうだった。私だけでなく、編集者チームも、スギエさんも、それぞれが、それぞれに思うことが積もり積もっているように感じた。でも、だからといってそれをゲストや子供の前でストレートに口に出すことはできなかった。その程度の自制はあったし、なによりも「言いたいことを言いあえる」ほど、まだ親しくなってもいなかった。

酒の席でのバカ話的な流れから勢いで始めて、なんだかんだ言いながらここまで続けてきたけれど、私たちはもう一歩、互いに踏み込めずにいた。こんな苛立ちや気持ちの行き違いは、きちんとコミュニケーションが取れていれば回避できたはずなのに。

微妙に気まずい雰囲気のまま帰宅した翌日。私は長いメールをスギエさんに書いた。スギエさんからも、これまで聞いたことがなかった本音を綴った返信があった。そのなかで、もういっそ一緒にスタートはしても、後は各々、自分の興味を惹かれるものに好きなだけ時間を割いて歩けばいいのかもしれない、という話も出た。でも、それでは一緒に歩く意味はない。ふたりで本を出す意味もないよね。できれば「チーム」としてこれからも歩いていきたいけど、そのためにはどうすればいいのか。何度か長文のやりとりをした結果、ちょっと落ち着いて、前向きに考え直してみよう、という話になったのだ。そしてこのすべてのやりとりを、編集者チームにも読んでもらった。

長い長い「夏休み」には、そんな理由もあったのだ。

私たちの東海道ウォークは、ある意味ここから始まったような気もしている。

三十五 御油宿

次の赤坂宿までは1・7㎞と東海道中の宿場間の距離では最も短い。東海道と姫街道との分岐点で、600mにわたる「御油《ごゆ》の松並木」は、現存している数少ない松並木のひとつ。

樹齢300年の松のパワーを浴びて、木陰で癒される

赤坂宿 — 1.7km — 御油宿 — 10.2km — 吉田宿

するりと入って出たら松並木

【東海道ふむふむの35】御油

さあ、気持ちを入れ替えて東海道ウォーク再開だ。

この本でもたびたび言及している広重の保永堂版「東海道五拾三次」は風景だけではなく、そこを行き交う人々のいきいきとした姿を描きこんだ点に特長がある。そうした画風の中でも御油宿は、もっともユーモラスなものではないだろうか。往来の真ん中でふたり連れの旅人が女に捕えられ、ひとりのほうなどは首にかけた荷物を引っ張られたために窒息しかけたのか、いかにも苦しそうな表情をしている。この女たちは飯盛り女、もちろん食事の給仕だけではなく夜の世話までする、早い話が旅籠お抱えの娼婦たちである。

『東海道中膝栗毛』でも、もちろん飯盛り女による客引きのことが書かれている。わけあって喜多八を先行させていた弥次郎兵衛が御油宿にたどり着いたときには、すでに夜になって、客引きの留め女も面をかぶったような厚化粧をしていた。弥次郎兵衛はさんざんに袖を引かれるが、振り切って通り過ぎる。そのとき詠んだのが「その顔でとめだてなさば宿の名の御油るされいと逃げて行かばや」という狂歌だ。「御油るされい」は「ご許されい」の洒落である。つまり「そのひどい顔で客引きをするならば、地名の御油そのままに『ごゆるされい』と逃げていこう」という意味である。振り切って逃げたはいいものの、その先で弥次郎兵衛は別の椿事を引き起こしてしまう。

こうして書いているといかにも笑いを誘うが、もちろん売春のために奉公させられていた飯盛り女たちの生活がすべて陽気で明るいものだったわけはない。御油宿の本陣跡を過ぎるとすぐに東林寺がある。室町時代に建立された旧い寺だが、境内には飯盛り女たちの墓が数基。宿場の繁栄の陰でひっそりと死んでいった者たちがそこに眠っているのである。

御油という名称は、持統天皇が町西方の宮路山に御駐在された際、油を献じた故事に拠るという（綿谷雪『考証東海道五十三次』秋田書店。ゴイと訛って発音されていたことから、五井と書く例もある）。大いに繁栄したのは、ここが本坂越えの姫街道の分岐点であり、また近くにある豊川稲荷へと往来する人もあって、交通の要衝としての性格を備えていたからだ。豊川稲荷（妙厳寺《みようごんじ》）は日本三大稲荷に数えられる名刹で、商売繁盛のご利益があるとされる。名鉄を利用すれば30分で行けるので、時間に余裕があれば寄り道したい。

これは余談になるが、平成21年に〈「豊川いなり寿司」で豊川市をもりあげ隊〉というものが立ち上がった。毎月17日が「いいないなり寿司の日」に制定され、「いなりん」なるイメージキャラクターがデザインされるなど（もちろん狐のスタイル）、いなり寿司による町おこしが行われている。「豊川いなり寿司図鑑」というリーフレットが配られていたのでもらったところ、市内には１００を超える店舗があることがわかった。定番のものの他、味噌カツいなりなど創作料理も豊富にあるらしい。いなり寿司マニアの方はどうぞ。

吉田宿から歩いてくるとなんとなく入って、なんとなく出てしまう宿場だろう。しかし、この宿いちばんの見所は赤坂宿との間に６００ｍにわたって続く御油の松並木だ。慶長９（１６０４）年に大久保長安が植樹したのが起源であり、街道の両側にうっそうと茂る巨木が連なっているのは壮観だ。もっとも現在は古木がだいぶ少なくなっており、約３００本ある松も昭和に入ってから植えられたものが大半である。歴史ある松並木を保存しようという地元の熱意によって、維持整備が行われているのだ。おかげで道はずいぶん歩きやすい。僕たちは暑い夏を避けて10月にここを通ったが、それでも陽射しはかなり強く、松並木が作る木陰にだいぶ救われた記憶がある。昔の旅人も同じ思いがしたことでしょうね。

宿内には、「御油の松並木資料館」がある。無料で見学できる施設で、建物のそばには枯死したものとおぼしき松の巨木の切り株が飾られていた。

夏が終わっていよいよ旅も後半戦！

〈てくてくある記　第11回1日目　その1　★吉田→御油→赤坂→（長沢駅）〉

長い夏休みも終わり、約3ヶ月ぶりの東海道ウォーク。この夏の間に身体を鍛え直そう！と思っていたのに、どういうわけだか気がつけば前回よりも3kgも太っていた。東海道を歩き始めてから減ることはあっても増えることはなかった体重が、3ヶ月休んでいる間に3kg増。わかりやすすぎる自分の体が恨めしい。

本日の集合は東京駅6時26分発のひかり501号。東京駅に来るのも3ヶ月ぶり。今日から3連休なので旅行支度の人が多い。ザックを背負い、山用のミニスカに薄手のタイツを穿いた若い女子ふたり連れも見かけ、これが噂の山ガールか！としばし観察。可愛い。ザックについているアクセサリーも、かぶっている帽子も、穿いているスカートもいちいち可愛い。我々にもこういう、見ているだけで心が弾んでくるような華やぎが必要なのではないか、と、しばし考えるが、どう考えてみても誰もそんな役割は果たせそうにない。

朝食弁当を購入し（微妙な味だったので詳しく触れない）、いつもと同じ自由席の5号車に乗り込むと、既に席に着いていたガース&ガッキーが笑顔で迎えてくれた。ああこの感じも久しぶりだ。しかしその笑顔を振りきって、携帯の充電のため、ひとりコンセントのある違う席に座る。「充電するからあっちに座るねー」程度のことも、今までは遠慮して言えなかったのだ。嘘みたいだなあ。

8時20分。豊橋駅から歩き出す。この近辺は、かつての吉田宿の中心とほぼ重なるらしいが、新幹線も停まるような大きな駅だけに、繁華街には当時の遺構を見つけることは難しい。問屋場跡、本陣跡、脇本陣跡など、わりと立派な石碑はあるけど、東海道は小さな宿場のほうが、歩いていて楽しみがあるような。

今日のメンバーはレギュラー4人+香山さんと銀色さん。間もなく豊川にかかる豊橋を渡る。ちなみに地名は「とよはし」だけど、この橋は「とよばし」と読むらしい。江古田＝「えごた」読みと「えこだ」読みがあるみたいな感じ？　空は曇天だけど、蒸し暑い。国道1号と並行する道は、私の嫌いな単調&まっすぐロード。なかなか楽には歩かせてもらえませんなあ、と相変わらずの猫背で俯きがちにとぼとぼ進んでいると、歩道に可愛らしい消火栓を見つけた。法被を着た若者が、豊橋名物の手筒花火をあげている図柄で、何ともいえない味がある。下地の一里塚を過ぎて下地町に入ると、少しだけ古い家並みが残っていた。まだまだ退屈な道が続くので、江戸時代からさらに昔にトリップし、弥生時代の集落遺跡

「瓜郷《うりごう》遺跡」に寄り道。復元された平地式住居はとても立派で、こんなレベルのものを弥生時代に？　ほんとに？と銀色さんとコソコソ言い合う。疑い深い私たち。

東海道に戻り高橋を渡ると、夏の間ガッキー番長と参加した岡本永義さん主催の東海道講座で教わった莵足《うたり》神社と、子だが橋、子断が橋ともいわれる「子だか橋」があった。説明板によると、莵足神社には人身御供の言い伝えがあり、春の大祭の初日にこの街道を最初に通る若い女性を生贄にする習慣があったとか。そんなある年、贄狩に奉仕する村人の前を、若い女性が故郷の祭礼と父母に逢える楽しさを胸に秘めて暁の街道を足早に通りかかった。その女性は村人の娘で、彼はどうするべきかと苦しんだが、神の威光の尊さに「子だが止むを得ん」と、生贄にして神に奉った、という謂れがあるとか。スギエさんが御油宿の項で触れている飯盛り女もそうだけど、東海道にはこうした哀しい話がたくさんある。こんなに長閑《のどか》なところなのにねぇ。気持ちを切り替えて国道1号線に合流した道を歩き続ける。

12時。御油の手前にあった「満留賀」で昼食。驚くことに、仕事でもプライベートでもあちこち行きまくりのガースは「味噌煮込みうどん」を食べたことがないという。嬉々として注文するガースにのって、他のみんなも味噌煮込みうどん祭になるなか、ひとり、天丼＋ざる蕎麦のセットを注文。もうどこまでも遠慮がない。これから向かう「御油の松並木資料館」が1時半まで昼休みなので、時間調整のためロッテリアで休憩し、1時10分再スタート。

三十六 赤坂宿

御油宿、吉田宿と並ぶ遊興の地として活気のある宿場だった。広重の浮世絵に描かれた「大橋屋」は、東海道で唯一営業を続けている旅籠。昔ながらの格子戸の家が残っていて、宿場町の風情が感じられる。

大橋屋のなかを見学。機会があったら泊まってみたい

藤川宿　8.8km　赤坂宿　1.7km　御油宿

するりと入って松並木。飯盛り女哀れ

【東海道ふむふむの36】赤坂

『東海道中膝栗毛』御油のところで、弥次喜多のふたりが別行動をとっていたことをご記憶だろうか。日暮れてしまったので年若い喜多八が、先に行って赤坂で宿をとっておこうか、と気を利かせたのだが、これが思わぬ災いを呼んでしまう。彼のいない間に弥次郎兵衛が茶店の婆から、この付近には悪い狐がいて人を化かす、と聞いて怖気づいてしまっていたのだ。

　喜多八もその話を聞き、年配者にひとり歩きをさせるのは、と心配して戻ってくる。しかし弥次郎兵衛は、すわ狐の出現、と勘違いし、相棒を突き倒して後ろ手にふん縛ってしまうのだ。そのままの格好で赤坂宿入り。まるで捕えられた罪人と岡っ引である。宿屋に着いて、さすがに弥次郎兵衛も自分のうっかりに気づくが、それでもまだ半信半疑だ。宿の主人に、ここは墓場ではないか、と聞いたり、喜多八が風呂を勧めれば、糞壺に浸からせるつもりか、と食って掛かったり、厄介この上ない。この赤坂宿のくだりは『膝栗毛』の中でも小田原の釜抜きなどと並んで有名で、これだけでも十分におかしいのだが、さらに続きがある。その晩に宿屋の主人の甥の婚礼があり、新妻と床入りをするのがよりによってふたりの隣の部屋なのである。となると両人ともそわそわして落ち着かず、さらなる失態を繰り広げてしまうことになる。

この話を読んで、いくら狐だと疑っていたとしても喜多八を捕まえながら宿と宿の間を歩くのはたいへんだったろう、とは思わなかっただろうか。しかし弥次郎兵衛が岡っ引よろしく歩いたのは、たいした距離ではなかったはずだ。御油〜赤坂間は東海道でももっとも短く、1・7㎞程度しかないからである。元は2つでひとつの宿だったという説まであり、実際に歩いてみると御油の松並木が途切れるとすぐに赤坂宿が見えてくる。松並木の先には境内に推定樹齢800年という見事な楠を擁する関川神社がある。創建は1001年と伝えられる立派なものだが、ここにある芭蕉の句碑に「夏の月御油より出でて赤坂や」。つまりそれほどの指呼の距離であるという意味だろう。

保永堂版「五拾三次」の「赤坂」も「御油」と一対になるような題材だ。前述のとおり御油では留め女が旅客を無理やり捕まえている場面だったが、「赤坂」は宿の内部が描かれている。保永堂版では唯一の室内の絵である。しかも左に旅客の部屋、右に布団部屋で接客の準備をする飯盛り女を配し、宿の表向きと裏向きを対比させている。「御油」から「赤坂」

にかけて見事な旅籠実景のスケッチになっているのですね。

東海道には往時の面影を残した宿屋がいくつか今でも存在するが、その中でも特筆すべきはこの赤坂宿の大橋屋だ。慶安2（1649）年創業、宝永2（1705）年築、そのままの建物で現在でも営業を続けているのだ。宿泊は1日2組限定（2012年現在）、ただし奥に新築した座敷があり、そちらで昼夜の食事も供しているそうである。


赤坂宿から次の藤川宿に向けてしばらく歩くと、間の宿・本宿だ。間の宿は宿と宿の間が長すぎるときに旅人の休憩用に設けられたものである（したがって原則的には宿泊禁止）。御油～赤坂間が極端に短いのに赤坂～藤川間は8・8㎞もあるから必要になったのだろう。そんなことをするくらいならもっと便のいい場所に宿場を作ればいいのに、と思うが、お役人のすることはそういうものでしょう。

この本宿に入ってからしばらく行くと法蔵寺がある。徳川家康がまだ竹千代といった子供時代に手習いをしたことで有名な寺で、父・松平広忠の墓もここにある。法蔵寺は別のことでも有名で、法蔵寺縄という捕物に使う縄を売っていたのである。旅人に対しては、これで荷物を縛っておけば盗まれないといって宣伝していた。法蔵寺にはもうひとつ見るべき場所があるのだが、それは次項に。

嬉しい！ 大好き！ 最短距離の御油→赤坂

〈てくてくある記　第11回1日目　その2　★吉田→御油→赤坂→（長沢駅）〉

国道1号線から逸れ、だいぶ歩きやすくなった東海道を進み、大社《おおやしろ》神社を過ぎると、姫街道との追分。御油橋を渡り、高札場跡の角を曲ってしばらく行くと、「御油の松並木資料館」に到着。本日は、他に資料館系の見学スポットはないので、「よし、時間をかけてじっくり見るぞ！」と決意するも、今ひとつ心惹かれず。トイレも和式で泣きたくなった。いちばん感心したのは資料館の外に展示されている慶長9（1604）年に植えられたという松の根。当たり前だが太い。かなり太い。松の木自体はこれまでにもさんざん見てきたし、今日もこれから見るわけだけど、こんな展示でもない限り「根」を見る機会なんてないわけで、一応「ほほう」と呟いてみた。

資料館を出ると、本陣跡や飯盛り女の墓がある東林寺があり、その先から御油の松並木が続いている。今まで松並木はたくさんあったけど、ここは植え替えられているものもあるとはいえ、いかにも古そうな木もまだまだ残っていて「今さらではありますが、ちょっと頑張って植え替えてみました」的な、整えすぎ感があまりないのが気持ちいい。どこの松並木のことをいっているのかは秘密です。両側に松並木が残っているということは、かつての街道もこの幅だったわけで、行き交う人の姿も思い浮かべやすい。途中には「弥次喜多茶屋」という名前の、これは無視できないと思わせる茶店があったが、休憩&資料館に寄ったばかりで、みんなそれほど疲れておらず、なんとなく、まあいいよ、とパスされる。「隙あらば休み隊」の賛同者はなかなか現れない。

御油から赤坂への宿場間は、東海道のなかでもいちばん短く、松林を抜けるともう赤坂宿だ。わずか2㎞弱しかないのに、ひと宿稼げるこの嬉しさったらない。見附跡から少し歩いた関川神社には、樹齢約800年、高さ約26m、幹周約8mという楠の大木があった。

松尾芭蕉の句碑もあるけど、存在感という意味では楠圧勝。この東海道ウォークで初めて関心を持ったもののひとつに、こうした巨木の存在がある。今まで、屋久島に縄文杉を見に行ったガースの話を聞いても、「そんな苦労をしてまで木を見に行くとは酔狂な」くらいにしか思っていなかったのだけれど、樹齢何百年レベルでもこの迫力か！と思うと、俄然縄文杉にも興味が湧いてきた。世の中の「大木好き」な人の気持ちがちょっとだけわかった気がする。大きな木には、不思議な包容力があるような。

暑さにへたばりかけていたところを、松並木と楠に癒され、道を進むと、東海道の宿としては有名すぎるほど有名な「大橋屋」があった。もちろん随所に手は入っているにしても、宝永2（1705）年に建てられたという家屋は江戸情緒たっぷり。ぜひ泊まってみたかったが、貧乏旅には1泊1万円を超える宿泊料金は厳しい。というか、現実的に明日も歩くことを考えると、夜はベッド&個室でゆっくり眠れるほうが嬉しいです、えぇ。

大橋屋の先にある無料休憩所「赤坂よらまいかん」でトイレ休憩の後は、本日のゴール、名電長沢駅を目指す。私たちが歩いている国道1号線の向こう側に名鉄が走っていて、そのさらに向こうには東名高速道路が見える。歩く人、電車に乗る人、車に乗る人。私はずっと電車の人で、40歳で運転免許を取ってからはすっかり車の人になっていたのに、なんで歩いてるんだ、と思うと可笑しさが込み上げてきた。

午後3時40分。長沢周辺にはビジネスホテルがないので、ガッキー番長が選んだ本日の宿泊地・東岡崎へ向かう。名鉄、初めて乗ったけど、えんじ色のシートが可愛いよ、名鉄！

4時20分、ホテル着。今日は久々で疲れたし、まだ時間も早いし、体もほぐしたいことだし、と、ホテルに天然温泉があるにもかかわらず、タクシー2台に分乗し、みんなでスーパー銭湯へ行くことに。大橋屋には泊まれなくても、これくらいの贅沢には躊躇いのない、本日平均年齢47歳のチーム東海道。スパ銭で食べた夜ご飯には、なにひとつステキ要素はなかったけど、ビールさえあれば多くを望んではいけない。大人ですからな！

三十七 藤川宿

1㎞ほどの細長い宿場町で、鎌倉時代から旅人の休息の地として賑わっていた。道中記や古歌に読まれた「むらさき麦」が現在も栽培され、往時の面影を偲ぶことができる。

単調・退屈な国道1号は、各自のペースで黙々と歩く

岡崎宿 ― 6.6km ― 藤川宿 ― 8.8km ― 赤坂宿

イメージカラーは紫？の可愛い宿場町

【東海道ふむふむの37】藤川

法蔵寺の話で止まっていた。実はここには新撰組局長・近藤勇の首塚がある。

ご存じのとおり、近藤は慶応4（1868）年4月に新政府軍に投降し、板橋刑場で死罪に処せられた。武士としての切腹ではなく、斬首である。多分に見せしめの意味があったと思われるが、その首はさらに塩漬けにされて京に送られ、三条河原に晒された。

その首がなぜ三河国まで運ばれてきたのかといえば、こういうことだ。新政府のあまりのやり口に憤慨した近藤の同志が、生前の彼と親交のあった京都新京極の誓願寺住職・孫空義天に供養を依頼したところ、義天はすでに法蔵寺の貫主としてこの地に赴いていたため、ひそかに首を運んで境内に埋葬した。もちろん明治政府にとって近藤は許しがたい敵であるため、埋葬の事実を表向きにするわけにはいかない。そこで首塚自体に土をかけてひそかに供養を行っていたのだが、いつしかその存在自体が忘れられてしまった。昭和33年に再び首塚の存在が明るみに出たため、改めて発掘し、近藤の胸像をその横に建てたのである。

近藤の伝記ともいえる『新選組始末記』(中公文庫)を書いた子母澤寛は作中で、三条河原の後で首は大坂千日前にも晒され、粟田口の刑場に埋められたとしている。もし首奪取説をとるならば、千日前以降の事実にどう説明をつけるのか考えなければならない。たとえば首が腐って人相が変わるのを待ってすり替えたとか(奥州で殺された義経が実は替え玉だったという説の応用)、いろいろ手はあるだろう。ミステリー的なトリックを考えれば、案外なんとかつじつまが合わせられるかもしれない。近藤の最期は何人もの作家が書いているが、やはり司馬遼太郎『燃えよ剣』(新潮文庫)のものが哀切極まる。敗走につぐ敗走で近藤からはだんだん生に対する執着が消えていく。最後は制止する土方歳三の手を振り払って新政府軍に投降してしまうのだ。土方に「京にいた近藤勇は、いま思えばあれはおれじゃなさそうな気がする。もう解きはなって、自由にさせてくれ」と訴える言葉は胸をうつ。

真偽はともかく、法蔵寺の近藤像は斬首の無念をまだ受け入れられずにいるのか、それともすべて憑き物が落ちて諦めの境地にいるのか、いずれとも判別がつかない顔をしている。きっと見る人によって印象が変わるのだろう。法蔵寺には家康を祀った東照宮もあり、新撰組局長が眠るにはふさわしい場所という気もする。

さて、本宿を過ぎるとしばらく行って藤川宿がある。ここでは東西の宿の出入口を棒鼻《ぼうばな》と呼ぶ。本陣1、脇本陣1の小規模な宿で、その脇本陣跡が藤川宿資料館として開放されている。珍しく無人で、見学者は自分で戸を開けて中に入り、電灯も自分で点ける形式になっている。藤川宿のジオラマが飾られているが、自分でスイッチを入れれば説明が聞ける。『膝栗毛』挿入の狂歌には「ゆで蛸のむらさきいろは軒毎にぶらりとさがる藤川の宿」とあって、当時の名物がゆで蛸であったことが記されている。藤川は内陸の宿だが、西棒鼻の先に道の分岐があって、吉良（現・西尾市）への往来ができた。蛸はおそらくそこから運ばれてきたものだろう。色つながりでは、この地はかつてむらさき麦の産地でもあった。この麦は鮮やかな紫色の穂をつけるのが特徴で、食用の他染料としても用いられた。長く幻の麦になっていたが、地元の努力もあって復活し、今では宿の数ヶ所で栽培が行われている。また、松尾芭蕉「ここも三河むらさき麦のかきつばた」の句碑が宿内に建てられている。

東海道は一路岡崎宿へ。歩きながら思い出したのだが、岡崎市東部にあたるこの付近は、漫画家とりいかずよしの地元である。僕はこれまでに一度だけファンレターを書いたことがあって、その相手がとりいだった。ファンレターの宛先は編集部になっていたはずだが、ちゃんととりいの手元に届けられたのだろうか。そのファンレターは、何を考えたのか七福神が宝船に乗っているところを描いたものだった。なぜ宝船なのかはもうわからない。めでたいほうがいいとでも思ったのだろうか。小学生のころの自分を問いつめてみたい気がする。

東海道「地味宿」の星、藤川！

〈てくてくある記　第11回2日目　その1　★（長沢駅）→藤川→岡崎〉

昨夜ホテルに戻り、各自部屋に引き上げたとき、部屋のデジタル時計を見て喜びに震えた。ゆっくり風呂に浸かって、ビール呑んで、アイスも食べて、あとは寝るだけなのにまだ7時40分！　歩数は約3万7000。暑かったので疲労感はあったけど、歩数的にはさほど多くはない。入念にマッサージ&ストレッチをして、湿布を貼って、ベッドに入ってもまだ8時半だった。計算では8時間以上眠れることになる。こんなに睡眠時間がとれるのは、この旅始まって以来初めてで、幸せを噛みしめながら眠りに落ちた。

が、しかし。午前1時40分。パッチリ目が覚める。いやいや寝ないと！　まだまだ寝ないと！　そう思うのに気持ちが焦れば焦るほど、眠りは遠のいていく。結局、持ってきた本を読みながら、うとうとするだけで集合時刻の4時50分を迎えてしまった。

私はふだんから眠りが浅く、旅先でもあまり熟睡できないのだが、チーム東海道ではどうやらスギエさんと銀色さんが同じタイプらしかった。旅の間「夜中に何度も目が覚めた」とか「○時に起きてから眠れなくなった」というのはいつもこの3人で、香山さんやガース&ガッキーからは聞いたことがない。銀色さんはともかく、私とスギエさんは体力がない上に、回復力もなかったのだと思い知る。

5時。これまた久々の筋肉痛に懐かしさを感じつつ、ホテルを出発。コンビニで朝食を仕入れて、東岡崎駅から今日歩くのとまさに同じ距離を名鉄に乗って戻る。乗車時間16分。これを何時間かけて歩くのか、などと考えてはいけません。

5時50分。長沢駅から藤川宿へ向けてウォーク開始。しばらく国道1号と並行する道を進んでいくと、赤坂と藤川の間の宿・本宿の石碑と冠木門があった。立派な門ではあるけれど、平成に造られたものなので「ほほう」感は薄い。この先から少し国道と離れ、しばらく歩くと徳川家康が幼少期を過ごしたという法蔵寺があったので見学。近藤勇の首塚と胸像が、鬱蒼とした場所に建てられていた。

一里塚を過ぎて、どこにでもあるレベルといっても過言ではない「ちょい松並木」を抜けると、再び国道1号と合流。お約束のなにもない道だけど、まだ6時半と時間も早く、国道の交通量は少ないし、歩道も広いので歩きやすい。写真を撮るものも特にないので、「なんか虫に刺されて痒い!」というスギエさんがムヒを塗る姿をカメラに収めてみる。こういう何気ない写真が、後々いい思い出になる……かな。なってくれ。

ようやく右へ逸れていく国道と離れると、復元された藤川宿の東棒鼻跡が見えてきた。ここからが藤川宿だ。大きな見学ポイントとしては脇本陣跡でもある「藤川宿資料館」くらいしかないが、東西の棒鼻跡や一里塚跡、石碑しかない本陣跡や問屋場跡にも、ひとつひとつ丁寧な説明板が立っていて、宿内のあちこちにベンチもあり、東海道ウォーカーに優しい。それだけのことで、足は痛いし眠いけど、気持ち的には上向いてくる。「アピールポイントの少ない地味宿（失礼）は、見習ってほしいものですな」などと上から目線で呟いてみた。

宿を出て、朝乗ってきた名鉄の踏切を越えると、藤川の松並木。近付いていく間に、ちょうど踏切の警報が鳴って、立ち止まり、電車が通り過ぎるのを待つことになったのだが、これが地味に良かった。最近は高架化が進んでいるので、踏切で目の前を電車が走り抜けるのを見ること自体が久しぶりで懐かしかったし、その後、パッと目前に松並木が広がる景色にも興奮した。いいな、藤川。地味に推したい！

松並木を抜け、またしても国道1号に入ってしばらくしたところで、10時半「デニーズ」で本日初の本格休憩。シロップをたっぷりかけたフレンチトーストをガースにすすめるも、「じゃあひと口だけ」と渋々ひと欠片口にした途端「甘すぎる！」と怒られる。いや、甘くないフレンチトーストなんて、フレンチトーストじゃないから——！

三十八 岡崎宿

徳川家康が生まれた岡崎城の城下町として栄え、幕末の旅籠の数も112軒と大規模な宿場だった。迷路のように直角に曲りくねった道が続く「二十七曲り」は、城の防衛のために整備された。

冠木門で休憩。この先に岡崎二十七曲りが待っている

三河武士も八丁味噌を食べるでしょう

【東海道ふむふむの38】岡崎

子供のころに長い時代小説ブームが来た。来た、といっても自分の中だけだけど。吉川英治の『宮本武蔵』『鳴門秘帖』他の代表作を読み、中里介山『大菩薩峠』（富士見時代小説文庫）などの超大作も読んだ。その流れで読んだのが、山岡荘八『徳川家康』（講談社文庫）全26巻である。たいへんおもしろかった。読み始めたらちょうどＮＨＫの大河ドラマが始まり（というより、ドラマが始まるから文庫が大々的に宣伝されたのだ）、本放送に追いつかれないように頑張って読んだ。「世界最長の小説」をどのようにダイジェストするのか関心があって文庫とつきあわせて観た記憶もある。『徳川家康』は確かに長い小説だが、実はとても読みやすい。家康の最初の正室・築山殿が狂乱するまでとか、有能な官吏・大久保長安が破滅する話とか、エピソードが数珠つなぎになっている構成なので混乱する部分がないからだ。だから実はドラマ化しやすい話でもある。

　さて、その家康の生地である岡崎宿は、代々の松平一族が本拠とした地だ。岡崎城の敷地を公園化した広大な敷地には各種の資料館や遺構が多数存在し、ここだけで1日つぶせるだけの内容がある。時間がなくて全部をまわっている時間はない、という人でもぜひ「三河武士のやかた家康館」だけは見ておいたほうがいい。家康の人生総まくりとでもいうべき分厚い内容になっている。松平（徳川）一族が三河国松平郷の小豪族から安城で力を養い、岡崎に本拠地を移した後に織田氏と協力して主家となっていた今川氏を打倒するまでの流れ、はたまた家康が今川義元の人質という屈辱の境遇から這い上がり、政争に最終的に勝利を収めて天下人になる過程、そういったものが解説されておりわかりやすい。

　特に感心したのは「決戦！関ヶ原」と名づけられたジオラマだ。何かの教材のキャッチコピーにあったが「これでわからなかったら関ヶ原はもう諦めてください」というような内容である。動くパノラマを駆使し、誰と誰がいつどこで闘って誰が裏切ったか、というような戦局をすべて動くジオラマで見せている。これ、子供のときに観たら絶対歴史小説のファンになる。完璧を期したければ、岡崎に行く前に（あるいは行きながら）宮城谷昌光『新三河物語』（新潮文庫）を読んでおくといいでしょう。徳川譜代の臣・大久保忠教《ただたか》（彦左衛門）は、大久保氏がいかに徳川家が天下人になっていく過程を助け、繁栄を導いたかを記した『三河物語』を晩年に著した。それを下敷きに、現代的な小説のセンスで再構築した作品だ。

東の宿外で立ち寄っておきたいのは、大平一里塚のすぐそばにある西大平陣屋跡である。名奉行と讃えられた大岡越前守忠相《ただすけ》は、晩年に加増を受けて大名の仲間入りを果たしたが、それが西大平藩なのだ。つまり陣屋は、大岡最晩年の城館なのである。東海道は岡崎の手前までは比較的まっすぐ進んでくるが、城下に入ると急に曲り角が増える。これは城下町の常だが、「岡崎二十七曲り」と呼ばれるほどの曲り角の多さである。現在では角ごとに番号が振ってあり、注意していれば迷うことはない。

岡崎はまた、八丁味噌の発祥の地でもある。岡崎城から西へ八丁（約870m）行ったところにある八丁村（現・八帖町）では、現在も複数の醸造会社が味噌造りを行っている。奇しくもこのへん一帯は、旅人であった若き日の義経が、この地の長者の娘である浄瑠璃姫と出会ったとの伝説が遺っている地でもある。水陸の交通の要衝であるということが、味噌造りを後押ししたことは間違いないだろう。醸造会社は積極的に工場見学を受け入れているので、ぜひ立ち寄りたい。トン単位の容量の味噌樽がずらっと並ぶさまは威容に満ちており、静かな感動さえ呼ぶ。過去に使用した道具が置かれた史料館には、過去に使われた商品ラベルなども展示されている。ちなみに宮崎あおい主演で放映されたドラマ『純情きらり』では岡崎で八丁味噌造りに携わっている家が重要な舞台として登場したが、その原案となった津島佑子の『火の山―山猿記』（講談社文庫）は甲府の話なので、一切岡崎は出てこない。

二十七曲りにへそ曲り！

〈てくてくある記 第11回2日目 その2 ★〈長沢駅〉↓藤川↓岡崎〉

実はこの日、藤川の松並木を抜けたあたりから、近くで秋祭りがあるらしく、子供神輿とすれ違ったり、どこからか笛や鉦《かね》鼓の音が聞こえてきていた。最初のうちは「いーねぇ、秋だねぇ」などと目を細め、耳をそばだてていたのだけれど、ジリジリと暑さに痛めつけられながら魔の国道1号線を歩いているうち、気持ちがささくれ立ってきて、「祭といえば、あの全国に増殖中の似非《えせ》よさこい祭はいかがなものか」という議題で、スギエさんと熱く語り合いながら歩いた。

「あれは結局、ヤンキーの集会代わりに違いない」「多くの日本人の遺伝子に組み込まれているヤン魂が騒ぐんだよ。じっとしていられないんだよ。踊り狂いたいんだよ」「会社ぐるみとかで参加を強制されたら辞めるぐらいヤダね」。もちろん、藤川にはまったく関係ないし、あくまでも個人的な見解なので、真剣に受け止めないで欲しいのだが、こんなくだらない、どうでもいい話をしながら歩けるようになったのだなあ、とちょっと感慨深かった。

閑話休題。休憩を終えて街道に戻り、しばらく行くと大平一里塚が見えてきた。退屈道をひたすら歩き続けると、やがてたどり着いたのが岡崎宿の冠木門。岡崎は宿場町であると同時に岡崎城の城下町でもあって、この先の道には天正18（1590）年に、岡崎城に入城した田中吉政が、城の防衛のために整備したという二十七曲りが待っている。敵の侵入を防ぐため（だけじゃないけど）の曲尺手の大規模版的な感じ？　岡崎市も気合いを入れて、かなり立派な道標をポイントとなる角々に立ててはいるものの、クネクネくねくねと迷子になるんじゃないかと思うほど曲りまくりなので、うかうか歩いていられない。手にした地図と道標を見比べながら、何度も立ち止まり、進んでいくしかない。これは絶対、東岡崎駅に向かう近道があるはず、と思うが、チーム東海道にはそんな「ズル」は許されない。

正直私は、この企画が始まってからも「基本的には東海道歩き」ぐらいに考えていて、宿場の雰囲気さえ摑めれば、所々タクシーに乗ったりショートカットしたりするのもアリなんじゃないかと思っていた。実は、途中で一度その話をガースにしてみたこともあったのだけれど「そんなこと考えてもみなかったよ！」と至極真っ当な返事をされ、「そうですよね……」としょぼくれる結果に終わった。

そんなわけで、戦火によってほとんど遺構も残っていない、すっかり現代的な岡崎の町をぐるぐる回る。途中、昨日泊まったホテルが見えたときには、午後12時半近くになっていた。

名鉄で16分＝徒歩で約7時間。電車、凄いね、電車！

　東岡崎の市内でお土産など購入し、豊橋駅に着いたのは1時半。今日はまだお昼ご飯を食べていないけど、それは各自新幹線のなかで済ませよう、ということになり解散。ホームへのエスカレーターを下りたら前方自由席のほうが近く、おそらくみんながいるに違いない後方の自由席に移動する体力もなかったので、ガッキーにメールをしてひとりで乗り込んだ。

　空いているのをいいことに2人席を独占して足のマッサージと座ってできるストレッチに励んだ後、爆睡。

　私にしては珍しく、新幹線に乗り込む際、どんな名物や駅弁を見ても「疲れすぎて食欲ない。何にも欲しくない」と飲み物だけを購入し、「この私がだよ？　それ程疲れてるってことだよ！」などと呟いていたのに、目が覚めたら猛烈な「ステーキが食べたい、どうしても！」欲が。品川で下車し、渋谷の駅デパで100g980円のステーキ肉を1枚購入。2460円。こうして東海道を歩いていなければ必要なかった出費が無駄に増えていく……！

　まだ私が家まで1時間はかかろうという電車内で、スギエさんの「フジタさんごめん。もう家で寝てる」というツイッターの呟きを読み、悔しさを噛みしめつつ6時帰宅。急いでご飯を炊いてステーキも噛みしめる。美味しい！　幸せすぎるほど美味しい！　ああこれで次も頑張れるかもしれない、と思う。単純すぎるだろ、私。

三十九
知立宿

知立宿《ちりゅう》は関ヶ原合戦の翌年、慶長6（1601）年に設置され、交通の要衝として様々な市が開かれた。広重が馬市の盛大さを浮世絵に描き、芭蕉や一茶が木綿市の繁盛の様子を詠っている。

「家康館」は見所満載で、気持ちは戦国武将!?

鳴海宿　11.0km　知立宿　14.9km　岡崎宿

ここにもあった在原業平伝説

【東海道ふむふむの39】知立

知立は派手な印象こそないが、東海道のミニチュアのような宿である。有名な伝承があり、街道のアクセントとなる一里塚と松並木があり、歴史的建造物がある。

伝承とはもちろん『伊勢物語』第九段にある八橋伝説だ。東下りの男が河の蜘蛛手、すなわち水路が入り組んだ個所にやってきて、かきつばたが美しく咲き誇っているのを見た。それにちなんで各句の頭に「かきつはた」と置いた「からころも着つつなれにしつましあればはるばる来ぬる旅をしぞ思ふ」という歌を詠んだというあれである。この八橋なる場所は東海道そのものではなく、さらに北に行った地帯、知立市と豊田市の間を流れる逢妻《あいづま》川付近の沖積低地であろうと推定されている。その付近には『伊勢物語』の主人公とされる在原業平の遺骨を分けて祀ったとされる業平塚も存在するのだ。この八橋伝説は格好の歌題となり、後世多くの歌人が「かきつはた」を織り込んだ歌を詠んでいる。八橋の地には無量寿寺があり、業平ゆかりの史跡として多くの来訪者を集めてきた。

東海道を歩いていくと、北側にその無量寿寺参道への分岐を示す参道が出現する。それがイベントの前触れなのである。岡崎宿からここまでは、言っては悪いが特徴に欠ける平凡な道だ。例外は尾崎一里塚の後にある永安寺の雲竜の松で、これは這うように広がった枝が南北で20m以上の長さに達するという壮麗なものだ。しかしそれ以降はまた何もない。いい加減飽きたところで目に飛び込んでくるのが、来迎寺《らいごうじ》一里塚である。

一里塚は、街道の両脇に小高く土を盛り、その上に目印の樹を植えたものだ。しかし往時の姿を偲ばせるほどに原形を止める一里塚というのは少なく、片側の塚が保存されているというのは上出来の部類で看板があれば御の字、中には小さく「一里塚跡」という道標が置かれているだけという淋しいものもあるのである。いや、消火栓じゃないんだから。

その点来迎寺一里塚は豪勢だ。両側の塚がほぼ原形そのままに保存されているのであるから(片側のみ、やや削れてしまっている)。なんの変哲もない住宅地の道の両側に、いきなりこの一里塚が出現したときの悦びは特筆に値する。東海道でも有数の、わざわざこれだけを見に来るに値する一里塚ということができるだろう。

一里塚からしばらく行くと、今度は全長500mにも及ぶ知立の松並木にさしかかる。松並木もあちこちにあるが、ここの特徴は両脇に側道が確保されていて、歩きやすいことだ。これは知立が馬市の開かれる町だったことに由来する。側道は馬をつなぐためのものなのである。それを抜けたところから宿が始まり、本陣や脇本陣の跡がある。そのまま進んで西のはずれまで行ったところにあるのが、延喜式にも記載のある知立神社だ。同社の多宝塔は室町時代に作られたもので国指定重要文化財になっている。ここまでたどり着けば、知立宿めぐりはほぼ終了ということになる。

こんな感じで見物すべきものが1セットになっている。あ、忘れてはいけないのがご当地の名物だ。『東海道中膝栗毛』にも登場し、例のきよのさんも食べているのが「ひもかわうどん」である。本来芋川の地で出来た芋川うどんだったのが、平打ちひもに似ているからその名称になったとの説がある。これはきしめんの起源ともいわれる。きよのさんはひもかわうどんの他に米饅頭も食べているのだが、不味いと書いている。口に合わなかったんですね。それ以外にあるのが「あんまき」だ。知立宿内にある小松家が発祥の地といわれていて、ホットケーキ地で餡を巻いたものである。大あんまきとして売られているものは結構大きく、旅人が歩きながらのおやつとして買うにはちょっと躊躇するのではないかと思う。

知立は池鯉鮒とも書く。知立神社境内の池に鯉や鮒が多いので「ちりふ」となった、というのは後世の創作で、知立の文字が古代から存在していたようである。それにしてもぴったりの当て字だ。ちょっと寿司屋の湯呑みみたいではあるが。

きらり☆観光モードで歩いてミソ
〈てくてくある記　第12回1日目　★岡崎→知立〉

さて3週間ぶりの東海道である。本日の朝食駅弁は「米沢牛炭火焼特上カルビ弁当」。いくら肉好きとはいえ、44歳。朝から「カルビ」はいかがなものかと思わないでもなかったが、予想以上に美味しくて、テンションが上がる。この東海道ウォークにおいて、朝の駅弁は単に体のガソリンになるだけではなく、ほんとに気持ちを左右するのだ。前回はちょっと失敗したので、今日は幸先が良い感じ。

豊橋で名鉄本線の特急に乗り換えて、東岡崎に着いたのは朝8時36分。東海道まで戻って9時にスタートする。本日はレギュラー4人と香山さん&銀色さんに有馬さん&幻冬舎の頼もしき校正者・あべどん。あべどんは昔、一緒に断食にも行った仲なのだが、久しぶりに会ったらものすごく痩せていた。聞けばランニングにはまっているというではないか。どうしてこの企画のゲストは体力ある人ばっかりなの！　辛さが共有できないのが辛い。

9時30分。「今日はここが最初で最後の見学ポイントかもしれません」という番長ガッキーに促され、「三河武士のやかた家康館」に到着。火縄銃や桶狭間の合戦で使用されていたという長槍の模型が展示されていて、手に取って重さを確かめることができる。兜をかぶることもできるのだけれど、どれも想像していた以上に重い。「こんな道具で戦争していたなんて、昔の人は凄いなと思いました」と社会科見学に来た小学生レベルの感想を呟く。

あれこれ見終えて「家康館」を出ると、目の前の茶店でひと足先に休憩していたガース&ガッキーが「味噌田楽買ったよ。食べてー！」と皿をまわしてくれた。「わーい！　ありがとう！」と大人の態度で喜んでみたが、自ら「味噌田楽を食べたい」と思ったことは今までに一度もない。だって蒟蒻《こんにゃく》だよ？　八丁味噌は美味しかったけど。

ここから少し歩くと八帖町に入った。八丁味噌は、岡崎城から西に八丁離れたこの場所で造られるようになったことからその名がついたそうで、現在も老舗2軒の味噌蔵が並んで建っている。ちょうど年に一度の両店の合同イベント「きらり☆まつり」が行われていて、賑やかだったので予定外ではあるものの見学していくことに。なにがきらり☆なのかと思ったら、岡崎は宮﨑あおいが主演したＮＨＫの朝ドラ「純情きらり」の舞台なんだとか。見たことないです、ごめんなさい。各々売店でお土産など購入し、古い味噌蔵を見てまわった後、こっそり味噌ソフトクリームを購入。ラムレーズンのような味で、これは美味しかった！

すっかり観光モードになっていたところ、ガースに「さあお楽しみは終わりました。ここからは心を殺して歩いて下さい」と宣言され、一同我にかえる。時刻は11時半。ほとんど進んでいないのにもう昼前！　大変大変と先を急ぐ。が、歩いていなくても腹は減る。この先、飲食店も期待できそうにないということで、12時半、矢作橋を越えた先にあった「とんかつのツヅキ」で昼食。みんなが名物の味噌カツなどを注文するのに、私は海老フライ&ハンバーグ定食。だってカツは普通にソースのほうが好きなんです、ごめんなさい。

レベル中（当社比）の松並木を過ぎると、にわか大木好きと化した私の心騒がす永安寺。ここに樹齢300年のちょっと変わった黒松があると資料で読んで楽しみにしていたのだ。「雲龍の松」と名付けられたそれは、なるほど、3つに枝分かれした幹が、龍が雲を摑むように伸びていくもので、目の前にするとため息を吐くほど美しい。一見の価値アリマス。

スギエさん称賛の来迎寺一里塚を過ぎ、レベル上の下（当社比）の知立の松並木を抜けて、4時、本日の宿泊地「ホテル　ルートイン知立」に到着。今日はスギエストックを羨んで購入した2本ポール使用だったので、疲れてはいるものの「限界」にはまだ遠い。とはいえ、ここで気を抜いてはいかん、と、すぐにホテルの大浴場へ。実際には「中」な浴槽がひとつあるだけではあるが、移動せずにゆったりお湯に浸かれるのは有難い〜！　湯上がり後、休憩ルームにあった足裏マッサージ機にガンガン100円玉を投入し、40分揉まれる。

6時、ロビーに再び集合して、知立の駅前に夕食へ。

四十 鳴海宿

今川義元と織田信長による「桶狭間の戦い」の合戦地として知られる。知立と鳴海《なるみ》の間の宿・有松は、尾張藩が推奨して始まった木綿の有松絞りの産地。現在も風格ある古い家並みが続いている。

間の宿・有松は、江戸情緒たっぷりの町並み

宮宿 6.5km 鳴海宿 11.0km 知立宿

古戦場と絞りと。有松もあるよ！

【東海道ふむふむの40】鳴海

知立宿を出ると東海道は豊明市を通っていく。南北一対で原形を止めたまま残っている国指定史跡の阿野一里塚を過ぎると、やがて桶狭間合戦地の北にさしかかる。

永禄3（1560）年、上洛の途次にあった今川義元の野営地を織田信長が急襲し、これを討ち取った。その際の戦場がこの付近にあるのだが、義元が首を取られた地点は確定していない。地元の桶狭間古戦場プロジェクトチームが配っている広域マップにも候補地として「桶狭間古戦場伝説地」と「桶狭間古戦場公園」の2ヶ所が書かれていて、どちらの可能性も曖昧に肯定している。前者が豊明市内、後者は名古屋市緑区内にある、という事情を見て「ああ」と思った人はそのまま納得してください。それが大人というものである。

その広域マップを見るとわかるのだが、周辺には大高城や鳴海城など、合戦関係の史跡がごろごろしている。僕の伯母は鳴海城付近に住んでいるのだが、家はやや高台にあって、住居表示は「砦」だった。皆川博子『新・今川記　戦国幻野』（講談社）は今川義元側から桶狭間を描いた作品だが、この中でも鳴海城は重要な戦略拠点として描かれている。

　桶狭間を過ぎると、やがて穏やかなたたずまいの町並みが見えてくる。間の宿・有松だ。白と黒のコントラストが美しいなまこ壁や、うだつ（隣家からの延焼を避けるための防火壁）が軒先に上げられた町家など、見とれるほどに美しい。ここまで旧い景観がまとめて残されているのは愛知県内では有松だけだし、東海道を通しても美しい景観の町の上位に入るはずだ。思うに、数ある間の宿の中でもっともその存在意義が大きいのは有松である。

　有松は意図的な移住によって成立した。知立と鳴海の間は長いのに人口は少なく、街道が荒れる可能性があった。そのため移住政策が進められたのだが、肝腎の産業が有松には存在しなかった。そうした事態を打破したのが、有松絞りという名産品だったのだ。絞りはくくりという工程を含む。これは手作業で、しかも鹿の子、三浦、竜巻などさまざまな種類がある。それによって出来上がる、凝った文様が旅人の人気を集めたのである（宿内で熟練者がこの作業を行っているところを見学できる）。隣接する鳴海宿でも同じように絞り作りが行われたが、あくまでも中心は有松だった。ただし販売窓口は鳴海のほうが格段に多かったので、工芸品の名称としては有松絞り、鳴海絞りが並存し、現在では有松・鳴海絞りと併記するのが普通になっているようだ。このへんも有松側の大人の態度を感じてしまう。たしか僕が子供のころは地元の人は鳴海側も含めてみんな有松絞りって言っていた気がするんだけど。

有松から鳴海へ。常夜燈を過ぎて扇川を渡ったところが鳴海宿だ。「此所より鳴海宿」の標示が、よく電柱に縛りつけてある立て看板だったのにはびっくりした。東海道を通じてもここだけである。そのすぐ右にある瑞泉寺は、山門を見ただけで黄檗《おうばく》宗の寺院であるとわかる。ここから先は長く続く商店街になっていて、子供のころ伯母の家に泊まりに行った際に何度となく通った。街道の右側には先述の「砦」に上がる道が何本かあって、その中腹には寺院が多数存在するのである。商店街の真ん中付近におばあさんがやっている書店があったはずだが、なくなっていた。その店で僕は万引きに間違われたことがある。これは僕にも非があって、エロ本を買おうとしていたのだ。まだうぶだったので本を持って帳場（レジなんてものじゃない）に行く決心がつかず、まごまごしていたらおばあさんに泥棒だと思われてしまった。さらに行けば、最古といわれる芭蕉供養塔がある誓願寺だ。

ここまで歩いて、寺の前で待っていたカズコ伯母に会った。前の晩に、東海道ウォークで通るから、と電話で伝えてあったのだ。何もしなくていい、と言ったのに、たくさんのゆで卵と、栄養のあるバナナと、絞りのハンカチを持ってきてくれていた。絞りは僕の家に何枚もあるので、女性陣で分けていただいた。卵とバナナは食べた。卵はしょっぱくて、バナナは甘くて、旅の疲れを癒すのにちょうどよかったです。伯母さん、ありがとう。

嬉しいサプライズ×ひつまぶしパワー！

〈てくてくある記　第12回2日目　★知立→鳴海→宮〉

昨夜、知立の駅近くにあった「鳥八」で、好物の焼き鳥をたらふく食べ、駅前のミスタードーナツで夜食を購入（ガース以外）した後、ホテルに戻ったのは夜8時半。歩数的にも3万6000ちょっととさほど多くなく、Wポールに助けられ、自分比の疲労度は70％レベルとかなりいい感じだったのだけれど、が、しかし。本日の予報はまたしても曇りのち大雨。まだ外は真っ暗ななか、早朝5時、ホテルを出発する。あべどんは1日参加だったので、今日は7人だ。コンビニで恒例の朝ご飯を買って食べ、機会があったら是非食べたかった名物「あんまき」の看板を羨みつつ（当然まだ開店前なので）、雨が降る前にできるだけ距離を稼ごうと先を急ぐ。問屋場跡、本陣跡、知立城跡などがあるが、まだ暗いので気をつけていないと通り過ぎてしまう。冬の早朝立ちはこれがネックかも。

6時。ようやく明るくなってきた。でも早くも雨。まだそれほど強くないので、レインウエアとニット帽でしのぎつつ、Wポールの推進力でガンガン歩く。道は魔の国道1号なので、黙々黙々ひたすら前進。

久々の撮影ポイントだった阿野一里塚で気合いを入れ直し、8時20分、中京競馬場の看板が目につく駅近くの「モスバーガー」で休憩。チーズバーガーとオニポテ、プレミアムアイスティーを注文したら、ガースに「朝ご飯も食べたのに！」と呆れられる。と、そのとき「昨夜買ったドーナツをいつ食べたのか」という話から、香山さんが「買ったドーナツ、全然甘くなかったんだよなあ」と呟いた。香山さんが買ったのは至ってオーソドックスなものだったので、「それはどこか体が悪いのでは」「脳梗塞の予兆では」「大丈夫？　具合悪くない？」と一同急にざわめきだした。本気の心配半分、からかい半分で。

休憩をとった後なので、少し道は逸れるが桶狭間の古戦場跡を見学してから、間の宿・有松に入る。有松は絞り染めで有名な町で、古い商家や家並みも残っている。絞り染めのことなんてほとんどなにも知らないので、ほんの興味本位で「有松・鳴海絞会館」に立ち寄ってみたら、絞り惚れした有馬さんがシャツを購入。私なら衝動買いするのは躊躇われる金額でも躊躇なく払う姿を見て、「凄いな幻冬舎」と思う。

再び歩き始めたところで、スギエさんの伯母様が差し入れを持って応援に駆け付けて下さった。頂いた有松絞りのハンカチを女子チームで分け、バナナを食べる。今日はなんだか食べてばかりいる気がするが、気にしてはいけない。と、今度は、天白橋を越えたあたりで、後ろから電動自転車に乗ってきた女性に「藤田さん！」と声をかけられた。ツイッターのフォロワーMさんだ。事前に「覗きに行きます」とコメントは貰っていたものの、まさか本当に来てくれるとは！　今日は飽きてきたところで嬉しいサプライズが続く。よし頑張ろう！

鳴海宿の笠寺一里塚も、東側だけしかないが、来迎寺に劣らぬ立派な榎の巨木が残っていた。名古屋市で現存する唯一の一里塚だと知り、いつの間にやら名古屋に入っていたことに気づく。上り坂になる道で、Mさんに Wポールを手渡し、電動自転車を押させてもらう。乗ったことがないので、この坂道でどれほど電動効果があるのか試してみたくてたまらず、ちょっとだけ漕がせてもらった。凄い！　イマドキの電動自転車はこんなにパワーがあるのか！と感動して乗り回していたら、ズルを許さないスギエさんに「はい、戻って歩いてー」と注意される。厳しすぎるよ、東海道……。街道沿いの門前町らしさが残る笠寺観音商店街を抜けてしばらく進むと、だんだん道幅も広く都会的な雰囲気になってきた。その分、面白味は減るものの、もうゴールは近い。

午後1時半。無事に本日の目的地・七里の渡し跡に到着。と、同時に雨が凄まじい勢いで降ってきた。これから自転車で帰るMさんを心配しつつ、雨が小降りになるのを待って別れ、来る途中予約してきた「蓬莱軒」の閉店ギリギリに滑り込む。名物に美味いものはないというけれど、ここのひつまぶしは安心安定の美味しさ！　それにしても鰻、食べ過ぎでは……。

四十一 宮宿

熱田神宮の門前町であったことから「熱田宿」ともいわれ、桑名宿への海上航路の玄関口として「七里の渡し」の渡船場を中心に大いに賑わった。旅籠数は東海道で最多の248軒。

笠寺一里塚の榎の巨木。もう、雨の東海道にも慣れました

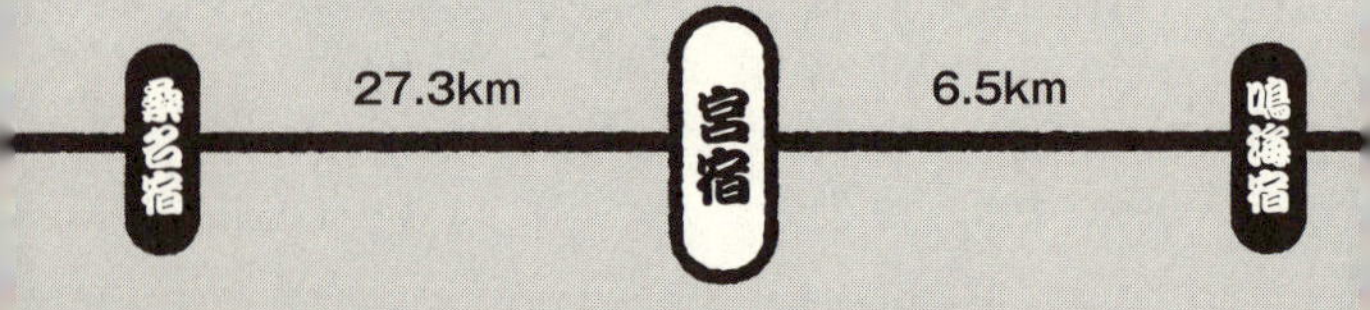

陸路・東海道とちょっとお別れ、の港町

【東海道ふむふむの41】宮

鳴海宿から次の宮宿までは６・５㎞ある。たいした距離ではないが名所旧跡が詰まっており、密度が高い。これは逆打ちになるが、平成16年に発表された「美しい日本の歩きたくなるみち５００選」にも「東海道・宮の宿から有松へたどるみち」は含まれていた。

東海道を西進していって最初に行き着くのが、片側ながら江戸時代の遺構が保存されている笠寺一里塚と、その先にある笠寺観音こと笠覆寺《りゅうふくじ》だ。ここには玉照姫伝説が残されている。藤原基経の子・兼平がこの地を通りかかった際、雨が降っているのに自分の笠を取って雨ざらしになっていた本尊にさしかけた娘がいた。兼平はその娘を玉照姫と名乗らせて妻とし、併せて荒廃した寺を再建したというのである。笠をかぶるから笠覆寺だ。本尊十一面観音は8年ごとに公開される秘仏だが、現在も笠をかぶっているそうである。これとは別に玉照姫を祀った泉増院が道の反対側にあり、縁結び祈願で人気を集めている。

この伝説、仏像に笠をさしかけたことが吉縁のはじまり、という話の構成など、誰もが笠地蔵譚を思い浮かべるはずだが、あれとの関連性は検討されているのかしらん。また、玉照姫が元は美濃の豪族の娘だったが零落し、鳴海長者という者に使役されていたという話の運びが、原型は説経節なのではないかという疑念を起こさせる（もしかすると誰かがすでに比較研究を行っているのかもしれない）。玉照姫の名は元治元（１８６４）年に発行された「古今名婦伝」の中にも見つけることができる。これは画・三世歌川豊国（国貞）、文・柳亭《りゅうてい》種彦《たねひこ》（初代）の美人画集で、古代の清少納言や白拍子《しらびょうし》・祇王《ぎおう》（『平家物語』に登場する、平清盛の愛人となった女性）、乳母《めのと》・浅岡（政岡。『伽羅先代萩《めいぼくせんだいはぎ》』の登場人物）などの名が挙がっていて、孝女・忠女が意識的に選ばれていると思われる。当時の女性観を如実に反映した形だ。はっきりいえば、男に従順で、おとなしい女性がいい、ということです。

泉蔵院に隣接して東光院がある。この寺にはかつて宮本武蔵が滞在していたとの伝承があり、武蔵が左右の手で書き分けた（二刀流だから？）「南無天満大自在天神」の掛軸などが伝わっている。さらに東海道を西に進み、名鉄名古屋本線の踏切りを越えて左折した先にあるのが富部《とべ》神社だ。ここは17世紀の創建当初は蛇毒神社という名前だった。蛇毒気神とは牛頭天王（スサノオノミコト）の第八王子である。本殿は桃山様式を伝えるものとして国指定の重要文化財になっている。

このへんの笠寺台地は、かつては海を一望できる景勝地だったという。さらに先には熊野三社などがあり、そこから熱田神宮の門前町へと向けてゆるやかな下りが始まる。

坂が終わると一瞬近代的な町並みになるが、JR東海道本線のガードをくぐると、途端に庶民的なものに戻る。さらに名鉄常滑線のガードもくぐると、一里塚跡付近から一気に海辺の雰囲気が漂い始めるのだ。おそらく向こうが海で、空が大きく開けて見えるからだろう。ここはもう名古屋市熱田区である。船着場へと向かう途中で道の左側に「どどいつ発祥之地」碑がある。どどいつは19世紀初頭に都々逸坊扇歌によって完成されたが、その源流のひとつがこの町の女たちの間で流行した神戸節だったのだ。

この宮の宿は尾張藩の海側の玄関口であり、迂回路を通らない限りは必ず経由する場所だったから旅人が多く集まるのは当然だが、もうひとつ繁栄の理由があった。林美一『東海道艶本考』によれば、元文3（1738）年に当時の藩主徳川宗春が将軍吉宗によって蟄居させられたが、宗春が進めていた規制緩和策はすべて逆コース行きになり、名古屋は一気に窮屈極まりない町になってしまったという。遊廓禁止どころか、芝居小屋以外では三味線を弾くことさえできない。これを嫌った遊び人たちが大挙して宮にやってきた、というのが裏面から見た宮の宿繁栄史なのである。その説が当たっているかどうかはともかく、現在の宮周辺には艶めかしい雰囲気はほとんど残っていない。

体力がないならお金を使えばいいじゃない？

〈東海道ウォーキング・グッズあれこれ　その6〉

1日5時間、6時間と歩く本番と同じ練習を、常日頃から行えるほどの時間はない。ではどうすればいいのか。登山やランニングならいざしらず、「歩くだけ」のことにこれほど悩んでいる人はそうそういないだろうと思いつつ、地味トレに励んだものの失敗し、業を煮やした私は「これはもう金を惜しんでいる場合じゃない」と考えた。体力がないならお金を使えばいいじゃない？　私のなかの傲慢プリンセスがそう囁いたのである。

今は中高年のハイカーも多いわけで、体力のなさを手助けしてくれるグッズがきっとあるはず。それをこの際、片っ端から試してみようじゃないか、と。

そんなわけで「勿体ない」と悩んでいたザックを買い替え、それなりに高かったウォーキングシューズも捨てて（いや実際には捨ててませんが）、ソーラーソフトサンダルを購入し、少しでも靴底のクッションが減ってきたら履き替えるべくすかさず2足買い足した。

そして向かったのは登山用品の専門店。ウォーキング&ランニング用品の専門店もあるにはあるが、なんとなく、体力＝生死に直結しかねない登山のほうが、サポート用品も充実しているのではないかと思ったから。そこで、この企画の間に私が実際購入&使用して、それなりに効果を感じたグッズを紹介しておきたい。

〈靴下の部〉

★「バイオギアソックス　アーチハンモック」（ミズノ）……人間の土踏まずはアーチ型になっていることで体重を多方向に分散し、衝撃を和らげる役割を果たしているのだが、長時間歩いていると体重でアーチが潰れる＝衝撃が大きくなって疲労感が増し、痛みにつながる。この靴下は特殊構造でアーチが潰れないように支えてくれる、というもの。右足用、左足用ときちんと分かれていて、脛や甲の部分のサポート機能もアリ。個人的には爪先がゆったりしている点も気に入った。2500円（でもネット通販だと半額ぐらいで売られてる）。

★「マルチボーダー　サポートパイル」（HALISON）……高機能靴下ではないけれど、サポートパイル編みのフィット感がきつすぎず、ゆるすぎずで穿いていて気持ちいい。それほどハードなコースじゃないときはこちらを使用。カラフルなボーダーで、見た目も可愛い。私はオレンジを買った後、ピンクを買い足した。1500円（税別定価）。

サポート靴下を穿き始めたら、ふつうの靴下にはもう戻れなくなり、あれこれ結局12足ほど購入してしまった。足は2本しかないのに！　靴下侮りがたし。

〈ポールの部〉

膝に不安があったので、近所のスポーツ用品店で購入した3500円ほどのお手軽シングルポールを初回から持って行った。でも「スギエストック」を試させてもらってから、やっぱりWだな、と新たに登山用品店で買い直したのがこちら。

★「2本組ストック」(EVERNEW)……「軽くて持ち運びが便利でそれほど大袈裟じゃないもの」という視点で選択。初心者向けの補助ストックだけど、私には十分だった。これがなかったら箱根も小夜の中山もとても越えられなかった！　1万2990円（税込定価）。

〈サポーターの部〉

★「ZAMST　MK-1」(SIGMAX)……売場でいろいろ試して決定。ハードすぎず、靴を履いたまま着脱可能で、ホールド感はしっかりある。膝に不安があったので、左右購入。ちなみに選んでもらったサイズはLLでした(笑)。1枚3990円（税込定価）。

体力とは関係ないけど、街道ウォークの便利グッズとしては、紛失しがちなケータイやデジカメを洋服やリュックとつなぐ伸縮ストラップや、ザックに取りつけるLEDライト、ザックのレインカバーなど他にもいろいろ購入してみた。でもいちばんあって良かったと思ったのは携帯用の「トイレその後に」。これは旅の必需品ともいえるけど！

四十二 桑名宿

宮宿から桑名宿までは、「七里の渡し」で結ばれ、3時間以上にわたる舟旅だった。宮宿に次ぐ120軒もの旅籠が軒を連ね、伊勢参詣に向かう旅人も多く、大変賑わっていた。

ほとんど富士山は見ていないので、ミニチュアでも大興奮！

四日市宿　12.6km　桑名宿　27.3km　宮宿

港の紅灯、いまだ忘れがたし

【東海道ふむふむの42】桑名

東海道41番目の宿である宮から42番目の桑名までは「七里の渡し」と呼ばれ、舟で行く。僕たちには真似ができずやむなく陸路で桑名入りである。さわやかな海上行を体験できないのはしゃくなので、ここは弥次喜多のふたりに旅の模様を教えてもらおうと思う。

慣れない船旅ではあったが、弥次郎兵衛は大いに落ち着き払っていた。前夜、宿の主人に言って竹筒を切っておいてもらったからである。小便用の道具である。これは本来「延長用」だ。火吹き竹のように前に穴が開いているので、筒先を船べりから出していたすのが楽になるというわけだ。ところが弥次郎兵衛は、これをしびんと思い込み、舟の中にしばらく置いておいたからさあ大変。液体が流れ出し、そこらへんがびしょびしょになってしまう。

……尾籠な話で申し訳ありません。『膝栗毛』も四編下のこのへんまでくると、一九も悪のりして下ネタ全開なのである。それはともかく、桑名で見るべきは、なんといってもこの七里の渡し場跡だろう。昭和34年の伊勢湾台風の後に築かれた防潮堤があるため往古のままというわけにはいかないが、船着場の階段を水際近くまで降りられるようにはなっている。近づいて磯の匂いを嗅ぐと、今にもそこに渡し舟が入ってくるような気持ちになる。

この渡し場は伊勢国の入口でもあるので、伊勢神宮一の鳥居が水際すぐにそびえ立っている。同時に渡し場は桑名宿の中核でもある。ほとんどの旅客はこの地を通っていくからだ。船着場のすぐそばには問屋や本陣もあった。桑名宿の七つ屋七曲りといい、船着場を出たところの川口町を起点として東海道は鉤状にくねくねと曲る。そこに天保14（1843）年の調べでは本陣2、脇本陣4、旅籠120がひしめいていた。このうち船着場近くにある大塚本陣と脇本陣駿河屋はそれぞれ高級料理屋旅館の船津屋、山月として生まれ変わった。山月は今でも同じ営業形態だが、船津屋は旅館を止めて飲食店専業に転じた。この船津屋は泉鏡花『歌行燈』（岩波文庫）の舞台・湊屋のモデルであり、かつ鏡花がこの小説を書いた旅館でもある。病的な潔癖症の鏡花は生の魚介類が食べられなかったはずなので、船津屋ではいったいどんな料理を彼に供していたのだろうか。鏡花はこの宿を、

――湊屋の奥座敷、これが上段の間とも見える、次に六畳の附いた中古の十畳。障子の背後は直ぐに縁、欄干にずらりと硝子戸の外は、水煙渺として、曇らぬ空に雲かと見る、長洲の端に星一つ、水に近く晃めいた、揖斐川の流れの裾は、潮を籠めた霧白く、月にも苫を伏せ、

蓑を乾す、繋船の帆柱がすくすくと垣根に近い。

と描写している。実際の屋内は現在、どうなっているのだろうか。この2軒だけではなく川口町には『歌行燈』の世界を体感できる店が今でも営業を続けている。

船着場の東側は旧桑名城址の九華公園であり、堀の石垣を左に見ながら最初は歩くことになる。七つ屋七曲りをずっと進むと、やがて道の左に出てくるのが天武天皇社だ。壬申の乱の際に帝が当地に長期間滞在したことを記念して建立されたものといい、日本で唯一の天武天皇を主神とする神社である。元は別の位置にあったが、武家屋敷を建てるために寛永12（1635）年に現在の場所へと移された。その並びを突き当たりまで行けば矢田立場跡で、復元された火の見櫓が建っている。ここを過ぎれば、あとは一直線に次の四日市宿をめがけて歩くだけだ。四日市宿の手前には名物なが餅の「笹井屋」があるので寄るのを忘れずに。

そういえば、桑名名物の話をするのを忘れていた。桑名を代表する名物といえば焼き蛤だ（時雨煮も人気だったらしいが）。『膝栗毛』でも、弥次喜多の両人はたいへんに気に入ってこの蛤を大盛りで頼む。ところが例によってつまらないことで言い合いになり、喜多八は焼けた蛤の殻をうっかり弥次郎兵衛の股引の中に落としてしまう。さらに慌てたのか、蛤の殻と弥次郎兵衛のへその下を一緒につかんでしまい……。結局、また下ネタか！

尾籠な話で申し訳ありません。『膝栗毛』も五編上のこのへんまでくると（以下略）。

ああ、懐かしの四日市!?

〈てくてくある記 第13回1日目 ★桑名→四日市〉

本当は宮宿の後、11月にはスキップしてきた箱根路に挑む予定だったのだが、直前でスギエさんから体調不良のお知らせ&お詫びメールが入った。12月に箱根というのも天候の不安があり、番長ガッキーが箱根はさらに先に延ばすことを決断。そんなわけで今回は桑名から四日市を目指すことになった。メンバーは前回と同じ小人要素も侍要素もない7人。

12月22日&23日という、恋人たちがロマンティックなイベントに励んでいるであろう休日に、色気皆無の東海道へ。実は数日前に食あたりからの胃痛に襲われ、ここしばらくろくに食べていなかったのだが、「長距離ウォークの最大の武器は痩せた体!」という持論を信じて歩く所存でございます。今日もやっぱり雨だけど……。

毎度毎度の新幹線（但し今回からは「のぞみ」だ!）に乗って、名古屋で近鉄特急に乗り換え桑名に着いたのは午前8時21分。近鉄は松阪にある祖父母宅の往復に子供のころから数えきれないほど利用してきたものの、車の運転免許を取って以来御無沙汰だったので早くも懐かしさが込み上げてくる。実は今回の桑名↓四日市は、私が生まれてから4歳まで過ごした土地。40年前のことなので「想い出の場所」のようなものが残っている可能性は低いし、自分の記憶力もあてにならないことこの上ないが、近鉄特急に乗れただけでも満足だ。

本来なら「七里の渡し」で着いたはずの桑名の渡船場には、どどーんと伊勢神宮の一の鳥居が建っていた。ここが伊勢国のはじまりで、伊勢神宮参拝の玄関口でもあった証。小型の船が沢山係留されている船だまりを見ながら進んでいくと、本日のプチ高まりポイント「歴史を語る公園」が見えてくる。ここは日本橋から三条大橋まで、東海道五十三次をモチーフにした公園で、3分もあれば東海道を踏破できる。全員揃ってミニチュア三条大橋で、ゴールのシミュレーション写真を撮影。本当のゴールがいつになるのかは、まだ予測不能。

10時。火の見櫓のある矢田立場跡を通過。道は歩きやすいが、安永の常夜灯、石碑だけの一里塚跡など地味めなポイントが続く。まあ実際、高まり続けられるような宿なんて、数えるほどしかないわけで、さすがにもう慣れてきた。朝日町の公園の焼き蛤解説板と、道の端に1本だけポツンと立っている樹齢300年といわれる榎に、少しだけ癒される。すっかり葉が落ちて寂しげだけど。朝日橋を渡ってしばらく進むと松寺の立場跡。立場といえば、昔は茶店が並び旅人たちの休憩ポイントだったわけだが、周囲に喫茶店的なものは見つからず、11時50分、ミニストップでトイレ&おやつ休憩。胃が弱っているというのにいちごオーレを選択。「どうかしてる」と呆れられる。富田一里塚を過ぎたところで、そろそろ昼ご飯を……と店を探し、午後1時、イオンモール四日市北店の敷地内に建つ「とのさん」にたどり着く。カレーうどん定食、海老フライ定食などがっつりいくみんなを横目に、おとなしく力うどん。胃が痛くても、せめてこれぐらいは！と餅入りを選ぶ自分がいじましい。

食事を終えて再び歩き出す。雨は上がって、だんだん空は晴れてきた。歩きやすいけど単調な道を進みながら、香山さんと「ＡＫＢグループの今後について」語り合う。アイドル話ができるリア友はいないので、ヲタ道を邁進する香山さんは貴重な存在。他のみんなはまったく興味を示さないけど。寒くもなく、暑くもなく、辛くもないけど面白くもない。でも、そんな退屈歩きにも慣れてきた。3時。三ツ谷一里塚跡を通過し、三滝橋を渡ったら、もう四日市だ。おやつに橋のたもとの「笹井屋」で銘菓「なが餅」を購入し、店内で実食。やっぱりなが餅は笹井屋だよ！とひとり興奮する。

3時45分。宿泊ホテルにほど近い公園を本日のゴールとして記念撮影。チェックイン後、タクシーを奮発してスーパー銭湯「満殿の湯」へ向かう。夕食をどうするか話し合った結果、この後古本屋へ行きたいというスギエさん＆香山さんとは別行動をとることになった。遠慮がなくなってきていい感じ！　すかさず銀色さんとふたりで食後のマッサージを予約して、1時間半たっぷり揉まれ、ホテルに戻ったのは夜の9時半だった。

四十三
四日市宿

東海道と伊勢街道の分岐点・日永の追分があり、多数の茶屋が軒を連ね、大いに賑わっていた。毎月〝四〟のつく日に市が開かれていたのが地名の由来。日本武尊が剣を杖代わりにして越えたという急坂「杖衝坂」がある。

白い煙が青空に映える、工業都市ならではの景色

石薬師宿 — 10.7km — 四日市宿 — 12.6km — 桑名宿

工業都市でありふれた食について考える

【東海道ふむふむの43】四日市

東海道ウォークで四日市を歩いた中で真っ先に思い出したのは、途中で入ったレストランでは、煮込みうどんが名古屋風の八丁味噌ではなかったということである。なんと日常的な。おお、野瀬泰甲はこういうことを調べたかったのだな、と妙に納得した記憶がある。

四日市は僕にとって馴染みの薄い街だけど、三重県民だった時期があるフジタさんにとっては、懐かしい感じのする場所だったはずだ。そんなことも手伝ってか、営業を止めてしまったらしい書店だとか、何時に開いて何時に閉まるのかわからない中華レストランだとか、そういう街場の風景ばかり見ながら歩いたことを覚えている。ご存じのとおり四日市は工業都市で、遠景にはいつも白い煙を吐き続ける煙突が映っていた。護岸工事がされていない、気持ちのいい川（たぶん朝明川だと思う）を渡るときも、遠くにはやはり煙突。ミスマッチだけど、なんとなく納得して、白い煙が空の青に映えるのをただ眺めていた。

四日市からはたくさんの作家が出ている。そのうちふたりは戦時文学の名手。映画化された『肉体の門』が有名な田村泰次郎と、『螢の河』で第46回直木賞を受賞した伊藤桂一である。ふたりとも20代で召集され、中国東北部に送られた。帰国ができたのは昭和21年のことで、同じ佐世保港に着いた後に故郷へと戻ってきた。田村の「渇く日日」（講談社文芸文庫『肉体の悪魔　失われた男』所収）は懐かしい風景とひとびとの温かい人情に包まれながら、戦場で過ごした時間から解放されていない復員者の心情を描いている。主人公の曽根は兄の工場で働く少年たちに誘われ、海岸に牡蠣《かき》を採りに行く（採れた時代があったのか！）。しかし貝殻で指を傷つけて出血し、そのことが戦場の記憶を呼び覚ます鍵になってしまう。

伊藤の「帰郷」（講談社文芸文庫『螢の河　源流へ』所収）では、〈私〉は戦火によって焼け野原にされた四日市を見る。ただひとつだけ焼けずに残っていたものは諏訪神社の石の鳥居だったという。この諏訪神社は東海道のすぐ北側にある。東海道と伊勢街道の分岐を示す道標から国道1号線を渡ったところだ。一の鳥居と二の鳥居があって、二の鳥居は銅板で全体が覆われている。一の鳥居は冠木鳥居といって参道の両脇に分かれた、少し変わった形をしている。おそらく伊藤が見たのは、二の鳥居のほうだっただろう。ここは四日市駅に近い中心地で、鳥居以外のすべてが焼けたということは本当に丸焼けだったのだろうと推察される。江戸時代の旧い建物が残っていない、と文句をつけるのは野暮だ。

近藤啓太郎も四日市の人だ。随筆集『ぬた毛の犬』（六興出版）には「四日市のカレイ」が入っていて、「煮つけると、全身がそっくり返って、骨から身がはなれてしまう」という生まれ故郷の魚のことを書いている（このカレイはあのきよのさんも食べている）近藤は少年期に東京へ移住してしまったそうだから、なおさら印象が残っているのだろう。

こうして見ると煮込みうどんだとか、身近な食べ物のことばかり記憶しているのもあながち間違ったことではないような気がしてくる。実は四日市で僕がいちばん鮮明に覚えているのは、ホテル近くで食べたトンテキのことなのである。トンカツにするような厚めの肉に、にんにく醤油を絡めて焼いた料理で、火の通りをよくするためか切れ込みが入っていて、野球グローブのような形をしている。大量のキャベツと一緒に食べたら、実に美味かった。

おっと、忘れちゃいけない。筀野頼子も四日市生まれの作家である（伊勢市育ち）。初期作品の『なにもしてない』（講談社文庫）には主人公の女性が故郷に帰ろうとして、今上天皇の伊勢親謁とぶつかってしまい、自分が日本国の中で暮らしていることを否応なく意識させられる場面がある。おそらく平成2年11月の出来事を元にして書いているのだろうが、僕には非常に懐かしい光景だった。なぜならば偶然僕も、その日親謁があることを知らずに参宮しようとし、伊勢までたどり着けずに帰京していたからだ。調べろよ、自分。

ターボ切れにはご用心！

〈てくてくある記　第13回2日目　★四日市→石薬師→庄野〉

それにしても、昨日の「満殿の湯」で担当してくれたマッサージ師さんは素晴らしかった。マッサージって鍼灸や整体とはまた違って、結局のところある程度の腕があったらあとは相性だと思うんだけど、呼吸も合ったし腕もあった。個人的に「これは！」と思える人にあたる可能性は10分の1程度でしかない。勝率1割。そりゃもう夢心地の1時間半だった。

しかーし、リラックスしすぎたせいか、はたまた元から頭のネジが緩んでいたのか、銀色さんとふたりで（編集者チームは食事の後、先に帰った）タクシーに乗り込んだはいいものの、宿泊ホテルの名前が思い出せず。銀色さんも「あー、私も覚えてないよ」という。しかもふたりとも携帯を充電のためホテルに置いて来ていた。仕方がないので運転手さんにとりあえず駅に向かってもらったのだが、そこで思いがけぬ偶然が。「お客さん、どこから来たの？」という質問に「東京ですけど、今日は桑名から歩いてきたんです」と答えたら、「さっき乗せたお客さんたちも東海道歩いてるっていってたよ」というのだ。すかさず「それって女性ふたりと男性ひとりでした？」と訊ねると、「そう。男の子がね、女のひとたちにずっと怒られてたよ」と。なんですとー！　思わず「有馬さん？」「有馬くんか!?」とふたりで声を揃えると、運転手さんも「そうそう有馬くんって呼んでたよ！」と笑うではないか。おかげで無事ホテルも判明したのだが、運転手さんによると有馬さんはガース&ガッキーに、女性問題についてずっとダメ出しされてたらしい。お、お気の毒に……。

そんなことがあっても、東海道の夜は明ける。5時、まだあたりが真っ暗ななか、コンビニで朝食を仕入れ、店の前で立ち食いした後、灯の消えた四日市の繁華街を抜け歩き始める。

さすがに冷え込みがきつく、お腹と背中、両肩にカイロを装着。日永神社を過ぎて、一里塚のあたりでようやく空が明るくなってきた。松並木だったころの面影をどうにか止めようと頑張っている「名残の一本松」や、伊勢街道との分岐でもあった立派な日永の追分など、所々に足を止めたくなる見所もあるのだが、立ち止まると足元から寒気が上ってくるような寒さで、あまりじっとしていられない。トイレにも行きたくなってきたがコンビニもなく、自分のリミッターを計っていたところ追分駅の隣に「おにぎりの桃太郎」追分店を発見。「ありがとう桃太郎！」「助かったよ桃太郎！」と口々に感謝しつつ駆け込み、購入したお味噌汁を飲みつつほっと一息吐いた。いろんな意味で「助かった！」と思う。

内部橋を渡って左へ進むと、ガッキー番長が「本日のメインイベントです」という杖衝坂。

とはいうものの、傾斜も距離も覚悟していたほどではない。難所と呼ばれる「○○坂」のなかではいちばん大したことはないような。国道1号線を淡々とこなして9時45分、石薬師宿に入る。宿場の町並みに整え感はないものの、小澤本陣跡をはじめ古い建物も所々に残っている。元々は石薬師寺の門前町で、参勤交代の際の道中安全祈願に訪れた大名も多かったという。これはあやからねば、とチーム東海道も揃って参拝。

このあたりから、胃痛を気にしていつも程食べていなかったことが災いしたのか、疲労感が増してきた。急にガッツリ食べるのもそれはそれで怖く、持っていたミルキーを舐めるがとても予定していた亀山まで歩けそうにない。様子を見ていたガッキー番長が「それなら今日は無理しないで、庄野の手前にある加佐登駅までにしましょう」と言ってくれたので、甘えることにする。蒲川橋を渡って、田んぼの真ん中を通る細い道を「大丈夫大丈夫大丈夫、もうすぐもうすぐもうすぐ」と、呪文のように唱えながらただ前へ進むことだけを考えて歩く。11時15分、加佐登駅に到着。どうにかこうにかたどり着けた。

ガッキー番長は、今日これからひとりで伊勢へ向かい、明日伊勢神宮へ行くという。昨日今日で30㎞弱歩いたのにこれから伊勢神宮。クリスマス・イブに単身、伊勢神宮。強者すぎる。さすが番長だ。ヘタレな私は4時間半かけて帰宅した後、倒れ込むように爆睡し、目が覚めたら12時間も経っていたことを報告させて頂きます。

四十四 石薬師宿

四日市と亀山の距離が長く、人馬の往来が困難だったため新たに設けられた宿場。石薬師寺の門前町として発展したが、規模は小さく、旅人にとって次の亀山までの休憩の場だった。

石薬師寺のお地蔵さんとツーショット。かなり似てる!?

歌人の生家と旧刹と。あとお兄ちゃん！

【東海道ふむふむの44】石薬師

四日市を午前5時に出て、まだ酔客がうろうろしている街頭から出発する。駅前では、東海道はアーケードの中を通っていた。12月も後半の時期だったので、歩いても、歩いても、なかなか夜は明けない。そのうちに、旧い町並みを抜けていく僕たちの右側で物寂しい警笛の音がして、赤い電車がレールを鳴らしながら通り過ぎていった。横を歩いていた香山二三郎さんが「内部線だね」と呟いた（香山さんも「鉄」の気がある）。そうか、あれがね。

近鉄内部線は762㎜という特殊狭軌で、元は軽便鉄道として建設され、現在もそのままの軌道で運用されている。これから僕たちが歩く東海道とはほぼ並行しているが、5・7㎞の全線は四日市市の中だけを走っているので、彼らには僕らの今日の目的地まではつきあってもらえない。しかしその前に別のものとのお別れが待っている。

やがて見えるのは日永の一里塚だ。見えるというか、見えないというか。ここの一里塚は建物と建物の間にうっかり入りこんでしまったかのように立っている。イッセー尾形の一人芝居に「ヘイ、タクシー」という、ビルとビルの隙間にうっかりはまってしまった酔っ払いの話がある。あんな感じで、日永一里塚も建物と建物の間にどんどん入っていこうとしているように見える。せっかくなのでさらにその後ろに回りこんで写真を撮ってもらった。

そこから1・5㎞くらい歩いたところにあるのが日永の追分である。追分、すなわち道の分岐点はいくつも見てきたが、この日永の追分ほどに立派なものは他にない。道標は2つあって、まず「右京大坂道　左いせ参宮道」と刻んだ大きな道標、もうひとつの灯籠型の道標には「ひだりさんぐう道」と書いてある。つまりここは東海道と伊勢参宮道との分岐点なのだ。あるのは道標だけではない。遥拝のための鳥居があり、手水鉢《ちょうずばち》がある。清水を汲むためなのか、ポリタンクを持った女性が立っていた。実は、弥次喜多のふたりとはここでお別れだ。両人は伊勢参りに行ってしまうからである。彼らだけではなく、例のきよのさんもそっちだ。みんな伊勢へ行ってしまう。東国人にとって「伊勢参り」が旅をすることの動機としていかに強かったかということの証左だ。

すぐそばが追分駅。そこから2駅先の内部駅が終点だ。かわいい狭軌の電車にお別れをして、僕たちは内部川を渡った。その先は芭蕉が「歩行ならば杖つき坂を落馬かな」と珍しい無季の句を詠んだ杖衝坂である。たしかに、そう言いたい気持ちもわかるくらい急ではある。

ほどなく石薬師宿だ。ここは東海道でもかなり小さい部類に入る宿場である。宿に入ってすぐ小澤本陣跡の建物が見えるが、それ以上に目を引くのは宿のあちこちに掛かった和歌を一首ずつ記した短冊のようなものだ。すべて石薬師出身の佐佐木信綱の作である。彼の生家は現存していて、隣接する資料館とともに一般公開されている。

佐佐木は歌人であると同時に国文学者としても万葉集研究などに大きな功績を残した人物だ。やはり歌人だった父・弘綱に幼児のころから教えを受け、91歳で没するまで休むことなく活動し続けた。その父のことを題材に採った歌に「四日市の時雨蛤日永の長餅の家土産《いえづと》まつと父を待ちにき」なんていうものもある。この直截さが佐佐木の持ち味か。

佐佐木信綱記念館を出て南に出れば、見学すべき個所があと2つある。ひとつは宿名の由来にもなっている石薬師寺、もうひとつは源範頼を祀った御曹司社だ。後者に関しては、範頼が石薬師寺に戦勝祈願をした際、鞭として使っていた桜の枝をさかさまに刺したらそのまま根づいて花が咲いたという伝説がこの地にはあるらしい。範頼の桜手植え話は埼玉県北本市石戸にも伝わっている。おそらく探せば他にもあるのではないだろうか。兄の頼朝と弟の義経にはさまれて影の薄い印象があるので、なぜこの人が当事者に選ばれたのかということが、失礼ながらとても気になってしまう。範頼を主人公とする小説は珍しく、僕の知っている限りでは堀和久『蒲桜爛漫』（秋田書店）があるきりだ。

効果がアヤシイ自主トレいろいろ
〈東海道ウォーク四方山話　その7〉

もう何度でも繰り返すけれど、私はとにかく体力がない。もちろん根性もないし、そもそも最初のうちはこの企画に挑む意欲もなかった。東海道に関する知識もなければ、興味もなく、あるのは人よりポンコツな身体だけ。

これはどうにかしなくちゃいけない、かもしれない、とうっすら焦りを感じたのは、実は第1回のスタート前。集合場所がわからず、日本橋の街中を走り回っているときに、それだけで疲れ果て「こんな程度の体力で東海道踏破って！　ムリでしょう、ムリですよ！」と思ったのだ。

でも、すぐには動き出さなかった。なぜってそりゃあ、この企画が本当に続くのか、疑わしかったからである。忙しいみんなのスケジュールが合うのか、スギエさんは本当に続けるつもりなのか、私は続けられるのか。いや、なによりもこのご時世に、少なくない経費のかかるこんな企画が通るのか——。

私は内心、これも「ムリでしょう」と思っていた。とりあえず、始めてはみたものの「仕事」としては成立せず、そのうち「東海道を歩く会」的な趣味の集いになるんじゃないか。そしたらまあ、ちょこちょこ興味のある場所だけ参加しよう。なんなら車に犬を乗せて行き、2㎞以上歩いたことがないダラ（飼い犬の名前）がどれくらい歩けるのか試してみたりもしたいなー、ってなことを考えたりもしていたのだ。

ところが。どんな魔法を使ったのか、隊長ガースはこの企画を通してしまった。「仕事」決定、本気で歩くこと決定。うっすらどころか、大いに焦ったのがちょうど少し体重が減っていい気になっていた3回目と同じ時期だった。

地味に自主トレを始めたのはそれからだ。

まず、自分がどれくらいのペースで歩けるのか、何年も幽霊会員だったスポーツクラブに行きウォーキングマシーンに乗ってみた。軽快に走る左右の人を横目に、自分がふだん街中を歩く程度の速さに設定して試したところ、1㎞＝15分40秒。ちょっと「歩く」ことを意識して13分41秒。2㎞歩いただけでたちまち飽きた。

場所が変われば気分も変わると考えて、近所にある市民体育館のトレーニング室にも行ってみた。1㎞＝13分20秒、もう1㎞続けて13分43秒。意識して犬の散歩の距離を延ばし、公園のウォーキングコースをぐるぐる回ってみたりもした。そんな地味トレを週に1、2回続けつつ、先に挙げたウォーキング関連の本を読み漁った結果、そのうち1km＝12分10秒前後で無理なく歩けるようになった。距離も一度に4、5kmまでなら、特に疲れることもなくなった。企画がスタートしたころから比べれば、もう格段の進歩である。

でもそれから先どうすれば良いのかわからなかった。東海道ウォークの日のように、地味トレで5時間、6時間も歩いている時間はない。そこで歩く↓軽く走るのセットを繰り返し、30分でどれだけ距離を延ばせるかに挑戦してみた。最初は3kmだったのが、3・2km、3・5kmと延び、5月に入るころには4kmになった。ということは、1時間で8km？　スゴいじゃん私！と舞い上がりかけ、しかしそれは机上の空論ではないか、ということにも同時に気付いてしまった。30分で4km走り歩きできたとしても、後半も同じペースを保てるとは限らない。いやそれ以前に、目標は「早く走れるようになること」ではないのだ。間違ってる！

いつの間にかすごく間違ってる!!

自主トレで長い時間歩くことが不可能ならば、やるべきことはたぶん、筋トレだったのだと思う。しかし筋トレは、ウォーキングマシーンで歩き続けるより、私にとってはさらに退屈&気が乗らない地道な努力。かくして私は「とりあえず週に1、2回、1時間程度歩く」現状維持のための地味トレを続けつつ、体力サポートグッズの購入&お試しへと努力の方向を変えていったのである。「根性」って誰にでもあるのかな？

東海道食べまくりの記 おやつ編

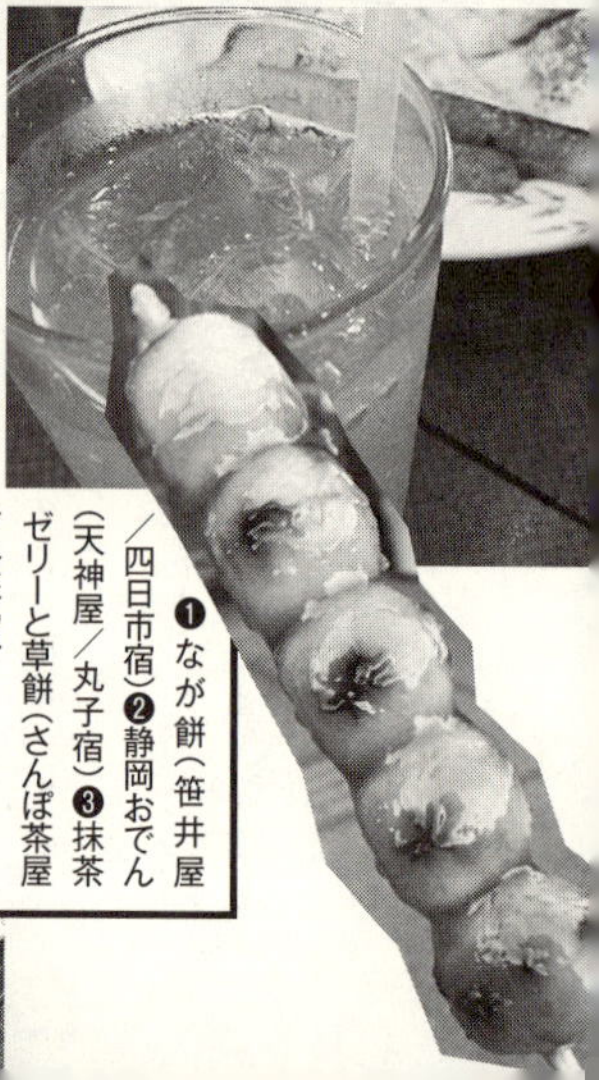

❶なが餅（笹井屋／四日市宿）❷静岡おでん（天神屋／丸子宿）❸抹茶ゼリーと草餅（さんぽ茶屋／金谷宿）

❹いそべ＆うぐいす餅（甘酒茶屋／箱根宿）❺味噌田楽（家康館／岡崎宿）❻大好物の「ガリガリ君」は1日1本！

四十五 庄野宿

庄野宿が宿場となったのは東海道でもっとも遅い寛永元（1624）年。石薬師から庄野までは約3㎞と東海道で2番目に距離が短い。石薬師宿と同様、小さい宿場で、四日市や関に向かう旅人が一服する地だった。

加佐登駅の線路。寒さもなんのその、今日も元気に出発!

亀山宿　7.8km　庄野宿　2.7km　石薬師宿

女人堤に日本の川の風景を思う

【東海道ふむふむの45】庄野

東海道を歩いていて気がついたことだが、僕は日本の川が大好きだ。子供のころにハヤやクチボソといった雑魚を釣った記憶が楽しいものとしてしみついているためだろう。さしたる特徴のない小川でも、橋の下に魚が群れているのがわかると、ついつい時を忘れて見とれてしまう。歩いて渡ればへとへとになるような大きな川だってもちろん好きだ。

ここまで書き落としていたが、東海道を歩いた中でもっとも美しいと思った川は、三重県に入ってからたびたびほとりを歩いてきた鈴鹿川かもしれない。後のページで紙幅に余裕がないのでここに書くが、亀山宿から関宿の間では川との距離が近くなり、川底の白い砂がはっきりと見えた。そのくらい水が澄んでいるのだ。1枚のさらしででもあるかのように波のない流れがすべるように過ぎていく。こういう風景なら、僕はいつまでも見ていられる。

その鈴鹿川も、亀山の下流の庄野付近ではたびたび氾濫して住民を苦しめたという。庄野宿を西に抜けたところにある女人堤防碑は、その故事にちなんだものだ。この付近で川は、北西からやってくる安楽川と合流する。それが氾濫の原因なのである。

庄野の村人は堤防普請の申請を幾度となく神戸《かんべ》藩に提出したが、認めてもらえなかった。お金の問題ではなく、鈴鹿川の北岸に堤防を築くと氾濫した水が南岸に溢れ出し、神戸の城下町に押し寄せる危険があったからだと推測される。そこで庄野では夜の闇に隠れて石を積み、堤防を築いた。見つかれば死罪なので、働き手である男たちを温存して女たちが働き手となった――というのはあくまで伝説で、治水工事の働き手として女性が多かったことから生まれたものではないかといわれている。伝説の後半は、女たちの行動が発覚して首謀者が打ち首にされそうになるが、家老によって助命され、逆に心がけがあっぱれだとして褒美を賜ったという美談になる。そのへんの落としどころは、たしかにちょっと作り話くさい。

庄野は寛永元（1624）年に宿として出発しているから、最後発の部類に入る。天保9（1838）年の村差出明細書に210軒843人、旅籠16軒という記録があるという。同時期の丸子も似たようなものだが、わずかに庄野宿のほうが負けている。東海道の宿場で面積最小は丸子、人口最少は庄野ということで認定してもいいかもしれない。原資料が手元にないので林美一の『東海道艶本考』からの孫引きで失礼するが、16軒でもまだいいほうで80年前の宝暦8（1758）年には、旅籠4軒、旅籠屋相続成り難く商人宿をしているのが6軒、旅籠屋仕候処渡世成難く諸道具売払い百姓をしている家が14軒という惨状だったという。

冷静に考えてみれば石薬師、庄野の前後には四日市、亀山という大きな宿があるのだし、そちらに旅客をとられてしまうのも仕方のないことだったろう。昔の人の健脚ぶりを考えれば、四日市〜亀山間の21・2㎞という距離は、楽に1日で踏破できてしまうものなのである。

宿内には庄野宿資料館があり、保存状態のいい高札や、小さな宿場ならではの暮らしぶりがよくわかる資料などが展示されている。広重の「庄野　白雨」図ばかりが有名だが、また違った宿の様子がわかる。また、かつての名物だった焼米の見本もある。未熟な青籾をそのまま炒り、籾殻をふるい落としたもので、庄野のものは保存携行食として人気があった。

それで思い出したのだが、いいざわ・たつや『カップ酒スタイル』（ちくま文庫）に、著者が東海道を歩き、全宿ですべて異なるメーカーのカップ酒を購入するという「カップ酒ウォーク」のルポが収められている。僕に言われたくないと思うが、酔狂な企画だ。著者によれば、企画中もっともカップ酒探しが困難になるのではないか、と予想したのが、石薬師・庄野の両宿だったそうだ。さもありなん。たしかに僕も、四日市〜庄野のウォークが終わったときに自分自身を慰労しようとしてこの付近の酒屋を探したが、まったく見つけられなかったのであった。このへんの人はお酒をどこで買っているんだろうと思った。まさかとは思うが、焼き米の代わりにどぶろくでも造っているのだろうか。そんなことはないか。

小さくてカワイイ東海道の末っ子、庄野！

〈てくてくある記　第14回1日目　その1　★庄野→亀山→関〉

まさかこんなにかかるとは。

当初の予定では約8ヶ月、どんなに遅くなっても1年もあれば終わると思っていたのに、気がつけばもう日本橋をスタートしてから1年5ヶ月。新年明けました。この企画の「おめでとう」はいつなんだ！

とにかく少しでも進まないことには永遠にゴールにはたどり着けないので、本日も粛々と歩きます。今回は2日目に鈴鹿峠を越えるので、防寒対策だけは念入りに。あとは野となれ山となれ、峠に備えてWポールも持参。銀色さんが仕事の都合で参加できず、有馬さんも1日目の夜から合流なので、初日は香山さんを含めて5人という久々の少人数態勢だ。

4時40分に家を出て、加佐登駅に到着し、支度を整え歩き始めたのは9時30分。スタート地点まで2、3時間レベルでうだうだ文句をいっていたころの自分を鼻で笑いたくなる。ほどなく45番目の宿・庄野に入る。庄野の宿立ては寛永元（1624）年ごろと他の宿に比べて遅く、一説によると五十三次の最後に設けられたともいわれている。規模も小さく、今もひっそりとした雰囲気で、本陣跡、高札場跡、脇本陣跡などが、徒歩5分圏内に並んでいる。10時。江戸時代は菜種油を売る商家だった旧小林家住宅を復元した「庄野宿資料館」を見学。とても丁寧な説明をしてくれた係の女性に、明日は鈴鹿峠を越える予定だと話をしたら「ひとによっては箱根より辛いらしいですねぇ」「元Jリーガーの岩○さんは、泣いたって仰ってましたよ」と、笑顔で言われてしまった。聞きたくなかったよ、そんな話……！

空は青くて気持ちはいいが、鈴鹿からの風が強くて顔が痛い。ひきこもり生活が長かった私は、夏の紫外線だけでなく、冬の乾燥がどれほど肌に悪影響を及ぼすのかも、歩き始めてから改めて思い知った。脂は売るほどある！と思っていたのに、保湿クリームを塗る日がくるなんて。「リップクリーム」というものを買ったのも軽く10年以上ぶりである。

庄野宿資料館の少し先には、本日のプチ高まりポイント川俣神社がある。三重県の指定天然記念物でもある「スダジイ」は、推定樹齢３００年。高さこそ11ｍとそれほどではないが、幹がぐねぐねと複雑に絡み合っていて、じっと見ていると引き込まれそうになる。なにより常緑樹なので冬のこの季節でも青々と繁る葉が気持ちいい。松や榎と違ってスダジイなんてこれまで知らなかった。興味があるものができて、少しずつ知っていく「覚えたて」ってなんでも楽しいものだけど、この数年そんな気持ちは忘れてたなー。

のどかで平坦な道を、ゆっくりぶらぶら歩いていく。途中、コンビニで休憩して11時20分、中富田の一里塚を通過。高い建物はなにもない。「寒いけど気持ちいいねー！」と口にして、そんなことをいう自分に驚いた。これが「余裕」ってものなのでしょうか。

12時40分。和田一里塚で記念写真。江戸口門跡を過ぎ、亀山宿に入った。予定ではここの「亀山食堂」で人気の味噌焼きうどんを食べるつもりだったのだが、宿に入ったらなにやらたくさんの露店が出ていて大賑わい。なんだなんだと看板を見ると、今日は年に一度の大市らしい。歩行者天国にした旧東海道沿いに並んだ露店は約１８０店もあるとか！　これはもう、お昼は買い食いで決まりでしょう、と予定を変更して各自好きなものを買いに走る。オムソバ、スティック唐揚げ、たこ焼き、いか焼き、焼きそば、ホルモン焼きにスモークチキン。静岡おでんに串揚げ各種。幸せすぎる！　楽しすぎる！　きっと騙されてる！……疑い深くてすみません。しかし、なにせ東海道を露店が占拠している状態なので、名所旧跡の発見は困難。過ぎてみれば「美味しかった」という記憶しかない。まあいいか。

亀山から関へ向かう道も、庄野→亀山間と同じように歩きやすい。お腹はいっぱいだし、暖かくなってきたし、みんな機嫌よく歩いている。こんな穏やかな日は本当に珍しい。

午後2時30分、野村一里塚。一里塚の木は榎や松が多いが、これは珍しい椋《むく》。樹齢約４００年の大木で、三重県の一里塚で原形を残しているのはここだけ。国指定史跡になっている。

四十六 亀山宿

亀山宿は亀山城の城下町として栄え、敵の侵入を防ぐ見通しのきかない曲りくねった坂道が多い町並み。藩内に幕府直轄の宿場が置かれたため、参勤交代の大名の多くは、宿泊せずに通り抜けて行った。

年に一度の大市に遭遇。お昼は露店の買い食いに決定!

関宿 — 5.9km — 亀山宿 — 7.8km — 庄野宿

坂とかくかく曲り角の町

【東海道ふむふむの46】亀山

亀山城には天守閣がない。町を歩いてるときにそれらしき天守閣があって「あ、お城」と声を上げてしまったが、そこは城に模した建物の呉服屋なのであった。

明治維新後に廃城令が出て多くの城の天守閣が取り壊されたので、それがないこと自体は驚くには値しない。だが、亀山城の場合はちょっと事情が違う。この城の天守閣は、江戸初期の寛永９（１６３２）年にはもう取り壊されていたのである。それまでは3層の天守閣が存在し、美しさから胡蝶城とも粉蝶城とも言われていたという。取り壊しにはちょっと眉唾ものの逸話があり、堀尾忠晴が解体を請け負ったが、実は幕命がくだされたのは亀山城でも丹波亀山城のほうでこちらの伊勢亀山城ではなかったというのだ。丹波亀山城は明智光秀が築いたもので、やはり維新後は廃城になっていたが、あの出口王仁《おに》三郎《さぶろう》の大本教に買収された。そのために大本教弾圧後は徹底的に破壊されたと、こちらもいわくつきの城である。

それにしても勘違い説は興味深い。いや、現代だってメールの送り損ねだとか、ツイッターのＩＤ違いだとかで大問題が起きたりするのだから、そういうことが絶対にないとはいえないだろう。しかし、壊している最中に気づきそうなものだ。よっぽど慌てて取り壊したのか。思い込んだらテコでも動かないような性格だったのか。もう、忠晴のお茶目さん。

しかし、この措置が思わぬ結果を生んだ。天守閣毀損後、本丸だった場所には多聞櫓《たもんやぐら》が築かれた。これは明治以降も廃棄されることなく、地元の人に愛されながら現在に至るまで美しく保存されている。もし大仰な天守閣があったら明治になった段階で維持が面倒くさくなって取り壊されていたかもしれない、小ぶりな多聞櫓だからこそ残されたのである、と考えると結果的には良かったのでは、とさえ思えてくるではないか。

亀山城下に入ると東海道は上り坂が多くなり、しかも曲り角ばかりになる。敵軍の侵入を警戒する城下町ならではの構造だ。幾度か曲った末に見晴らしが開け、お堀越しにその多聞櫓が望める。歴史的建造物の常として多聞櫓は老朽化していたが、平成24年の大改修で往時の姿に蘇った。僕たちが亀山を訪れた平成25年1月には工事が完成している予定だったが、直前の12月14日に小火《ぼや》があり工期が延長された。結局完成式典は4月になったので、僕らは完成形を見ていないことになる。亀山城のお堀越しに眺める桜は格別の味わいだというから、まさかそれまでわざとお披露目を遅らせたわけではあるまいな。

それはさておき、小高いところに城郭のある亀山は、その高低差が景観にアクセントを添えていて、眺望の楽しみの多い町である。勾配は東側よりも西側のほうが急で、保永堂版「五拾三次」で広重が描いた雪の情景も、この西側の坂が題材だろうと思われる。僕たちが訪れた日はちょうど年に1度の亀山大市の日で、町中が露店で埋め尽くされていた。大袈裟に言っているのではなく、本当に路上が店でいっぱいだったのだ。毎年1月の最終土、日曜日に開かれているようなので東海道を歩こうと思っている人は予定に組み込むといい。

西の坂を下っていくと道は平坦になり、やがて巨木が見える。野村一里塚で、普通の植樹は榎が多いが、ここでは珍しく椋である。往時の姿を残している美しい一里塚だ。

亀山は紀伊半島の南北を結ぶ要衝の地である。古代の大戦である壬申の乱では、政争に敗れて吉野に逃れていた大海人《おおあま》皇子（天武天皇）と近江の大友皇子（弘文天皇）の間で戦闘が繰り広げられたため、畿内と伊勢を結ぶ鈴鹿峠、加太峠の両ルートの合流点であるこの地が重要な戦略ポイントになった。黒岩重吾『天の川の太陽』（中公文庫）に詳しい。

また、亀山城を築いた関氏は、織田信長死後に豊臣秀吉と柴田勝家の覇権争いがあった際、勝家側の滝川一益によって城を奪われた。それを回復できたのは、旧知の仲である蒲生賦秀《がもうやすひで》（氏郷《うじさと》）の助力があったからである。このへんの攻防については氏郷の生涯を描いた安部龍太郎『レオン氏郷』（ＰＨＰ研究所）を読まれることをお薦めする。

雨男到着でまさかの雪！

〈てくてくある記　第14回1日目　その2　★庄野→亀山→関〉

午後3時25分、関宿に到着。国の伝統的建造物群保存地区に指定されていることもあり、道の両側に連子格子の古い家並みが続く景観はとても美しく、心が浮きたってくる。商家、料亭、芸妓置屋。御馳走場跡に脇本陣跡、本陣跡。元〇〇の家並みは、いちいち立ち止まってその違いを眺めずにはいられないほど興味深い。が、よくよく考えてみると、そのすべてが江戸時代から続いているものではないわけで、明治大正昭和の建物を復元・修復したものも多いのだ。

ケチをつけるわけではないけれど、だから関は「情緒溢れる町」ではあるが、ちょっと綺麗すぎる、という印象も受ける。映画のセットみたい、というか、観光地化されすぎているというか。方向的には間違ってないけど、少し行き過ぎてるような。まあ歴史的建造物の「保存」って、それだけ難しいってことなんだろうけど……。

ってなことを考えながら、「関宿旅籠玉屋歴史資料館」と「関まちなみ資料館」を見学する。閉館時間が迫っていて、それぞれ10分程度しか時間がとれなかったが、関の町がどんな変化をしてきたのかは、もう少し知りたいと感じた。

4時半。本日の宿泊ホテルは亀山なので、電車の時間調整を兼ね、関西本線関駅に隣接する道の駅でそれぞれ夜食や自分土産を買い込む。私は東海道のおやつといえば！の団子を購入。普通のみたらし団子だが、3兄弟ならぬ5兄弟だった。5つ刺さってるって結構珍しいような？

5時半、ホテル到着。嬉しいことにホテルの目の前にマッサージ店があった。電話番号を控えておいて、すかさず9時に予約を入れる。明日は鈴鹿峠が控えているので、奮発して1時間半コース。その前に、お楽しみの夕食だ。しかし、どうやら今日は例の「大市」の打ち上げで、駅から歩きながら目星をつけていた店は、どこも予約でいっぱいだという。「しょうがないのでホテルの人に訊いた、隣のショッピングセンターの焼肉屋にしました」とガースの報告を受けたときの私の驚きを理解していただけるだろうか。

「しょうがないから焼肉屋」。世の中にこんな言葉があるなんて！　いいじゃないか焼肉屋！大歓迎だよ焼肉屋！とひとり高まるが、みんなはそれほどでもないらしい。大人にとって焼肉屋は、どうやらもうテンションが上がるものではないらしい……。いや私も十分大人なんだけど。そんなこんなで6時半。しょうがない焼肉屋で夕食。「注文は任せるよ～」とまったくやる気がない一同に代わり、はりきって頼み、モリモリ食べまくる。

途中、仕事を終えて駆けつけてきた有馬さんも加わり、食事は賑やかに続いたのだが、睡眠不足で早く寝たいからとスギエさんが先にホテルへ帰ってから10分後。店員さんが席に来て「お帰りの際は声をかけて下さい。車でお送りしますので」という。「え？　どうして？」「大丈夫ですよ、隣のホテルだし」と困惑していると、「外、すごい雪なので」と告げられた。

一斉に有馬さんに視線が注がれる。以前、この東海道ウォークが、どうしてこうも悪天候続きなのか、という話になったとき「そういえば有馬さんが参加すると、いつも雨だよね」と意見が一致したのだ。以来、私たちの間では有馬さん＝雨男認定されていたのだが、ついに雪まで連れてきた！　もちろん、冗談である。誰も本気で思ってるわけじゃない。有馬さんもそんなことぐらいわかってる（たぶん）。単に私たちは喜んでいるだけなのだ。ふざけて、そんな軽口をたたき合えるようになったことを。

店の外に出ると、本当にじゃんじゃか雪が降っていた。しかし東海道番長のガッキーは「予報では朝までには止むみたいなので大丈夫です！」という。その言葉を信じて、ひとりマッサージに行き（残念ながら確率1割の相性とはいえなかった）、いつものセルフマッサージもお風呂でこなして11時就寝。本日の歩数は約3万7700。もうこれくらい「普通」！

四十七 関宿

関宿は西の追分からは大和街道、東の追分からは伊勢別街道が分岐する交通の要衝で、参勤交代や伊勢参りの旅人で賑わっていた。現在も約1・8㎞にわたって当時の面影を残す町並みが続いている。

整備、保存された美しい町並みを観光気分で散策

坂下宿　6.5km　関宿　5.9km　亀山宿

都市計画で「旧く」甦った町

【東海道ふむふむの47】関

関宿に入って歩き始めた途端に、あ、これはなんだか見たことがある光景だ、と思った。埼玉県川越市とか岡山県倉敷市だとか、ああいう美しい町並みを熱心に保存した場所を歩くときに覚える感覚である。あ、ここ、なんだかテーマパークっぽい。

テーマパークというと誤解を招くかしらん。関宿の東海道沿いには江戸から明治期にかけての町家が200以上残っているのである。しかし何もしなければ景観は変わっていく。昔ながらの建具はアルミサッシに取り替えられるだろうし、電柱だって立つ。そうして次第に旧観が失われていったある日、誰かが気がついたのですね。

「このままだと関は平凡な普通の町になってしまう」

と。そこで関の住民は一念発起し、現代化しかけた町を元に戻す事業を始めた。電線は地下に埋め、アルミサッシを使うのを止めて昔ながらの連子格子に戻した。そうして出来上がったのが、今の関の町なのである。旧いんだけど、実はちょっと新しい。建築学者の中川理が提唱したディズニーランダゼイションという概念があって、街の景観を整備するときにその地域性を直截的に示すような屋外の造形物を作ってしまう。たとえば城のような歴史的建築を模した市役所とか、フグのような名産品の形をした公衆トイレとか。1988年の竹下政権期に「ふるさと創生事業」というバラマキ政策があったのだけど、そのときに得体の知れないファンシーな建築物が日本中にできた。そういう建築のことを中川は、努力の方向性はわかるんだけどちょっとセンスが残念だよね、と指摘したのだ。関の町が方向転換したのも「ふるさと創生」と同じころだと思うのだけど、おかしな方向に行かないで、本来の姿に戻すようにした。その正しさは評価すべきでしょうね。

そんなことを関の町を通りながらぼんやりと考えた。「関で泊まるなら鶴屋か玉屋」と謳われた旅籠のひとつが現在は「関宿旅籠玉屋歴史資料館」として公開されている。そしてもうひとつ、「関まちなみ資料館」というのもあって、これは町家をそのまま展示用に使ったものだ。その2階に今書いたような感じで町並みが復元されていった、その記録写真が展示されている。時間が経つにしたがって町並みが「近世化」していくのはあまり他にはないことで、おもしろかったです。景観保存とかに関心がある人は一見の価値があると思う。

関宿は古代に鈴鹿関が置かれたことに起源を持つ町で、宿の東側の追分に伊勢神宮を遥拝するための鳥居が移設されていることからもわかるように、京坂の住民にとっては伊勢参宮の起点になる場所でもあった。明治以前は大いに賑わったし、旅行客の懐目当ての歓楽街としての性格も備わった。「関は千軒、女郎屋は五軒、女郎屋なくては関たたん」と唄われたほどである。五軒というのは少ないような気もするが吉原のような専業の店がそれだけだったという意味で、他の宿場のように飯盛り女を置いた店は別にあったわけである（五軒は「沽券」という説もある）。もちろんそれだけではなく、現在は国指定重要文化財に指定されている地蔵院が「関の地蔵に振袖着せて、奈良の大仏婿に取ろ」と庶民信仰の対象になったことも大きかった。硬軟の悦びを備えた、楽しい賑わいの町だったのだ。

東追分の手前に関の小万のもたれ松という樹がある。元禄のころ、久留米藩士某が殺害され、その仇討ちのためにやってきた女性が子供を産み落とした後に亡くなったという事件があった。その遺児・小万が旅籠の主に養育されて成長し、見事に父の仇をとったという故事の場所だ。松にもたれて小万が思いを巡らせたというのである。この逸話を初めて聞いたとき、「顔も覚えていない両親のために敵討の運命を負わせられた小万は哀れだなあ」と思ったものだが、同じことを考えた作家がいる。新田次郎「関の小万」（新潮文庫『六合目の仇討』所収）は伝説を裏返しにした、ちょっと皮肉なお話だ。関心のある方はぜひご一読を。

東海道歩きの楽しさ倍増！

〈東海道ウォークお役立ちブックガイド　その2〉

東海道のことなんて、なにも知らなかった。「新居」（シンキョだと思ってた！）も「池鯉鮒」も読めなかったし「五十三次を挙げてみよう」といわれても、10も答えられなかった。関所がいくつあったのかも知らなかったし、本陣や脇本陣の数が宿場によって違うことも知らなかった。「間の宿」なんて言葉は聞いたこともなかった。

そもそも東海道がどこを通っているのかもよくわからず、漠然と海沿いの道だと思っていたので、滋賀県を通ると知って驚いたほどだ。

なにも知らず、なにもわからなかったのは、興味がなかったからである。そのため、まだ歩く覚悟ができてなかった神奈川あたりまでは、見たはずの名所旧跡のこともほとんど覚えていない。一里塚なんてただの道標でしかなかったし、松並木はどこも大差ないと思っていた。勿体ないことをしたなあ。

前にも少し書いたけど、40歳も過ぎると新しいことに興味を持つきっかけ自体があまりなくなる。好きなものと嫌いなもの、得意なことと苦手なこともわかってくるので、どうしてもフットワークが重くなる。私は歩くことは「大嫌い」だったし日本史は「苦手」だった。

　でも、だからこそ。無理やり（とあえていう）東海道を歩くことになって、初めて知ったことがたくさんあった。歩くことは最後まで辛かったけど、気持ちはどんどん軽くなっていった。自分の目で見たもの、聞いたものを、もっと知りたいと欲も出てきた。

　というわけで、〈ある記〉で三条大橋に着く前に、ここでは「東海道を知る楽しみ」が得られた本を紹介しておきます。スギエさんの文中で紹介されている本が中・上級者編だとしたら、こちらはいわば初級者編！　まずはここからお試しあれ。
★『東海道五十三次が超おもしろくなる本』（東海道の旅を楽しむ会著／扶桑社文庫619円）……東海道関連の資料にあたろうとすると、ともすれば「用語」から躓《つまず》いてしまう可能性もある。もっと気軽に街道歩きの魅力を知りたいという人におススメなのが本書だ。〈参勤交代で有名な大名行列では大名専用の移動トイレも運ばれていた!!〉〈最もスピードの速い飛脚は東海道を3日で走った！〉など驚きのネタが62編。〈「馬のうんこのようにまずい」と酷評されてしまった名物とは？〉。知りたくなりませんか？
★『江戸人と歩く東海道五十三次』（石川英輔著／新潮文庫400円）……265年もの長きに亘り続いた江戸時代がどのような世の中だったのかという解説から始まり、当時の東海道の旅がどのようなものだったのか、詳細に説かれている。馬や駕籠の利用料金、旅にかかる費用。持ち物、旅装、どんなものを食べ、なにを楽しみにしていたのか。「なるほど！」が詰まった読み応えのある指南書だ。

★『東海道五十三次四百年の歴史をあるく　足かけ半年　二十九日間の旅』（岡本永義著／けやき出版１５００円）……自ら歩いた旅の記録をもとに、各地の歴史・伝承・伝説がユーモラスに綴られていて飽きさせない。私とガッキーはこの著者が開催していた東海道講座に何度か出席したのだが、単に名所旧跡を解説するだけでなく、独特の視点に街道歩きの楽しみ方を教えられた。詳細な地図も役に立つ。

★『原色再現　東海道五十三次　宿場町百景』（中田嘉種解説／新人物往来社１５００円）……寛政９（１７９７）年に総勢30名の絵師が手掛けた「東海道名所図会」を復元、着色したものを中心に、宿場解説やデータを補足。写真も豊富で江戸から現在までの移り変わりがひと目でわかるのも興味深い。自分の目で見た景色と見比べる楽しさが。

★『てくてく東海道五十三次』（鳥居志帆・えのきのこ著／ワニブックス１３００円）……妙齢女性イラストレーターのふたりが東海道踏破の記録を綴ったイラストエッセイ集。宿ごとの名所旧跡、銘菓・名物の他、ちょっとした寄り道観光ポイントなどの紹介も多く、観光ガイドブックとしても役立つ情報が満載です。

四十八 坂下宿

鈴鹿峠は、東海道三大難峠といわれる海抜378mの厳しい峠。坂下宿は、これから峠を越える旅人や越えてきた旅人が休息をとるため、人口に比べて旅籠の数が多い宿場だった。

雪の鈴鹿峠。滑らないよう一歩一歩、慎重に上る

土山宿 — 9.7km — 坂下宿 — 6.5km — 関宿

上りは楽でもなめちゃいけない鈴鹿峠

【東海道ふむふむの48】坂下

鈴鹿峠を描いたすべての小説の中でもっとも美しいと思うものを挙げろといわれたら、月並みだが僕は坂口安吾「桜の森の満開の下」（講談社文芸文庫同題短篇集所収）にする。鈴鹿の桜の森に住みついた山賊が絶望的な孤独を感じるくだり「自分の姿と跫音ばかりで、それがひっそりと冷たいそして動かない風の中につつまれていました。花びらがぼそぼそ散るように魂が散っていのちがだんだん衰えて行くように思われます」というところがとても怖くて好きで、森の中にひとりたたずんでいる自分を想像してたまらなくなったりする。上ってみるとたしかに鈴鹿峠の頂にはそういう森があり（桜の樹があるかどうかは不明なのだが）、そこから刀を持った山賊がのっそりと出てきそうな気がするほどだった。

ちなみに安吾はふたり以上で鈴鹿峠の桜の森の花の下を通過すると「とたんに今迄仲のよかった旅人が仲が悪くなり、相手の友情を信用しなくなります」と書いている。そういえば僕たちも、この鈴鹿峠を越えるときにちょっとした仲間割れを体験した。というのも、天気予報では降水確率ゼロの快晴のはずだったのに、季節外れの吹雪に見舞われたからである。白いものを見た瞬間、全員が一斉に有馬君の顔を見た。これまでも有馬君には数々の武勇伝があり、彼が来ると必ず雨が降るというジンクスさえ作られていた（そしてそれはほぼ当たっていた）。

君は雨男ではなくて、本当は雪男なんじゃないのか、と全員の顔に書いてある。はい、よくないですね。そういう根拠のないことで1人をいじめるのはよしましょう。

雪は、国道1号線と東海道との分岐点にあたる一ノ瀬一里塚を過ぎたあたりでしっかりと降り始め、鈴鹿馬子唄会館のある沓掛《くつかけ》集落の付近ではついに、前も見えないような横なぐりの吹雪になった。危険を感じたので、会館横の鈴鹿峠自然の家（廃校になった坂下小学校跡）で一休みさせていただいて難を逃れたほどである。鈴鹿峠、恐るべし。

それまで、東海道の難所といえばピカイチで東の箱根、西の鈴鹿、だいぶ下がって小夜の中山という印象があった。はっきり言ってしまえば、地形だけならば鈴鹿峠は他の2つよりもだいぶ楽である。坂下側の上りだけなら、宇津ノ谷峠といい勝負だ。天気がよければ、たいていの人は難なく越えてしまうのではないだろうか。天気がよければ。

そう、天気さえよければ。鈴鹿峠が恐れられた要因はそうした地形ではなく、変わりやすい天候のほうにあったのだ（あと、山賊）。「坂は照る照る峠は曇る　あいの土山雨が降る」

と有名な馬子唄の文句にもあるとおり、この峠を越えるときには急激な天候の変化に備えなければいけないのである。ポンチョ持ってきて大正解。

馬子唄会館を過ぎると、小さな集落がある。そこが本来の宿場で、本陣・脇本陣跡などの石碑が散見される。東海道は岩屋十一面観音菩薩碑の付近で国道1号線と再会するが、すぐに分かれて右に入り、そこからは本格的な山道になる。別名鈴鹿権現、鈴鹿明神と呼ばれる片山神社の前で道は右折、いわゆる「鈴鹿八丁二十七曲り」のはじまりである。ひいひい言いながら上った。

途中で道はまた国道1号線とぶつかるが、それを越えればさらなる急坂が待っている。すぐ右にある鏡岩と呼ばれる巨石は、昔は鬼人姿見の鏡といって映像を反射した。物陰に隠れた山賊が、これで上ってくる旅人の姿を覗き見たという伝説があるが、明治初年の山火事で煤け、反射しなくなったといわれる。さっきからやたらと山賊、山賊と言っているが、鈴鹿峠の山賊は古代からの名物で、いや、名物とは言わないか、『保元物語』にも「鈴鹿の立烏《たてえ》帽子《ぼし》」と呼ばれる賊が登場する。これが後に女性と見られるようになり（いつの時代にも女体化願望はあったのだ！）、普段は十二単に身を包み、戦闘時には鎧武者へと姿を変える鈴鹿御前が成立した。この鈴鹿御前を倒し、捕縛したと伝えられるのが征夷大将軍・坂上田村麻呂なのである。以前は鏡岩の上に田村神社があったが今は片山神社に合祀されている。

雪でまごまご氷点下の鈴鹿越え!

〈てくてくある記　第14回2日目　★関→坂下→土山〉

番長ガッキーの言葉どおり、雪は止んだものの凄まじく寒い。当然まだ真っ暗ではあるが、本日の集合は問答無用の朝5時。いつものように、コンビニで朝食購入&立ち食い。

「初めての東海道ウォーク」で、初めて経験したことはたくさんある。初めての10㎞以上歩き、初めての傾斜角度、初めての峠越え、初めて買った道具。初めての立ち上がれないほどの筋肉痛、初めて通った町、初めて見た景色、初めての資料館、初めて食べた銘菓・名物。

しかしそんななか、地味に「こんなことも初めてだな」と思ったのが、このコンビニで買ったものを、その場で立ち食い、もしくは車止めなどに座って食べることだった。

もちろん、コンビニで食料を買うことはあった。でも今までは、それを、車のなか、もしくは公園や会社や家へ持ち帰って食べるのが常だったわけで。私は、塾や部活帰りの小中高生や、肉体労働者の兄さん&おじさんではなく、女性が店先でおにぎりや味噌汁を立ち食いしている姿なんて見たことはなかったし、自分がしたこともなかったのだ。なので最初はこの「その場立ち食い」に少し気恥ずかしさというか、抵抗もあったのだけれど、いつの間にやら東海道ではそれがあたり前に。こういう小さなハードルもたくさん越えてきたんだなぁ。

昨日と逆のルートを再びたどり、まだ夜の明けきらない関宿を歩いていく。6時40分。伊賀・大和道の分岐でもある関宿西追分に到着。ようやく明るくなってきた国道沿いを急ぐ。一里塚を過ぎて坂下宿に入ると雪がチラチラ舞い出した。沓掛の公民館前で小休止。再び歩き始める。雪はどんどん激しくなってくる。8時。鈴鹿馬子唄会館の奥にある、鈴鹿峠自然の家でトイレ休憩。雪は吹雪といっても過言ではないほど降っている。こんな状態で「元Jリーガーも泣いた」鈴鹿を越えられるのか不安になってくるが、もう今さら戻れない。ツイッターで知り合った先輩東海道ウォーカーの方々の「鈴鹿は言われてるほど大変じゃないですよ」「距離も傾斜も小夜の中山前後ほどじゃない」という言葉を信じるしかない。

坂下宿は規模としては関の3分の1程度しかないのだが、本陣は3つもあったという（関はひとつ）。鈴鹿峠を前に、大名たちもここで一息吐き、支度を整えたのだろう。宿の全戸数に対する旅籠の割合も、箱根に次いで多かったとか。とはいえ、関のような町並みが残っているわけではなく、3つの本陣跡や脇本陣跡も石碑が建っているだけ。

9時。片山神社を過ぎると、いよいよ鈴鹿峠の本番だ。幸い鬱蒼とした林に遮られ、雪はそれほど気にならなくなってきた。傾斜は急といえば、急ではあるものの、薩埵峠や宇津ノ谷峠レベル。小夜の中山前後よりはよほど楽だし歩きやすい（丸石畳じゃないし！）。寒さもハンパじゃない（途中の電光掲示板はマイナス3℃を示していた）けど、暑いよりはずっといい。とあれこれ自分を励ましつつ上っていくと、30分も経たずに峠の頂上まで来てしまった。やれやれと一息吐いて抜けてきた林を振り返ると、舞い落ちる雪が太陽に照らされ、ダイヤモンドダストのようにキラキラ輝いていた。ちょうどこのあたりが三重県と滋賀県の境であるという標識も立っている。ついに滋賀県！　京都の手前！「急に終わりが見えてきた気がするね」という香山さんの言葉に、ぶんぶん頷く。

今日はここから、次の土山宿ではなく、東名高速道路の土山ＳＡ《サービスエリア》を目指す。坂下と土山の近くには鉄道が通っていないので、番長・ガッキー熟考し土山ＳＡから高速バスで名古屋へ向かうルートを決めたのだ。ほどなく高さ5ｍ44㎝、重さ38ｔの巨大な万人講常夜灯が見えてくる。江戸時代の中期に地元・山中村と坂下宿、甲賀谷の約3千人の人々の奉仕によって造られたものであるという。お城の石垣などは巨大すぎて逆に実感が薄いが、この大きさの常夜灯を造るのに3千人が必要だったのか、と思うとリアリティがある。

意外に長かった東海道からＳＡまでの緩やかな上り坂に痛めつけられ、12時、混雑する土山ＳＡで昼食をとり、高速バス、新幹線を乗り継いで午後6時半帰宅。歩数は約3万5000。それなりに大変ではあったけど、終わってみれば見所も多くて楽しい2日間だった。

四十九 土山宿

土山宿は、急坂が続き、かつては山賊が出ることで恐れられてきた鈴鹿峠を越えて、京を目指す旅人が最初に訪れる地。現在も連子格子の町家が立ち並び、昔ながらの風情が感じられる。

高速バスを降りたら一面の雪景色。もう笑うしかない!

水口宿　10.5km　土山宿　9.7km　坂下宿

手作り感覚満載で迎えてくれる叙情の町

【東海道ふむふむの49】土山

鏡岩を過ぎ、林を抜けると急に視界が開ける。見えるのは一面の桑畑だ。ここから向こうは滋賀県なのである。昔は峠の茶屋があった場所だが、今は何もない。まっすぐ行くと万人講常夜燈だ。

ここからの道は国道1号線に沿っていて基本的にはあまり変化がない。やがて山中一里塚公園にたどり着くが、綿谷雪『考証東海道五十三次』によれば本来の一里塚はここではなく、やや北の水田の中が正しい位置なのだという。おそらくは1号線を整備した際に蛇行部分が削られたのだろう。やがて道は国道1号線から外れ、緩やかな下りに転じる。進んでいけば海道橋である。橋と共に復元された高札に、耕作に行く農民は無料だが、それ以外は渡り賃を取る、という注意書きがある。もちろん、江戸時代のお話だ。復元されたのは最近のことで、保永堂版「五拾三次」の「土山　春之雨」に描かれた橋が見事に甦った。この橋、欄干などすべて木製っぽく作られている。橋板も含めて、さすがにコンクリートだろう。

だろう、と書いたのには理由がある。僕たちが歩いたときには雪が積もり、足元の材質まで確認することができなかったからだ。実は、坂下～土山間の道中は2回に分割して歩いた。その分岐点が今通り過ぎてきた蟹ヶ坂の交差点である。ここは鉄道の駅から遠いため、1・5㎞ほど南にある土山サービスエリアまで、名古屋駅から高速バスで往復したのである。だが2回目にやってきてバスを降りたとき、周囲は数センチも積もる雪になっていた！　さすがに雪が積もっていたのは山間部だけだったし、土山宿に着くころには止んでしまっていた。だいたい、この橋のあたりまでが、ピークだったのである。海道橋を渡ると宏壮な田村神社がある。前出の鈴鹿峠山中にあった社が平地に移されたものだ。

その田村神社の前から国道1号線を渡り、西方に斜めに入っていった先が土山宿である。京坂側から見れば土山は鈴鹿峠を越す前の最後の宿場であり、旅のアクセントとして重要な意味を持っていたようだ。よって新旧の時代小説にこの宿はたびたび登場している。最近でいえば三國青葉『かおばな憑依帖』（新潮社）、出久根達郎『えじゃないか』（中公文庫）などなど。司馬遼太郎『花咲ける上方武士道』（中公文庫）の中では百済ノ門兵衛が「きょうは、どうあっても土山泊りじゃ。東海道では二番目にうまいという土山のそばをたらふく食うて、今夜は宵寝をするぞ」とだだをこねる。実は土山には名物夕霧そばというものがあり、本当に「東海道で二番目」のキャッチコピーで売り出していたのだが、どういうものだったかは伝えられていない。
　この宿は意外な人物と因縁がある。明治の文豪・森鷗外だ。鷗外は石見《いわみ》国の人だが、祖父の白仙が文久元（1861）年にこの地で客死しているのである。明治33年に鷗外は土山を訪れて惨状を呈していた祖父の墓を改め、東海道近くの常明寺に改葬した。白仙のなくなった井筒屋はさすがにもうないが、本陣にあたる建物には明治天皇が泊まった際の玉座が保存されており、宿の姿は比較的よく残されている。

　このへんから自分でもうすうす感づいていたのだが、僕はこの日発熱していた。朦朧としながら次の水口《みなくち》まで歩いたが、東見附の公園にたどり着くのが限界だった。土山〜水口間は10km以上もあり、よく事故に遭わずに歩けたものである。心配した香山二三郎さんが、リハビリ中の怪我人を看るような感じで付き添って歩いてくださったおかげだ（香山さん、ありがとう）。残念ながら初日リタイア。JR貴生川《きぶかわ》駅までタクシーを飛ばし、そこからひとりで電車に乗って東京へとんぼ返りした。当然一泊してくるものと思っていた家族は仰天したようだ。帰宅後は熱が出て2日ほど動けなかったので、この判断は正解だった。もしホテルで寝付いてしまっていたら、と思うとぞっとする。

雨男がいなくても、雪は降る！

〈てくてくある記　第15回1日目　その1　★土山→水口〉

長かった東海道ウォークも、今回を含めてあと3回！　そのうち次回はスキップしてきた箱根前後なので、こんなに早く家を出ることも、もうそうそうなくなるんだなぁ、と感慨深く思いつつ、最寄駅から初電に乗り込む。今日は新幹線も6時発の初電なのだが、今さら5分や10分早まったところで、どうってこともない。しかし、旅支度にもすっかり慣れたな、と余裕ぶっこいていたら、手袋を忘れてきてしまった。油断禁物。

いつもより、少し早い時間にもかかわらず、東京駅は人が多い。そうか、今日も世の中は3連休なのか、と思い出す。待ちあわせの「のぞみ」に乗り込むと、自由席は既にいっぱい。ガッキー番長と指定に振り替えてもらって、品川チームに「自由席満席、要指定振替え」と連絡。すると品川から乗ってきたスギエさんの席は私の隣だった。これって運命？

8時。名古屋から高速バスに乗り込む。時間が経過した分だけ名古屋駅は東京駅よりさらに激混みで、駅のトイレもマクドナルドでさえも大行列。3連休、恐るべし。予約しておい

た高速バスも満席だ。みんな席はバラバラだし、静かな車内とバスの揺れにうとうとするこ
と40分。急に車内がざわざわしてきたので目を開けると、窓の外は雪が降っていた。
しかもなんだか吹雪気味。降水確率0％だったはずなのに！　だからいつものソーラーソ
フト履いてきたのに！　でもって今日は有馬さんがいないのに！　まったくもって、本当に
ままならない東海道。土山ＳＡに着くとあたり一面、真っ白な雪景色だった。
幸い降っている量はさほどでもないが、穴の開いた靴（仕様です）には容赦なく雪水がし
み込んでくる。土山ＳＡから東海道までは徒歩にして約30分。「東海道ウォーク」に換算さ
れない余計な道程が恨めしい。やっと東海道の蟹ヶ坂交差点に着いたのは10時10分。家を出
てから5時間半。今日はここからがスタートだ。蟹ヶ坂には旅人を食らう蟹が住んでいた、
という伝説が残っているが、それってどんな蟹なのか。想像するとかなり怖い。
雪のなか、しばらく行くと「海道橋」を渡る。平成17年に復元されて現在の名前になった
が、昔は「田村永代板橋」と呼ばれていたとか。この橋から続く田村神社の鳥居をくぐり、
境内に入ってく道は、雪化粧でちょっと幻想的。静かな空気のなか、みんなの靴が雪を踏み
しめる音だけが聞こえてくるが、私の足はもう凍りかけている。
10時半、土山の石碑を通過。宿へと入っていく。雪も止んで、空は晴れてきた。
土山宿には、特になにか期待していたわけではなかったのだけれど、意外にも（失礼）連

子格子の家が並ぶ、趣のある町だった。電線もあるし、古い建物には当然手も入っているのだが、やりすぎ感は薄い。いい感じで味のある宿。おそらくこれは、実際に東海道を歩かなければわからない魅力だと思う。宿のなかほどにある民家を改築して造られたという「東海道伝馬《てんま》館」も、蔵に加賀藩の大名行列を模したという100体もの人形があったり、母屋の2階には、地元の方の手による東海道五十三次すべての盆景が飾られていたりと、個性的な展示が多い。形ばかり立派な資料館（どこのことだ）より、よほど見応えがある。

土山宿を出て、歌声橋を渡り、しばらく進むとお馴染みの松並木（上の下レベル）。このあたりまでくると、歩道の雪はおろか、水もすっかり乾いていて、ついさっき通ってきた土山から田村神社で見た景色が嘘みたい。凍えるほど寒かったのに、同じ服装で歩き続けていると汗ばんでくるほど暑くなってきた。

午後1時半。地元の人たちで賑わう甲賀市の「はなぶさ」で昼食。基本は寿司屋のようだけど、うどん類や定食類も多々あって、私は太巻きと天ぷらうどんのセット「宿場定食」を選択。みんなでつまむ用に鯖の棒寿司も注文。ボリューミーで美味しく、こりゃ人気があるのも納得、と思う。濡れた靴下を履き替え、休憩を兼ねてまったりする。

再スタートし、水口宿のモニュメント前に着いたのは3時20分。しかしこの後「やっぱり東海道は最後までなにが起こるかわからない」事態が待っていたのである……！

五十 水口宿

水口宿は伊勢参宮道の町としてひらけ、「街道一の人とめ場」と言われるほど賑わった宿場。現在も町のいたるところに常夜灯や城跡など名所旧跡が残っている。

水口宿に到着。が、この後、熱でまさかのリタイア!?

石部宿 — 13.7km — 水口宿 — 10.5km — 土山宿

家光さんが無茶を言うからこうなった

【東海道ふむふむの50】水口

そんなわけで途中棄権してしまったため、最後のウォークの回では前回中断した場所からひとりで歩いて宿題を消化した。本隊より2日先行して水口〜石部間を歩き、本隊の出発点であるJR草津線手原駅にたどり着いておくのである。1日でこなせる距離なのだが、その後でさらに2日かけて三条大橋までの30㎞を歩かなければならないので疲労を残さないために、あえて緩い日程にした。自分に甘く、他人にも甘く。

出発が遅れたため、前回と同じ貴生川駅に降り立ったときにはすでに午後2時近くなっていた。タクシーに乗り、地図を見せて「この公園に行ってください」と言う。結果とんでもない場所に連れて行かれそうになり、慌てて引き返してもらった。車を降りて「間違えるのは無理もないよなあ」と思う。どう見てもここは公園というよりは単なる「空き地」である。

しかしそれが水口宿の東見附なのだ。

水口宿の両見附の間は3㎞弱あるが、中央あたりに小川があって石橋がかかっており、そこで綺麗に東西の性格が異なる単純にいえば東側は旅籠が中心、西側は水口城を中心にした城下町である。江戸側から来ると東見附を過ぎたあたりに本陣・脇本陣の跡があり、次いで高札場跡。そこで道は3本に分かれ、それぞれが旅籠のひしめく繁華街になっていた。その先で道は合流し、先述の石橋へと続く。石橋の西で道は急にガクガクと曲り始める。元はまっすぐな道だったのだが、天和2（1682）年に水口藩が成立し、藩主の城館が築かれたために直進が許されなくなったのである。

現在水口城の角櫓《すみやぐら》が復元され資料館として公開されているが、この城は少し変わった沿革を持っている。もともとは三代将軍家光が上洛の際の宿館として築かせたもので、幕府の任命した城番によって管理されていた。そこに加藤明友《あきとも》が入って水口は独立した藩となる。しかし城はいつ将軍の居館にさせられるかわからないので、自分の城といっても自由に使うのは　憚られる。そこで新たに藩主の城館を築いたというわけだ。

窮屈だったのは藩主だけではない。藩士たちの中にも面倒な我慢を強いられる者があった。東海道を西に行くとやがて小坂町に達する。そこには下級武士が住んでいた百軒長屋跡があった。この長屋には奇妙なルールがあり、北側に面した東海道に出るのに許可が必要とされたのである。北側は町民の往来する町、南側は城の郭内で武士の領域、という住み分けを厳格にしたのだろう。そのため、ここに住む武士たちは2階の与力窓から紐につけたザルを下げ、眼下を行く商人から物を買っていた。まるで落語の「石返し」である。

シーボルトが長崎から京坂を経て江戸と往還した際の記録は『江戸参府紀行』（東洋文庫）としてまとめられている。往時の東海道の様子を知る貴重な資料でもある。その往路、水口で昼食をとったときに見聞したことをシーボルトは「城のあるこぎれいな街であり」「ツツランカツラで上品な籠を編んでいる」と書いた。ツツランカツラはオオツヅラフジで、かつてはこれを使った水口細工が盛んだったが、現在では絶えている。

水口に関係があるもうひとりの外国人は、アメリカ人ウィリアム・メレル・ヴォーリズだ。メンソレータムで知られる近江兄弟社を興した人物だが建築設計家としての顔も持っており、この町では旧水口図書館と水口教会の2つを手がけている。このうち水口教会は東海道沿いにあり、声をかければ内部の見学も許してもらえる。

水口教会を過ぎると西の宿外れだが、この付近に美冨久という酒造がある。僕が通ったとき、軒先においてあったかめに阿藤快と嘉田滋賀県知事という不思議な取り合わせのサインがしてあった。一緒に訪ねたとも思えないから別々の日に来たのだろうか。試飲を勧められたが、まだ先は長いので後ろ髪を引かれる思いでまた歩き始めた。

ここに来て、まさかの緊急事態発生！

〈てくてくある記　第15回1日目　その2　★土山→水口〉

「はなぶさ」でお昼を食べながら、スギエさんが「ボク、なんかちょっと体調が良くないっぽいんですよね」というのは聞いていた。しかし、今まで私たちふたりが、どこも痛くも痒くもなく、万全の体調で歩き続けられたことなど一度たりともなかったわけで、「大丈夫？」と訊きながらも、私は「まぁ大丈夫でしょう」と高をくくっていた。食欲もふつうにあるようだし、水口宿はもうすぐだし。

ところが、水口のモニュメントを通過して、一里塚に着いたころから、スギエさんがどんどん遅れだした。これまた私たちはあの崩壊の危機以来、「合わせるところは合わせつつ、自分のペースで歩く」ようになっていたので、ガースと銀色さんと私は、それほど気にせずに先行。ここからホテルまではさほど大事な見所もないし、ゆっくり来ればいいと思っていたのだ。岩神社を過ぎて、宿の入口である東見附跡を通り、本陣跡を過ぎて高札場跡から二手に分かれる道の右側を選んで進んでいくと、振り返ってもうスギエさん&香山さん

&ガッキーチームの姿は見えなくなっていた。またしても降り始めた雪に悪態をつき、一向に追いついてくる気配のないスギエさんチームを「大丈夫かなー」と振り返りつつも、立ち止まらずに歩き続けること1時間半（水口はけっこう長い）。

後ろからビューンとやってきたタクシーが、真横で停車した。助手席に乗っていたガッキーが降りてきて「スギエさん、熱があるみたいなので先にホテルに戻ります」という。見ると、後部座席で息も絶え絶えな様子のスギエさんがぐったりしていた。どうにも歩き続けることができなくなって、途中でタクシーを呼んだのだとか。

東海道から微妙に遠いホテルを少し急ぎ足で目指しつつ、タクシーから遅れてたどり着いてみると、ホテルで借りた体温計を手に、スギエさんが項垂れていた。熱は38度を超えているという。これはもう、明日歩くのは無理でしょう、ということになり、これからもっと熱が上がるかもしれないからと、動けるうちに帰京することに決め再びタクシーに乗り込んだスギエさんをみんなで見送る。「まさかこんなことになるなんて」「東海道、恐るべし！」「なにが起こるかほんとわかんないねぇ」と口々に言い合った。

とはいえ、残った私たちには明日がある。性懲りもなくスーパー銭湯にタクシーを飛ばし、一風呂浴びながら、銀色さんと「今日はご飯を食べつつ香山さんを攻めてみようではないか」と企む。中年女子4人に対して、思いがけず黒一点となってしまった香山さん危うし。

かくして午後7時。「スパ銭のご飯は不味いからヤダ」というスギエさんがいないのをいいことに、場内の食事処で香山さん攻撃の火ぶたが切って落とされた。チーン！　乾杯と同時に、まずは銀色さんが「香山さんは、今まで結婚しようと思ったことはないの？」といきなり強烈なパンチを繰り出した。私は同業なので、この企画が始まる前にも香山さんとは何度も呑んだことはあるし、「結婚したいっていう気持ちはあるんですか？」と訊いたことはあったが（答えは「あるよー。そりゃ相手がいればしたいよ」だった）、「しようと思ったこと」については訊けずにいた。それは＝過去に「そんな話が出るほどの恋人がいたことはあるのか」と訊ねているわけで、「ない」と答えられた場合、どう反応したら良いのかわからなかったからだ。しかし、香山さんは「そりゃありますよ」という。「え？　いつごろですか？」「どんな相手だったんですか？」「どうして上手くいかなかったんですか」。勢いづいて遠慮がなくなる私たちの攻撃を、香山さんはのらりくらりとかわしていく。「どんなタイプが好きなの？」「相手に望むことってなんですか？」「じゃあ絶対こんなタイプだけはイヤっていうのは？」。が、香山さん57歳。さすがに打たれ強く、勝負は我々の判定負け、といった状況に。

9時。ホテルに戻って明日の準備を整えながら、スギエさんが言い残していった「インフルエンザかもしれない」という予感が、外れるように祈る。せめてどうかお願い神様！

五十一 石部宿

京都・三条大橋を早朝に出発すると石部宿には夕方頃に到着することから「京立ち石部泊まり」と言われ、江戸に向かう旅人で大いに賑わっていた。かつては銅を産出し、東海道では珍しい鉱山の歴史を持つ宿場。

石部宿の里。ちょっと寄り道のつもりが……

草津宿　11.7km　石部宿　13.7km　水口宿

まわり道をしないでゆるゆる行こう

【東海道ふむふむの51】石部

浄瑠璃「桂川連理柵《かつらがわれんりのしがらみ》」の主人公お半と長右衛門が契りを結んだのはこの石部宿である。時に長右衛門が38歳、お半は14歳、当時よりも現在のほうが絶対問題になりそうなカップルだ。お半は妊娠してしまい、道行（心中）という結果につながる。

「京立ち石部泊まり」といって、京都から徒歩でやってきた旅人は石部宿に泊まるのが普通だった。そのためか、石部には有名人の宿泊例が多い。お半長と一緒にしては不敬かもしれないが、明治天皇が東京遷都のために東海道を旅した際も、最初の泊まりはここ石部宿の小島本陣だった。跡地には明治天皇聖蹟碑が建つ。

東海道を歩いていると頻繁に明治天皇関連の史跡を目にする。明治天皇行在所《あんざいしょ》（立ち寄られた）、御在所（泊まられた）、御野立所（休憩された）、御駐輦《ちゅうれん》（車を止められた）あたりがよく見かけるところか。けっこうちょくちょくある。天子様は自分では歩かれないからいいだろうけど、お供の人は徒歩ですからね。休ませてあげないとかわいそうというものだ。

ちなみに明治帝は侍従であった山岡鉄舟に相撲をとろうと迫るなど、富国強兵政策の象徴のような剛健な身体の持ち主であり、乗馬もよくされた。歴代天皇で馬に乗ったことがあるのはこの方が初めてだったのではないか。

東海道の各地に休憩・宿泊の跡が数多く残されているのは、即位後の明治11年に北陸地方巡幸され、帰路に東海道を通っているからということもあるだろう。これから歩く人は、明治帝の足跡を一里塚代わりに地図に記していってみるとおもしろいかもしれない。明治天皇は生涯において頻繁に行幸を行ったが、明治18年までの間には1ヶ月を超える長い巡幸を6度も行っている。そこにはさまざまな理由があったろう。雲上人として庶民に決して御姿を見せなかった君主が、あえてそれを公開したことは大きな成果を挙げた。天皇の具体的な身体を目の当たりにすることで、国民は国家意識を植えつけられたのである。天皇皇后の写真が御真影として配布されたのも同様の効果を狙ったものだったのだろう。

小島本陣跡を過ぎると田楽茶屋がある。保永堂版「五拾三次」にも描かれた名物・菜飯《なめし》田楽を今でも提供しているが、実は元の場所には建てられていない。それどころか、広重が描いた茶屋はずっと先、次の宿場である草津はすぐそこ、という目川の立場にあった。その辺の細かいことにはこだわらず「まあ、いいか」と頭を柔軟にして、休んでいくのが吉である。

そういえば、融通がきかない人のことを揶揄して「石部金吉金兜《きんきちかなかぶと》」などと言うが、この石部宿から来ているそうである。石部・草津間にあった金山（銅山）が言葉の由来だ。東海道はその銅山付近でぐるっと南側に迂回している（上道）。北側にも道があるが、野洲川に至近であるため出水して使えなくなることが多かったのである（下道）。幕府は上道を使うことを奨励したが、道のりが長くなるので人気がなく利用客が少なかった。そのため上道を振興させようと「近道禁止令」が出たほどだ。

道中の話が出たので思い切り前後するが書いてしまうと、石部宿に着くまでに東海道は2つの天井川の下を通る。天井川とは川底が周囲の地面よりも高い河川のことで、土壌浸食と砂礫の堆積によって作られる。江戸時代の旅人は、足を濡らしながら歩いて渡る以外にすべがなかったが、近代になって2つのトンネルが掘られた。大沙川隧道と由良谷川隧道の2つである。特に大沙川隧道は明治17年にフランス人技術者の指導によって造られたもので、日本最初の石造トンネルとしても有名だ。この付近ではトンネルのことを「まんぽ」と呼ぶが（鉱山用語の間歩《まぶ》からきたといわれる）、大沙川隧道も「吉永のまんぽ」として住民に親しまれてきた。この上を流れる大沙川のほとりには樹齢約750年と推定される弘法杉が立っている。天井川と杉の巨木のとりあわせはなんともいえない絶景だ。僕はトンネルマニアでもあるので、大いに興奮しながらこのまんぽの下を通り抜けた。

東海道一の常夜灯！

〈てくてくある記　第15回2日目　★水口→石部→（手原駅）〉

インフルエンザに罹患している「かもしれない」人から、ウイルスをうつされている「かもしれない」レベルでは中止になるはずもない東海道。幸か不幸か体調はいつもと変わらず、もちろん筋肉痛も相変わらずだ。

今日も今日とて、午前5時ホテルを出発。東海道へと戻りながらお約束のコンビニ朝食。早朝ゆえの寒さはあるものの、昨日の午前中と比べればなんのその。古い家並みが残る水口宿の西側をさくさく進む。6時40分。泉の一里塚跡を過ぎると、左手に横田の渡しの大常夜灯が見えてきた。野洲川のこのあたりはかつて横田川と呼ばれ、川幅も広く流れも速かったにもかかわらず、幕府によって通年橋を架けることは許されなかった（他の「渡し」も同じ）ので、水量の多い時期は舟で、乾季は土橋を架けて旅人を通していたとか。横田の渡しは往来が多く、夜間でも川を渡る人がたくさんいたので、目印になるように大きな常夜灯が造られたらしい。玉垣にのせられた高さは7m超。東海道中でもいちばん大きな常夜灯だ。

これもまた、地元の人々のみならず、京都や大坂の人も含めた万人講で造られたものだというが、鈴鹿峠近くの万人講で3千人だったとしたら、これは本当に万の人手が必要だったのではないかと思うほど大きい。

今日は5人と小人数なので、一団となって旧街道を歩く。国道1号沿いを歩くよりははるかに歩きやすいものの特に見所もない道を進んでいくと、天井川になっている大沙川をくぐる古いトンネルが見えてきた。さらに先へ進むともうひとつ、由良谷川のトンネルも。天井川というものを知ったのもこのとき初めてだったので、もの知り香山さんに「この上を川が流れてるってことですよね？」と小学生レベルの質問をする。スギエさんが好きそうだ！

コンビニもない道なのでトイレ探しに苦労しつつ（でも随所の公園などにあり。なかなか厳しいトイレだけど）、9時25分51番目の石部宿の東口跡に到着。残りあと2つ！という嬉しさと、でも箱根が残っている……という哀しさに心乱れる。

石部宿は大きな遺構は残っていないものの、町そのものは私の好きな「いい感じ」。ここでガッキー番長が「今日はこの先ほとんど見所もないので、ちょっと道は逸れるんですけどここに行きましょう～」と提案する「石部宿場の里」に向かった。余計な寄り道大嫌いな私ではあるが、今日は5人だし「宿場の里」なら東海道にも関係あるし、と、おとなしく従う。

しかし、緩やかな上り坂を行けども行けどもそれらしき建物は見えてこない。電話して場所を確認すると、なんということでしょう、小山といっていいレベルの丘の上にあるというではないか。辛い。寄り道にもほどがある。辛い。鈴鹿峠より辛い。ヘロヘロになってようやくたどり着いたそこは——多くを語りたくないがっかりスポットだった（個人の感想です）。うちひしがれ、とても歩いて戻る気力も体力もなく、タクシーを呼んでもらって東海道に戻る。10時40分、石部の田楽茶屋でちょっと早いお昼ご飯。お店の人はとてもいい方だったが、正直「にしん蕎麦」は微妙だった（あくまで個人の感想です）。考えてみると今まで「美味しいにしん蕎麦」というものに出会ったことがないような……。

歩き始めて7時間半。六地蔵一里塚に到着。本日のゴール草津線・手原駅はもうすぐだ。この周辺には馬のイラストを掲げた看板が多く「なんでですかねー」というガッキーに、香山さんが「JRAのトレーニングセンターが近くにあるんだよ」と教えていた。「さすが香山さん！」「なんでも知ってますねー！」と編集者チームが褒めモードに入るので、「香山さんが知らないのは女心だけだよね」と言ってみた。午後1時15分。手原駅に到着。しかし、なんということでしょう（本日2度目）、草津線はトラブルがあって運行休止中。東海道本線の草津駅まで歩く？という話になりかけたのを「家までは、まだまだ遠いんだから！」と、どうにか頼み込んでタクシーに乗車。つくづくままならない東海道……。

帰宅後、万歩計を確認すると久々に4万超えていた。タクシーに乗れてほんと良かった！

五十二 草津宿

草津宿には東海道と中山道の分岐点があり、交通の要衝として多くの旅人で賑わった。ここから琵琶湖の「矢橋の渡し」を利用して大津宿まで舟旅を選ぶ旅人も少なくなかった。400年の伝統を持つ「姥が餅」が名物。

草津宿街角交流館。重すぎて持ち上がらないよー!

大津宿　14.3km　草津宿　11.7km　石部宿

本陣でお風呂にびっくり雪隠にふむふむ

【東海道ふむふむの52】草津

前項に書いたように、僕は水口宿から少しだけひとり旅をすることになった。それが終わり懐かしい顔ぶれと再会したのが草津宿の少し手前、JR草津線の手原駅である。図らずも草津宿は、守山宿からやってくる中山道と、石部宿からの東海道とが合流する地点でもある。いろいろな意味で賑やかな道行となった。

石部方面からきて草津川を越えるともう宿場内に入っているが、その先に追分道標がある。「右東海道いせみち　左中仙道美のぢ」とあって確かに2つの街道の名が記されている。

この草津宿には全国で5ヶ所しかない貫目改所が設置されていた。他にあったのは、東海道の品川・府中、中山道の板橋・洗馬《せば》の各宿である。これは往来する荷物の重量を検査するための施設で、流通の統御を行うためには必要不可欠のものだった。交通の要衝である草津に設置されたのも当然のことだろう。

両街道の分岐点というだけあり、草津は規模の大きな宿場町だ。圧倒されるのは本陣である。２軒あったという本陣のうち、現存するのは田中七左衛門本陣で、敷坪１３０５、建坪４６８、現存する中では東海道中でも最大級の本陣施設である。まず玄関からして違う。大名駕籠がそのまま横付けできるような造りになっているのだ。廊下はもちろん畳敷き。大名などの主客が泊まる上段の間は雪隠までが畳敷きである。大きいほうの便器の中には汚物入れの箱が入っており、その都度中身が始末されていたという。湯殿（浴室）は別棟で、畳敷き4畳に板張り8畳という破格の広さ。はい、僕が前夜泊まっていたビジネスホテルの部屋よりも広いです。風呂釜は屋外にあり、沸かした湯を運んで湯桶に入れる仕様になっていた。ということは追い焚きなしっすね。贅沢だ。

この本陣の中には調度品以外にもさまざまな歴史的資料が展示されていた。中でも興味深いのが大福帳だ。いかに多くの重要人物が宿泊していたかがよくわかる。たとえば慶応元（１８６５）年5月9日には新撰組一行の名前がある。これは池田屋事件の翌年で、京都に新撰組あり、の悪名が高まっていた時期だ。4月に関東で隊士募集を行い帰京する際の宿泊で、土方歳三、斎藤一、伊東甲子太郎、藤堂平助らの名前がある。本来高貴な身分の人しか泊まれないはずの本陣に会津藩預かりの彼らが投宿できたのは、幕末になって体制がゆるんでいたからだろう、と草津市立図書館発行の「草津宿本陣から」では推測されている。同記事によると、明治に入ると佐幕派であった新撰組は天下の悪党として扱われる風潮になってしまったため、この資料の存在自体を語るに憚れる時代があったとのこと。おおっぴらに展示ができるようになったのは、非常によいことであります。

また、元禄12（1699）年の大福帳もおもしろい。7月4日に浅野内匠頭が、13日に吉良上野介が宿泊している。いわゆる松の廊下刃傷事件は元禄14（1701）年だから、その2年前にはこんなニアミスが起きていたことになる。吉良上野介は忠臣蔵では徹底して悪役にされており、ホルヘ・ルイス・ボルヘス『汚辱の世界史』（岩波文庫）のように卑劣漢の極みとして描かれた例もある。外国の方にまでひどく言われて気の毒なことだ。だが、中には岳真也『吉良の言い分』（KSS出版）など彼を主役として立てている時代小説も少なくない。残念なことに、このニアミスについて書かれた作品は見つけることができなかった。

草津宿の名物は姥が餅である。織田信長によって滅ぼされた近江国の大名佐々木（六角）義賢から密かに曾孫を託された姥が、餅を売ってその子を養ったという伝承がある。姥が餅焼なるやきものの窯があるように、草津の代名詞のひとつともなっている銘菓だ。それは結局食べなかったのだが、和菓子屋でフジタさんに花見団子を買ってもらい、歩きながら食べた。上品な甘味でございました。

最終回の初日は気分上々！

〈てくてくある記　第17回1日目　★（手原駅）→草津→大津〉

「天下の険」とは伊達や酔狂で呼ばれていたわけではないのだと、身をもって知ったわずか2週間後。ついに長かったこの企画の最終回がやってきた。とはいえ、まだ今ひとつ実感はなく、今日も今日とてバタバタと初電に乗り込み、のぞみ1号で京都に向かう。本日の朝食駅弁は「あおもり倉石牛VS海鮮御三家対決弁当」。最後なので肉も魚（ウニ・カニ・イクラだけど）も！と欲張ってみた（そして撃沈した）。

京都駅で前回発熱し（インフルエンザじゃなくて良かった！）途中リタイアしたので、一昨日から前のりして水口の途中から手原駅まで歩いていたスギエさんと合流。9時15分草津線手原駅からスタートする。今回のメンバーはいつもの4人に銀色さん、香山さん、有馬さん、そして第12回に日帰り参加してくれた幻冬舎の校正者・あべどんの8人だ。

天気は上々、気分も上々。かつて痩せた馬では上れないといわれていたという「やせうま坂」の石碑を見つけたものの、箱根東坂&西坂をクリアしたばかりの身としては、なだらかな道にしか感じられず。昔は急坂があったのだろうか。目川一里塚と立場跡を過ぎて、中山道との追分を入ると、もう草津宿。10時半、国指定史跡でもある草津宿本陣（田中七左衛門本陣）を見学。東海道で本陣の遺構が残っているのは、ここと二川宿だけ。二川の本陣資料館も広すぎて時間が足りないと感じたけれど、ここもさすがは本陣。見応えがある。廊下や雪隠（トイレ）まで畳敷きという贅沢さだが、意外にも上段の間の広さは8畳。でも大便用&小便用の雪隠はそれぞれ2畳で合わせて4畳もある。重要な資料もたくさんあるのに、そんなことばかり気になるのはいかがなものか∨私。

名物の「姥が餅」に惹かれつつも先を急ぎ、11時50分、野路の一里塚跡で記念撮影。その少し先のコンビニで休憩していると「ガリガリ君」信者のスギエさんとチャレンジャー有馬さんが噂のコーンポタージュ味を買ってきた。1本食べる勇気はないが、どんな味なのか気にはなるので、みんなで少しずつガリさせてもらう。確かにコンポタ味なのに、ちゃんとアイスだ！とざわめく本日平均年齢45歳の大人たち。もう今日はなんでも楽しい。

午後1時半。瀬田駅近くの蕎麦屋で昼食。再び歩き始め、しばらく進んだところで看板に惹かれて銀色さんが買った「たにし飴」をこれまたみんなで分けて舐めながら歩く。あべどんと「あのころ私たちは若かった」話をしつつ、瀬田の唐橋を越えると急に周囲が賑やかになってきた。きょろきょろしながら歩いていると、向こうから走ってきた車のなかから「杉江松恋さんですよね！　頑張ってください！」と女性の声が。スギエさんのフォロワーさんらしい。こうして気にかけてくれる人がいるって本当に有難いな、としみじみ思う。

3時20分、さすがに少し疲れてきたので若宮八幡宮の境内で小休止。膳所の町を過ぎると本日のゴール浜大津駅近くのホテルまではもうすぐ。本日3日目の東海道歩きになるスギエさんチームより先行していたので、ガース&銀色さんと、今日の宴会場所を探しながら歩き、全員がゴールしたのは5時半だった。しかし、どこまでも健脚な編集者チームは琵琶湖を見に散歩に行くという。まったくついて行けない。最後までついて行けない。「19㎞歩いた後でせっかくだから散歩って！　おかしいでしょう！　おかしいわ！」と呟いてみるが、結局どこに行っても体力温存に努めるだけの自分のほうがもしかしておかしいのかもしれないと、ホテルの部屋の窓から琵琶湖を眺めながら少し反省する。

7時。ホテルから徒歩5分の「炉ばた屋　見聞録」で乾杯。明日の出発は朝7時といつもより遅いので、まさにこれまでの東海道の見聞話をしながら大いに盛り上がる。味の薄い熱燗と冷酒を混ぜて呑むという節操のない状態でいい感じに酔っぱらい、あぁいよいよ明日は最後なんだな、と思っていたら、ガッキー番長がホールケーキを出してきた。私の2日遅れの誕生日を祝うために近くの店で予約してくれたらしい。思いがけず「おめでとう！」とみんなに言われ、ちょっと泣きそうになったのは、酔ってるからってことにしておこう。

五十三 大津宿

琵琶湖の南端にある大津は、東海道、中山道、北陸道などが重なり、多くの商人や旅人で賑わっていた。そのため、人口や旅籠の数が東海道のなかでも最大規模の宿場だった。

東海道ウォーク最後の夜は、大好物の手羽先で乾杯！

三条大橋 11.7km 大津宿 14.3km 草津宿

スクープ・意外な二人が同棲中のお寺

【東海道ふむふむの53】大津

淀川の水源は琵琶湖で、最初は瀬田川と呼ばれる。その瀬田川に住む竜に頼まれて大ムカデ退治をしたのが俵藤太秀郷、後に平将門が起こした天慶の乱で武功を上げる人物である。ムカデは人間の唾に弱く、それを塗った矢を放って見事退治することができた。竜と秀郷の出会いの場が瀬田の唐橋である。古来さまざまな合戦の場になったところで、現在のコンクリート製のものは昭和54年に架橋された。いわゆる日本三名橋のひとつだ。

草津方面からやってきて瀬田の唐橋を越えるとすぐ京阪石山坂本線の唐橋前駅がある。この石山坂本線は膳所駅から先は家々の軒先を縫うようにして市街地を走ってくる。その様子を見ると、ああ、近江に来たのだ、と実感するのだ。その京阪電車の駅名のひとつに残っているが、古代における呼び名は粟津だった。木曾将軍源義仲が同族の源範頼・義経兄弟によって打ち負かされ、松原で往生を遂げたのがこの地である。義仲の墓所は別の場所にあるが、東海道からは少し西へ外れたＪＲ石山駅の近くに彼の腹心であった今井兼平の墓が残っている。東郷隆「鼓」（文春文庫『終りみだれぬ』所収）は、権謀術数をもってその義仲を排除せんとした後白河法皇腹心たちの醜さを描いた異色の歴史小説だ。また、第8回泉鏡花文学賞を受賞した清水邦夫の戯曲『わが魂は輝く水なり』（講談社）は、幼少のころの義仲の命を救った斎藤実盛を主役に配している。平家の武将である実盛は、老齢を押して義仲追討軍に加わる。主として彼の視点から物語は進行するのだが、史実にとらわれない内容でおもしろい。義仲を傀儡《かいらい》として操る巴御前の人物像には、日本赤軍の幹部・永田洋子《ひろこ》のそれが重ね合わされているのだろう。どうも木曾義仲を描く作家は、本人よりもその周辺のどろどろとした人間ドラマに目がいきがちのようだ。それだけ義仲が純朴な人間と見られている証拠、と軽くフォローしておきます。

粟津を過ぎれば東海道は大津へ向けて湖南地区を進んでいく。ＪＲでいえば膳所駅周辺が、かつての膳所藩である。松尾芭蕉は「おくのほそ道」完成後の元禄３（１６９０）年以降は関西に滞在することが多かったが、近江における拠点をこの付近の幻住庵に定めていた。世話をしたのは膳所藩士の菅沼曲翠だ。芭蕉は琵琶湖の眺めを気に入り、元禄７（１６９４）年に没した際には義仲寺《ぎちゅうじ》を墓所とするよう遺言している。義仲寺はすなわち前出の木曾義仲の菩提寺であり、膳所駅に近い東海道沿いにある。義仲と芭蕉の墓はこの寺に寄り添うように建てられているのだ（同寺には文学者・保田與重郎の墓もある）。

さらに東海道を行くと街角にひっそりと「此附近露國皇太子遭難之地」と書かれた石碑がある。明治24年5月11日、訪日中のロシア帝国皇太子が警備にあたっていた警察官・津田三蔵からサーベルで斬りつけられるという不祥事が起きた。いわゆる大津事件である。吉村昭が綿密な調査の結果を『ニコライ遭難』(新潮文庫)として描いており歴史ファンならば必読だが、富岡多恵子『湖の南』(新潮社)も複雑な構造を持つおもしろい小説なのでぜひ紹介しておきたい。大津に住んでいたことがあるという富岡は、ドイツ人作家マックス・ダウテンダイがこの事件に題材をとった『近江八景の幻影』(文化書院)に言及した後、事件を引き起こした津田三蔵とはどういう人物なのか考察を深めていく。その過程でなぜか義仲寺が紹介され、前出の菅沼曲翠が後年上司の不正を糾すため刃傷事件を起こしたことが紹介されるのだ。津田三蔵の父親・長庵は藤堂藩の藩医だったが、やはり抜刀事件を起こして失脚した。こうした形で関係者の人生を重ね合わせることにより、外からは窺い知れない人の心の不思議さを示しているのだろう。さらにいえば、歴史として残されたエピソードが実は人工的な修正を受けた不完全なものであるということも。

そうこうしているうちに大津宿に到着した。次はいよいよ京都に入る。

退屈道をいかに攻略するか。それが問題だ！

〈東海道ウォーク四方山話　その8〉

前にも述べたが、そしてこれから歩こうと考えている人の気持ちを削ぐようで申し訳ないが、東海道４９２㎞の約３割は特に見所もない「退屈道」だ。これは個人的な感想だけど、おそらく実際歩いた人ならば、そう異論なく同意してもらえると思う。テーマパークを歩いているわけではないのであたり前なのだが、見所に的を絞って紹介しているガイドブックなどで予習していると、そうした名所旧跡の間は単調な道が続いていることをあまり上手く想像できないのである。

地元の人でも歩かない、大型トラックがびゅんびゅん行き交う国道沿い。民家ひとつない畑のなかの単調な道。シャッター通りと化した商店街。修行モードで黙々と歩くしかない退屈道は随所にある。そこをどう乗り切るか。

携帯プレイヤーでなにかを聴きながら歩くのは、あまりお薦めできない。イヤホンの片側をはずしておけば危険もないと思われるかもしれないが、どうしても注意力が散漫になってしまう。知らない場所で疲れていれば尚更だ。その代わりに、私やスギエさんはよく脳内ライブを開催していた。例えば、好きなアーティストの曲をデビューから順番にたどっていったり、懐かしのテレビ番組の主題歌を、頭のなかで鳴らし続ける。たまに口ずさんでしまうことがあっても御愛嬌。誰かと歩いているのであれば、一緒に盛り上がることができるかもしれない。「忘れられない合唱曲」の話から、うっかり「木琴」を歌い、みんなに怖がられたこともあった。

ちなみに私が本当に辛いときに脳内へビロテしていたのは「三百六十五歩のマーチ」。マーチはさすが行進曲で、歩くペースにも合っているし、ずんずん進む気力も湧いてくる。ぜひ一度試してみて下さい。

同行者がいるときの最大の退屈凌ぎは「会話」だが、同じメンバーで歩いているとそういう話すこともなくなってくる。私たちも最初のうち「なにか面白い話してよ」と言い合っていたものの、ネタはあっという間に尽きた。それから主に交わしていたのは「妄想話」である。初めて通る町で、家々を見ながらもしもここに住むとしたらどの家に住みたいか。この町で暮らすなら仕事はどうするか。人生をやり直せるならどこに住んでなにをするか。石部を歩いていたとき、私とガッキーはこの話で盛り上がり、気がつけば宮古島で脳内スナックを開店させていた。仕事を終えた島のおじさんたちを、どう転がして店を繁盛させるか。妄想はバカ度が増すほど楽しい。特に私と銀色さんは妄想癖の強いドラマ脳なので、「もしも」の話はまったく尽きなかった。

そうしたどうでもいい話は山のようにしてきたが、スギエさんに「AKBを戦国武将に喩えて僕に説明して」といわれたときは困惑した。「AKBのメンバーはそれなりに知ってるけど、戦国武将は10人も知らん！」といったら「じゃあ三国志でもいいよ」と返された。三国志。もっと知らないよ、三国志！　でも、こうした喩え話も退屈道には有効だと思う。

とはいえ、話す気力さえないときもある。そんなとき、私が旅の途中から夢中になったのはマンホール＆消火栓探しだった。マンホールには滑り止めのために溝が刻まれているのだけれど、自治体によってはその地域ならではのデザインが施されているのだ。よく目にしたのは市の花や木、鳥を模したものだったが、掛川市の掛川城、磐田市のトンボ（桶ヶ谷沼ですね）、沼津市の富士山＆愛宕山、桑名市の七里の渡しと舟（桑名には可愛い蛤バージョンもあった）など、写真に収めずにはいられない個性的なものもたくさんあった。地域が変わる＝先へ進んでいる実感も得られて一石二鳥だ。ぜひ、車に気をつけて探してみて欲しい。

路ばたの発見といえば、「飛び出し坊や」も地域によって違いがあり、注意して見ていくと楽しい。特に発祥の地だといわれる滋賀県は、いろいろ心配になるキャラクターものも多く、見ていて飽きることがない。以上、退屈道の小さな楽しみでした。

三条大橋

鴨川に架かる三条大橋は江戸への出発点であり、江戸から来た旅人にとっては、京への玄関口だった。天正18（1590）年に豊臣秀吉によって完成され、現在はコンクリート製だが、欄干の擬宝珠は往時のまま残されている。

ついに1年半かけてゴール！　みんな笑顔でバンザーイ！

三条大橋　11.7km　大津宿

笑顔でおしまい。また来るよ、東海道！

【東海道ふむふむ・末尾】三条大橋

大津の夜がこの東海道ウォーク最後の晩になった。

翌日は7時出発。いつもは4時起き、5時出発の東海道ウォークなのに、ちょっと遅めの出発になった。別に前の晩飲みすぎて寝坊したわけではなく、あまり早く着いてしまうと三条大橋で打ち上げをするのに困るだろう、という大人の配慮だ（たぶん）。

歩き始める瞬間から、もう打ち上げをすることばかり考えている。

前夜はひとりで抜け出して、近所のスナックに行ってきた。この東海道ウォークでやり残したことはそれだ。毎回スナックとかで地元の人と仲良く飲んで交流できていればよかったのだけど、なにしろ体力勝負である。翌日歩けなくなってしまったら元も子もない。泣く泣く諦めていたことを、最後だけ解禁したのである。

「それで、どんな話をしたんですか？」と歩きながら銀色さんに聞かれた。

「大津には台風が来ないという話でした。スナックに来てたお客さんが沖縄出身だったんですけど、台風が来るから早退します、と言ったら会社で叱られたって。地形的に台風被害がほとんどないらしいんです、滋賀県というのは」

そう説明すると、銀色さんが興味深そうな顔になる。お誘いしたらよかったな、とちょっと後悔した。あの銀色夏生がスナックで飲んでいたら、お客さんはびっくりしただろうに。


大津を出発すると札の辻跡で東海道は南西に曲がる。本陣跡を過ぎるとあとはまっすぐで、国道1号線とまたしても合流する。あるときはその交通量が憎く、またあるときは日本橋からの距離表示に励まされ、腐れ縁のようにつきあってきた1号線だ。

歩いているうちにだんだん道に傾斜が出てきた。あれ、今日は楽勝の日のはずなのに。

「これはあれですね。これやこの行くも帰るも別れつつ」

「知るも知らぬも逢坂の関、だねえ」

香山さんが下の句を引き取った。そうだった。大津と京都の間には逢坂の関がある。そして、そこには峠というものもあるのであった。スナックで飲みすぎなくてよかった！

やがて道の右側に社が見えてきた。関蟬丸神社である。もともとは上《かみ》・下《しも》の社でそれぞれ猿田彦命、豊玉姫命を祭神とする神社だったが、いつの間にか関明神が蟬丸その人と同一視されるようになったのだ。蟬丸は例の逢坂の関の名歌の作者であり、逢坂の関に庵を結んでいたという。琵琶法師だったという説もあり、現在は芸能神としても信仰されている。文芸が関蝉丸神社の守備範囲かどうかはわからなかったが、念のためお参りはしておいた。

逢坂関跡を越えると下り坂になる。だらだらと歩いているうちに、いつの間にか住居表示が大津市から京都市山科区になっていた。あっさりと東海道最後の町だ。もっと感動して泣くかと思っていたのに。滋賀県と京都府の境をジャンプして越えるかと思っていたのに。

淡々と歩いてJR山科駅前を行き過ぎる。当たり前だがみんな京都の人で、都会人らしい綺麗な格好をしている。リュックを背負っている僕たちが、いちばん芋臭い。ああ、平安京の昔から同じだったんだろうなあ。東海道を来た人たちはみんな京都人に「また田舎者が来た」という目で見られていたんだろうなあ。そうです、あずまえびすが来ましたよ。

山科で最後の上り坂を体験し、蹴上の坂を下った。途中でせっかくだから南禅寺に寄ろうという話になったのだが、フジタさんだけが頑として拒否し、結局参加しなかった。いつもどおりで嬉しくなる。そうそう、こうでなくちゃね。そこからは本当にわずかな道のりだ。東山三条の通りを歩ききれば、その先に三条大橋が見えてくる。

銀色さんに手招きをされた。うながされてフジタさんとふたりで先頭に立つ。

あと数百メートル、しっかり歩かなくては。

お金にも時間にも全然余裕がないけど、東海道を歩いてしまいました。

ほろ苦さもまた美味さ。ゴール&ビール！

〈てくてくある記　第17回2日目　★大津→三条大橋〉

昨夜、大宴会を終え、地元のスナックに行くというスギエさんと別れてホテルの部屋に戻ったのは夜10時。歩数は約4万1200だった。最終日の今日は距離的には約12㎞なので、これほど多くはないはず。もしかすると、もう一生自分は1日に4万歩以上歩くことはないかもしれない。そう思うとこの万歩計の数字をこのまま止めておきたくなる。

しかしデジタルなのでそういうわけにもいかず、6時半に起床し身支度を整え、0に戻った万歩計をつけて7時、ホテルを出発。ロビーを出た瞬間、小雨が降っていて、みんなで「またか！」「もう慣れたわ！」と苦笑する。まだ交通量も少ない国道沿いをゆっくり歩いていく。蟬丸神社の下社に参拝し古い銭湯の前でおどけた写真を撮り、緩やかな上り坂を進んでいくと目の前にどうやら越えねばならぬらしい山が迫ってきた。今日はもう、のんびりした道が続くだけだと思い込んでいたけれど、そうだ、逢坂を越えるんだった！　舗装された道路だし、傾斜もそう急ではないので「これが最後の試練」と言い聞かせながら越えると、国道の反対側に逢坂山関址の石碑と常夜灯があった。トイレに寄って小休止。

9時18分。大津市と京都市の境に到着。東京、神奈川、静岡、愛知、三重、滋賀と歩いて来て、ここからはついに京都府。「なんかちょっと寂しいね」というガースに「いやいや嬉しいよ！」と返す。伏見の商店街に入ったところで、コンビニ休憩。カップのみそ汁を買って体を温める。御陵の一里塚を過ぎると、道は細い山沿いの上り坂。さっき通ってきた逢坂より体感としてはキツイが、きっとここが本当に最後の試練のはず。今まで越えてきた数えきれない坂を思い出しつつ「大したことない」と気合いを入れる。途中、バイクでなにかの配達をしていたおじさんが、わざわざ戻ってきて美味しい湧水がある場所を教えてくれた。いつも自分の余裕のなさばかり嘆いてきたけど、そういえば旅の途中、こんなふうにたくさんの地元の人に声をかけてもらったことを思い出す。いかん、なんだかちょっとセンチメンタルな気分になってきた！　11時、県道143号線の合流付近にあった広場でひと休み。九条山を越えて（もうそれほど辛くはない）、蹴上浄水場を過ぎると、右手に桜並木と南禅寺が見えてきた。桜はまさに満開。見物客も多い。みんなが「せっかくだから」南禅寺に立ち寄るというので、昨日反省したことだしと少し迷うが、20代のころに仕事で来た際の記憶が蘇り、ひとり近くのホテルで待つことにする。南禅寺は確かに絶景だけど階段や坂がかなりハードなのだ。こんな我儘が許される関係。つい、口元が綻んでしまう。

12時半。再びみんなと合流していよいよラストウォークに突入。もう三条大橋はすぐそこなのだが、観光客で混雑していてなかなか思うように進めない。平安神宮の大鳥居が見えてきた。柳が揺れる白川を渡る。交差点を通過するたびに地図を見ながら歩いているガッキー番長が「あと○メートルくらいです！」と声をあげる。乗降客で一段と込み合う三条駅前を抜けると、目の前に三条大橋があった。

立ち止まる間もなく、人の波に押されるように橋を渡り始める。あぁここが、ついに来たのか、と思うものの、まだあまり実感がない。人が多くてみんなでかたまって歩くこともままならない。あっという間に渡り終えてしまった。すると、橋の左側、桜の木の下で、弥次喜多の石像が待ち受けてくれていた。「ゴーール!!」ようやくみんなで声をあげて喜び合う。その顔を見ていたら、急に嬉しさが込み上げてきた。でも、道中あれほど泣きながら歩いてきたのに、不思議と涙は出ない。みんな笑顔だ。私も、たぶん。

しかし、そんな興奮&感動のさなか、スギエさんが慌てた様子で付近をうろつき始めた。今日の打ち上げはスギエさん希望の中華料理店の予定だったのだが、近くにあるはずなのに見当たらないという。ガッキーが検索すると、店は三条大橋ではなく四条大橋の傍だった。

鴨川沿いに1㎞近い道を急かされて歩きながら、笑いが止まらなくなる。もうほんとに！最後までほんとに！「東華菜館」で呑んだ生ビールの味を、私は一生忘れないと思う。

おわりに

僕がフジタさんと初めて会ったのは何かの対談のときだったと思う。今だから言うが、その対談の原稿は別の人がまとめてくれたものの、構成がぐずぐず、表現もだめだめだった。上がってきた原稿に、ふたりで目を三角にしながら赤字を入れまくった記憶がある。こんなことならふたりのどっちかが原稿書いたらよかった！　とこぼしながら。

あれで僕たちは「戦友」の関係になった。以来何度も対談やふたりで書く原稿仕事をやってきたが、さすがに1年半にもわたって一緒に旅をするようになるとは思わなかった。それはこの旅に同行してくれた編集陣、ガース、ガッキー、有馬（雨男）の3氏も同様だ。何があるかわからないものですね。来年の今ごろは世界一周ヒッチハイクの旅とかしてたりして。

東海道を歩いてみた感想は、月並みだが、世の中にはまだまだ知らないことがたくさんある、ということに尽きた。歩く速度でそれぞれの町を見ることができて、本当によかった。新幹線では一瞬で通り過ぎてしまう道のりをとぼとぼとゆっくり歩くことができた。贅沢な時間だったと心から思う。この楽しさは、実際にやってみないと絶対にわからない。

どうでしょう、東海道。試してみませんか。こんな運動不足な僕たちでも歩けた道です。きっとみなさんなら大丈夫だと思いますよ。

感謝しなければならない方がたくさんいる。いや、いすぎるくらいなのだが、行程の半分近くに同行してくださった香山二三郎さん、銀色夏生さんには特に御礼を申し上げたい。僕たちの馬鹿な企画に賛同してくださって、本当に嬉しかったです。おふたりのおかげで、長旅も無事に、そして楽しく歩ききることができました。ありがとうございます。

おしまいに、東海道文学の名作から岡本かの子「東海道五十三次」の一節を引用する。この小説は、世に「東海道人種」というべき人々がいることを知らしめた、最初の作品だ。

「奥さん、東海道というところは一度や二度来てみるのは珍しくて目保養にもなっていいですが、うっかり嵌り込んだら抜けられませんぜ。気をつけなさいまし」

だってさ。どうするよ、フジタさん！

杉江　松恋

歩行時間	宿泊先	観光の問い合わせ先
10:00⇒12:15(2時間15分)		東京都中央区観光協会
7:30⇒17:00(9時間30分)		国土交通省　関東地方整備局(東海道ルネッサンス)
7:00⇒16:00(9時間)		国土交通省　関東地方整備局(東海道ルネッサンス)
8:00⇒15:00(7時間)		国土交通省　関東地方整備局(東海道ルネッサンス)
8:00⇒16:00(8時間)	アルファーワン三島	国土交通省　関東地方整備局(東海道ルネッサンス)
5:30⇒14:30(9時間)		三島市観光協会、沼津市観光協会
8:00⇒16:00(8時間)	富士グリーンホテル	富士市観光協会
5:30⇒13:45(8時間15分)		静岡観光コンベンション協会
8:30⇒16:30(8時間)	静岡タウンホテル	静岡観光コンベンション協会
5:00⇒11:30(6時間30分)		静岡観光コンベンション協会
9:30⇒16:20(6時間50分)	ホテルルートイン島田駅前	島田市観光協会
5:00⇒16:15(11時間15分)		島田市観光協会
8:30⇒18:30(10時間)	くれたけイン いわた	掛川観光協会
5:00⇒10:40(5時間40分)		磐田市観光協会
9:00⇒15:00(6時間)	HOTEL nanvan浜名湖	浜松観光コンベンションビューロー
5:00⇒14:30(9時間30分)		愛知県観光協会
8:20⇒15:40(7時間20分)	スーパーホテル岡崎	豊橋観光コンベンション協会
5:30⇒12:30(7時間)		豊川市観光協会
9:00⇒16:00(7時間)	ホテルルートイン知立	岡崎市経済振興部　観光課
5:00⇒13:30(8時間30分)		知立市役所　経済課
8:45⇒15:45(7時間)	三交イン四日市駅前	桑名市役所　観光課
5:00⇒11:15(6時間15分)		四日市観光協会
9:30⇒16:30(7時間)	ホテルエコノ亀山	鈴鹿市観光協会
5:00⇒12:00(7時間)		亀山市観光協会
10:10⇒17:30(7時間20分)	水口センチュリーホテル	甲賀市観光協会
5:00⇒13:15(8時間15分)		草津市観光物産協会
9:15⇒15:10(5時間55分)	箱根湯本 ホテルおかだ	神奈川県東海道ルネッサンス
6:30⇒14:40(8時間10分)	箱根ホテル レイクビューアネックス	神奈川県東海道ルネッサンス
6:00⇒11:45(5時間45分)		神奈川県東海道ルネッサンス
9:15⇒17:30(8時間15分)	ホテルブルーレーク大津	草津市観光物産協会
7:00⇒13:00(6時間)		びわ湖大津観光協会

東海道ウォーク行程表

	日程	行程	距離	天気
第1回	2011/10/19	日本橋〜品川	7.8km	曇
第2回	2011/11/22	品川(1)〜川崎(2)〜神奈川	19.5km	晴
第3回	2012/1/8	神奈川(3)〜保土ヶ谷(4)〜戸塚(5)〜藤沢	21.5km	晴
第4回	2012/2/18	藤沢(6)〜平塚(7)〜大磯	16.6km	晴
第5回	2012/3/10	大磯(8)〜小田原	15.6km	雨
	2012/3/11	三島(11)〜沼津(12)〜原	11.7km	雨のち晴
第6回	2012/3/31	原(13)〜吉原(14)〜【富士駅】	16.7km	雨
	2012/4/1	【富士駅】〜蒲原(15)〜由比(16)〜興津	19.1km	晴
第7回	2012/4/21	興津(17)〜江尻(18)〜府中	14.6km	晴
	2012/4/22	府中(19)〜丸子(20)〜岡部	13.4km	曇
第8回	2012/5/12	岡部(21)〜藤枝(22)〜島田	15.3km	曇のち晴
	2012/5/13	島田(23)〜金谷(24)〜日坂(25)〜掛川	17.6km	晴
第9回	2012/6/9	掛川(26)〜袋井(27)〜見付	15.3km	晴
	2012/6/10	見付(28)〜浜松	16.4km	晴
第10回	2012/6/30	浜松(29)〜舞坂(30)〜新居	16.7km	晴
	2012/7/1	新居(31)〜白須賀(32)〜二川(33)〜吉田	18.3km	雨
第11回	2012/10/6	吉田(34)〜御油(35)〜赤坂(36)〜【長沢駅】	14.4km	晴
	2012/10/7	【長沢駅】〜藤川(37)〜岡崎	12.9km	晴
第12回	2012/10/27	岡崎(38)〜知立	14.9km	晴
	2012/10/28	知立(39)〜鳴海(40)〜宮(41)	17.5km	曇のち雨
第13回	2012/12/22	桑名(42)〜四日市	12.6km	雨のち曇
	2012/12/23	四日市(43)〜石薬師(44)〜庄野	13.4km	晴
第14回	2013/1/26	庄野(45)〜亀山(46)〜関	13.7km	晴のち曇
	2013/1/27	関(47)〜坂下(48)〜土山	14.2km	曇のち雪
第15回	2013/2/9	土山(49)〜水口	12.5km	雪のち曇
	2013/2/10	水口(50)〜石部(51)〜【手原駅】	20.2km	晴
第16回	2013/3/16	小田原(9)〜箱根	9.0km	晴
	2013/3/17	箱根	7.5km	晴
	2013/3/18	箱根(10)〜三島	14.7km	霧雨のち曇
第17回	2013/3/30	【手原駅】〜草津(52)〜大津	19.5km	晴
	2013/3/31	大津(53)〜三条大橋	11.7km	曇のち晴

参考文献・Webサイト

『国指定史跡草津宿本陣』史跡草津宿本陣
『最後の元老西園寺公望』豊田穣（新潮社）
『佐佐木信綱とふるさと鈴鹿』鈴鹿市教育委員会
『佐佐木信綱　短歌シリーズ・人と作品２』佐佐木幸綱（桜楓社）
『佐夜の中山の歴史を探る』佐夜の中山子育飴本舗・末広荘扇屋
『佐夜の中山“秘話”』佐夜の中山子育飴本舗・末広荘扇屋
『芹沢光治良と沼津』芹沢記念企画（静岡新聞社）
『地図で旅する東海道』今尾恵介（東京書籍）
『豊橋市二川宿本陣史料巻展示案内』豊橋市二川宿本陣資料館

「時代小説ＳＨＯＷ」
http://www.jidai-show.net/
「ふらっと旧東海道」
http://www.asahi-net.or.jp/~vn6i-hgwr/toukaidou/toukaido-frame.htm

・東海道全行程約４９２kmには、宮宿〜桑名宿間の七里の渡し約30kmが含まれています。
・施設、店舗等に関する情報は、２０１１年10月〜２０１３年3月のものです。

本書は書き下ろしです。

幻冬舎文庫

●好評既刊
スパイクス　ランナー2
あさのあつこ

本能で走る碧李と、レースを知り尽くした貢。ライバルが対峙したとき、その走りに化学反応が起きる――。反発しながらも求め合う二人の少年の肉体と感性が跳躍する、超人気シリーズ第二弾！

●好評既刊
全滅脳フューチャー!!!
海猫沢めろん

九十年代、地方都市「H市」。オタクカルチャーにどっぷりの「ぼく」は工場をクビになり、はずみで新しくオープンするホストクラブで働くことに……。自身の経験を赤裸に描いた、自伝的小説！

●好評既刊
天使と魔物のラストディナー
木下半太

不本意に殺され、モンスターとして甦ってしまった悲しき輩に、「復讐屋」のタケシが救いの手を差し伸べる。最強の敵は、天使の微笑を持つ残忍な連続殺人鬼。止まらぬ狂気に、正義が立ち向かう！

●好評既刊
悪名《あくみょう》の棺　笹川良一伝
工藤美代子

情に厚く、利に通じ――並外れた才覚と精力で金を操り人を動かし、昭和の激動を東奔西走。終生色恋に執心し、悪口は有名税と笑って済ませた。〝政財界の黒幕〟と呼ばれた男の知られざる素顔。

●好評既刊
獅子のごとく
小説　投資銀行日本人パートナー(上)(下)
黒木　亮

勤める銀行に実家を破綻処理され、復讐に燃える逢坂丹。米系投資銀行に転身し、獰猛なビジネスマンとなった彼が最期に見たものとは？　巨大投資銀行の虚々実々を描く、迫真の国際経済小説。

幻冬舎文庫

●好評既刊
殺気！
雫井脩介

他人の「殺気」を感じ取る特殊能力が自分にあると最近分かってきた女子大生のましろ。街で女児誘拐事件が発生し、彼女は友人らと解決に立ち上がるが……。一気読み必至のミステリー。

●好評既刊
身を捨ててこそ
新・病葉《わくらば》流れて
白川　道

博打、酒、女の全てに淫し、放蕩無頼の限りを尽くした梨田雅之。齢二十三にして四千万の金を手にした彼の胸中にあるのは、新たな刺激への渇望だけだった。自伝的賭博小説の傑作、新章開幕！

●好評既刊
神様のラーメン
多紀ヒカル

神の味「絶品キノコラーメン」や女の色香が隠し味「禁断のサラエボ豚煮込み」、冥界レストランでしか味わえない「究極のフレンチフルコース」など、驚きの味覚が体感できるグルメ小説六編。

●好評既刊
ドS刑事
風が吹けば桶屋が儲かる殺人事件
七尾与史

静岡県浜松市で連続放火殺人事件が起こる。しかしドSな美人刑事・黒井マヤは「死体に萌える」ばかりでやる気ゼロ。相棒・代官山脩介は被害者の間で受け渡される「悪意のバトン」に気づくが。

●好評既刊
ぼくたちの家族
早見和真

家族の気持ちがバラバラな若菜家。母の脳にガンが見つかり、父や息子は狼狽しつつも動き出すが……。近くにいながら最悪の事態でも救ってくれない人って何？　家族の存在意義を問う傑作長編。

幻冬舎文庫

●好評既刊
7年目のツレがうつになりまして。
細川貂々

7年前、夫がうつ病を発症した。闘病生活を送る夫と仕事に本気を出す妻。ゆっくりと、だけど大きく変化した夫婦は、「人生、上を目指さない」というモットーにたどりつく。シリーズ完結編。

●好評既刊
どうしても嫌いな人
すーちゃんの決心
益田ミリ

カフェの店長になって2年めのすーちゃんにはどうしても好きになれない人がいる。クラス替えも卒業もない大人社会で、人は嫌いな人とどう折り合いをつけて生きているのか。共感の4コマ漫画。

●好評既刊
アダルト・エデュケーション
村山由佳

女子校のクラスメイト、年下の同僚、弟の恋人、叔母の夫、姉の……。欲望に忠実だからこそ、人生は苦しい。自らの性や性愛に罪悪感を抱く、十二人の女たちの、不埒でセクシャルな物語。

●好評既刊
復讐したい
山田悠介

遺族は犯人を殺してもよい――。最も残虐な方法で犯人を殺すことに決めた遺族の選択とは!?「復讐法」に則り、絶海の孤島を舞台に愛する人を奪われた怒りが爆発する！　背筋の凍る復讐ホラー。

●好評既刊
女がそれを食べるとき
楊逸・選　日本ペンクラブ・編　井上荒野　江國香織
岡本かの子　小池真理子　幸田文　河野多惠子
田辺聖子　山田詠美　よしもとばなな

恋愛と食べることの間には、様々な関係がある。9人の女性作家による〝食と恋〟をテーマにした傑作小説を芥川賞作家・楊逸が選出。読めば甘美なため息がこぼれる、贅沢なアンソロジー。

東《とう》海《かい》道《どう》でしょう!

杉《すぎ》江《え》松恋《まつこい》　藤《ふじ》田《た》香《か》織《おり》

平成25年7月5日　初版発行

発行人――石原正康
編集人――永島賞二
発行所――株式会社幻冬舎
〒151-0051東京都渋谷区千駄ヶ谷4-9-7
電話　03(5411)6222(営業)
　　　03(5411)6211(編集)
振替00120-8-767643
印刷・製本―株式会社 光邦
装丁者――高橋雅之

幻冬舎文庫

ISBN978-4-344-42047-2　C0195　す-12-1

幻冬舎ホームページアドレス　http://www.gentosha.co.jp/
この本に関するご意見・ご感想をメールでお寄せいただく場合は、
comment@gentosha.co.jpまで。